GURMIT MATHARU

O QUE É DESIGN DE MODA?

Tradução:

Mariana Bandarra

Revisão técnica:

Camila Bisol Brum Scherer
Graduada em Tecnologia em Moda e Estilo pela UCS-RS
MBA em Marketing pela ESPM-RS
Professora do curso de graduação em Design de Moda e Tecnologia da Feevale-RS
e do curso de pós-graduação em Marketing e Design de Moda da ESPM-RS

2011

Obra originalmente publicada sob o título
What Is Fashion Design?

ISBN 978-2-88893-008-2

Copyright © RotoVision 2010

Tradução para a língua portuguesa © 2011 Bookman Companhia Editora Ltda., uma divisão do Grupo A.

Capa: *Rogério Grilho*, arte sobre capa original

Colaboração da revisão técnica: *Camilla de Matos*

Leitura final: *Aline Grodt*

Editora sênior – Bookman: *Arysinha Jacques Affonso*

Editora responsável por esta obra: *Mariana Belloli Cunha*

Editoração eletrônica: *Techbooks*

Se depois do primeiro encontro com uma mulher você se lembrar de sua roupa, é porque a roupa era feia; se você se lembrar da mulher, é porque a roupa era bonita.
Coco Chanel

M426q	Matharu, Gurmit.
	O que é design de moda? / Gurmit Matharu; tradução: Mariana Bandarra; revisão técnica: Camila Bisol Brum Scherer. – Porto Alegre: Bookman, 2011.
	256 p. : il. color. ; 17,3 x 22,5 cm.
	ISBN 978-85-7780-853-3
	1. Moda – Design. I. Título. CDU 687.01

Catalogação na publicação: Ana Paula M. Magnus – CRB 10/2052

Reservados todos os direitos de publicação, em língua portuguesa, à ARTMED® EDITORA S.A.
(BOOKMAN® COMPANHIA EDITORA é uma divisão da ARTMED® EDITORA S. A.)
Av. Jerônimo de Ornelas, 670 – Santana
90040-340 – Porto Alegre – RS
Fone: (51) 3027-7000   Fax: (51) 3027-7070

É proibida a duplicação ou reprodução deste volume, no todo ou em parte, sob quaisquer formas ou por quaisquer meios (eletrônico, mecânico, gravação, fotocópia, distribuição na Web e outros), sem permissão expressa da Editora.

Unidade São Paulo
Av. Embaixador Macedo Soares, 10.735 – Pavilhão 5 Cond. Espace Center – Vila Anastácio – 05095-035 São Paulo – SP
Fone: (11) 3665-1100   Fax: (11) 3667-1333

SAC 0800 703-3444

IMPRESSO NA CHINA
PRINTED IN CHINA

O autor
Gurmit Matharu é professor adjunto do Ravensbourne College of Design and Communication, em Londres, Inglaterra, onde leciona disciplinas de moda.

Questões

- 6 **O que é Design de Moda?**
  - Moda *versus* vestuário
  - Identidade
  - Arte ou moda?
- 18 **A história da moda**
  - O surgimento do designer
  - Revolucionários da moda no século XX
- 38 **Comunicação de moda**
  - Moda e cinema
  - Revistas de moda
  - Desfiles de moda
  - Fotografia de moda
  - Moda e Internet
- 44 **A moda como grande negócio**
  - Economia global e moda
  - Marcas de luxo e impérios
  - A democratização do luxo
- 52 **Moda e celebridade**
  - Publicidade com celebridades
  - Celebridades designers
  - Linhas de celebridades para lojas
- 58 **Ética na moda**
  - O belo do corpo
  - O debate das peles
  - Moda ecológica
  - Direitos trabalhistas
  - Cadeia de fornecimento ética

Anatomia

- 66 **Segmentação na moda**
  - Alta-costura
  - Prêt-à-porter
  - Linhas de difusão
  - Sportswear
  - Alfaiataria e a moda masculina moderna
  - Moda para o mercado de massa
- 78 **Tendências e *zeitgeist***
  - O *zeitgeist*
  - Análise de tendências de moda
  - Feiras têxteis
  - Stylists de moda
  - Editores de moda
- 86 **O calendário da moda**
  - O ciclo da moda
  - O calendário de produção
  - Coleções e linhas
  - O papel das semanas de moda
- 96 **Do croqui à roupa: o processo de design**
  - Para quem você está criando?
  - Pesquisa e investigação
  - Fontes de pesquisa
  - A musa
  - Colagens de pesquisa
  - A importância de desenhar
  - A silhueta
  - Proporção, linha e equilíbrio
  - Cor e tecido
  - Desenvolvimento do design
  - Compondo uma coleção e linha
  - Apresentando propostas de design
  - Toile
- 118 **Carreiras na moda**
  - Faculdades e cursos universitários
  - O portfólio de entrada
  - O que esperar do curso
  - O portfólio de saída
  - Vida depois da graduação
  - Criando uma grife independente

Portfólios

- 128 **Portfólios**
- 130 **Viktor & Rolf**
- 140 **Boudicca**
- 148 **Rei Kawakubo (Comme des Garçons)**
- 160 **Walter Van Beirendonck**
- 172 **Hedi Slimane**
- 182 **Zac Posen**
- 192 **Marc Jacobs**
- 206 **Duckie Brown**
- 216 **Rick Owens**
- 232 **Derek Lam**

Et cetera

- 246 Glossário
- 248 Recursos
- 254 Índice
- 256 Créditos

O que é Design de Moda?

Moda *versus* vestuário

Consciente ou inconscientemente, a moda e o vestuário desempenham papéis importantes em nossa vida diária. A mais simples rotina de vestir-se pela manhã, seja para o trabalho, para o lazer ou mesmo para a ginástica, requer decisões sobre como nos apresentamos para o mundo e o que pode ser confortável e apropriado para dada tarefa. Quando compramos roupas, mais uma vez nos envolvemos em um processo de tomada de decisão: esta cor é muito viva? Posso usar isso para trabalhar? Essa roupa me engorda? Enquanto interagimos com os outros, visitamos shopping centers, folheamos revistas ou assistimos a um filme ou à televisão, somos bombardeados por uma variedade de estilos, cores e formas. Esse contato diário se torna um instrumento na construção de uma relação com as roupas, nos ajudando a tomar decisões e fundamentando nosso julgamento.

Com base nisso, antropólogos, filósofos, psicólogos, sociólogos, teóricos e acadêmicos vêm chamando atenção para o tema do traje, vestuário e moda na cultura moderna.

Com os mercados em permanente expansão, o que inevitavelmente aumenta a variedade da oferta, qual a real diferença entre "moda" e "vestuário"? Em termos simples, "vestuário" pode ser descrito como algo que cobre e protege o corpo. A função prevalece sobre o estilo ou a forma estética; cores, tecidos e detalhes raramente mudam. O clima e o meio, além dos valores culturais e sociais, desempenham importantes papéis na determinação do vestuário. Trajes utilitários, como uniformes e roupas de trabalho, são criados para fins de proteção e praticidade. De tempos em tempos, devido ao avanço tecnológico da indústria têxtil ou à ressignificação de conceitos, as exigências, cores, tecidos e estilo dos trajes utilitários podem mudar. No entanto, essas mudanças são sempre modestas e o objetivo primário permanece funcional.

Já a moda é geralmente lançada duas vezes ao ano, por meio de coleções primavera/verão e outono/inverno. É governada por velozes e contínuas mudanças de estilo, materiais e detalhes. Em comparação à natureza básica e funcional do vestuário, o estilo reina supremo.

A função primordial da moda é oferecer ao consumidor, a cada estação, um look* ou tendência atual. Isso pode soar volúvel e pretensioso; no entanto, as características subjacentes ao "vestir" da moda são muito mais complexas do que parecem à primeira vista. Os designers trabalham muito para se conectar ao consumidor nos níveis estético e emocional. Temas como sexualidade, identidade, gênero e forma conceitual são frequentemente abordados por meio das roupas, desfiles e imprensa de moda. Os designers também buscam inspiração na história e nos trajes de época, em diferentes culturas, na política, na economia e na tecnologia. Além das coleções de moda bianuais, os designers junto aos stylists apresentam novos penteados e comprimentos de cabelos e novos looks de maquiagem para a estação. O objetivo é seduzir o consumidor a adquirir produtos e se tornar parte integrante do ideal da moda.

---

*N. de R.T.: Por look entende-se a apresentação estética resultante da combinação de diversos elementos, como vestuário, acessórios, cabelo, maquiagem, etc.

Identidade

O que vestimos e como o vestimos ajuda a expressar individualidade; é uma forma visual de liberdade de expressão. A roupa também pode associar quem a veste a um grupo específico com ideias, gostos, origens, culturas e religiões semelhantes. Civilizações antigas e culturas da Ásia, da África e das Américas praticavam formas de adorno como tatuagem, *body piercing* e pintura corporal, além de vestir peles e plumagens de animais para expressar individualidade, associação e *status*. Da mesma forma, desde a década de 1940, as culturas jovens ou tribos de estilo do Ocidente vêm influenciando gerações e ajudando os indivíduos a associarem-se a pessoas parecidas. Cada grupo é caracterizado por seu código de vestir, gostos musicais e valores políticos e sociais particulares. Grupos como teds, skinheads, rude boys, punks, mods, new romantics e góticos são universalmente reconhecidos. Mais recentes, os b-boys e as flygirls surgiram nos guetos de Nova York, e são caracterizados pelo inconfundível estilo musical do rap e pela dança break.

Seu estilo tornou-se um meio para jovens norte-americanos de origem africana falarem para o mundo sobre a vida no gueto.

A roupa também pode ajudar a significar o reconhecimento simbólico. Esse reconhecimento pode ser religioso, envolvendo um determinado traje cerimonial, ou pode ser ocupacional. Em ambas as categorias, observa-se especificidades que geralmente ajudam a definir e segregar postos e autoridade.

Para os romanos da Antiguidade, os trajes eram usados para identificar as divisões sociais: os escravos tinham cabelos longos e não se barbeavam, enquanto os escravos libertos raspavam a cabeça e vestiam um chapéu de feltro chamado "pileus" como marca distintiva. Embora não houvesse qualquer proibição, os cidadãos romanos raramente usavam chapéus. Apenas o imperador usava uma coroa imperial – de louros em ouro maciço –, reafirmando seu *status* e autoridade. Até hoje, a realeza demonstra seu *status* vestindo roupas fortemente adornadas e joias em ocasiões formais ou de Estado.

Tradicionalmente, muitas sociedades e culturas usam roupas simbólicas para identificar ocasiões importantes, como casamentos e falecimentos. É possível encontrar diferenças interessantes entre culturas; por exemplo, no Ocidente, é comum a noiva vestir branco no casamento, como símbolo de sua pureza e virgindade, ao passo que, em muitas culturas asiáticas, a noiva é fortemente adornada, vestindo cores vibrantes (em geral vermelho) para simbolizar a celebração. Em um contraste gritante, branco é a cor usada pelas viúvas de todas as idades no Oriente.

O uniforme é a forma clara de vestuário ocupacional, usado por instituições como polícia, exército e equipes de resgate. Ele relaciona quem o veste a uma organização e ajuda a destacar um indivíduo no meio da multidão. Os uniformes simbolizam poder, autoridade e cargo, tanto dentro da sociedade quanto dentro da própria organização.

A moda e o vestuário também podem ajudar a definir gênero e sexualidade. O termo "androginia" se refere à ambiguidade de gênero e à mistura de características femininas e masculinas. Nos anos 1920 e 1930, em Paris, uma comunidade de lésbicas usava roupas masculinas para defender abertamente sua sexualidade. Nos anos 1970, o movimento de libertação gay adotou uma abordagem semelhante, embora mais radical e menos sutil, para expressar sua sexualidade. Muitas lésbicas usavam o corte de cabelo militar, vestiam camisas de flanela e pesadas botas de trabalho.

Os homens gays mostraram seu lado feminino usando maquiagem em público e se travestindo de drag. Nos anos 1980, a androginia se espalhara pela cultura dominante. Estrelas do rock e do pop como David Bowie e Boy George cruzavam as fronteiras do gênero, usando cabelos volumosos e maquiagem pesada nos olhos, enquanto a cantora Annie Lennox usava um corte de cabelo curtíssimo e ternos de aparência masculina.

Em 1965, Yves Saint Laurent criou uma moda original. Buscando inspiração na história do travestismo lésbico em Paris e na tendência contemporânea de trajes andróginos entre jovens de ambos os sexos, ele criou o smoking feminino, que chamou de Le Smoking. Tornando as formas básicas do guarda-roupa masculino mais femininas, Saint Laurent estabeleceu novos padrões para a moda. Além de adaptar o smoking masculino para as mulheres, ele adaptou também as jaquetas safári, os cabans com abotoamento em metal e os uniformes de aviação.

Página anterior: Alexander McQueen
McQueen ficou conhecido por seu retrato dramático, sugestivo e subversivo da moda. A imagem mostra um desfile em que ele apresenta sua visão da crucificação de Jesus Cristo dentro de um contexto de moda.

Direita: Raf Simons
O designer de moda masculina Raf Simons introduz uma silhueta ultrafeminina para o outono/inverno 2008. Simons tornou-se famoso por questionar a identidade masculina e por brincar com a noção de um "quarto sexo".

O que é Design de Moda?

Arte ou moda?

A relação íntima entre arte e moda existe há séculos. Por muito tempo, essa era uma relação de mão única; os artistas usavam a moda em suas pinturas e esculturas, como forma de retratar a sociedade. Foi só durante a Renascença que a moda, como meio de comunicação, passou a desempenhar um papel mais importante. Artistas como Antonio Pisanello (c. 1395 – c. 1455) não apenas retrataram a moda em suas pinturas, mas também trabalharam ativamente na criação de tecidos e adornos.

A era moderna testemunhou a aproximação de designers e artistas com a ideia de que a moda é mais que simplesmente vestuário e aparência. As fronteiras que podem um dia ter havido entre arte e moda hoje são difusas. O entendimento da arte e de suas características permitiu que os designers explorassem e retratassem momentos altamente carregados de emoção, sexualidade, gênero, política, modernismo e romantismo, e projetassem uma variedade de mensagens semióticas e subversivas, transformando a pessoa que veste a roupa em uma tela em movimento.

No início do século XX, movimentos de vanguarda em toda a Europa expressavam suas crenças por meio da moda. Influenciados pelo movimento Arts and Crafts britânico, os Weiner Werkstätte (ateliês de Viena), compostos por artistas, arquitetos e designers, fundiram os ideais estéticos da arte e do design. Inspirados por objetos funcionais, eles produziram mobília, objetos de vidro, louça, talheres e cerâmicas em paralelo à sua visão prática para a moda. O estilo de seu trabalho era caracterizado por combinações de cores incomuns e designs contrastantes e coloridos, contendo formas geométricas, listras e pequenas flores estilizadas.

Embora não tenham inovado em formas ou silhuetas para peças de vestuário, seu uso original e talentoso das cores influenciou muitos artistas e designers independentes que não estavam ligados aos Weiner Werkstätte, como Sonia Delaunay (1885-1979). Artista formada e radicada em Paris, Sonia Delaunay ficou famosa por suas interpretações do orfismo, uma forma de pintura abstrata que tinha afinidades com o cubismo. Acreditando fortemente que a cor era um meio de expressão primordial, ela criou uma fluidez visual pelo contraste de blocos de cor com desenhos geométricos sobre tecido. Graças à sua ideia de que o modelo de uma roupa deveria ser pensado em conjunção com o design têxtil, seu considerável impacto sobre como arte e moda podiam se sobrepor ganhou ainda mais destaque.

Stefano Pilati
Pilati, diretor criativo da Yves Saint Laurent, recria uma versão moderna do lendário look andrógino, Le Smoking, na Semana de Moda de Paris, outono/inverno 2009.

Inventiva e influente, Sonia Delaunay acabou colaborando com Chanel, e criou figurinos para filmes e teatro.

As construtivistas russas Varvara Stepanova (1894–1958) e Lyubov Popova (1889–1924) baseavam sua moda em ideologia. Seus trabalhos combinavam criatividade, conforto e utilidade com o objetivo primordial de reformar o ambiente social. Elas conseguiram explorar e praticar suas crenças artísticas sem as restrições do consumismo. As características essenciais de suas criações eram baseadas em funcionalidade e em silhuetas simples derivadas do traje camponês tradicional, com bolsos e mangas destacáveis, zíperes e contrastes entre cores e materiais. Isso tornava sua moda moderna e inovadora.

Entre as duas guerras mundiais, o surrealismo, centrado principalmente em Paris, deu origem a uma nova forma de pensar dentro da literatura e das artes.

Fascinada pela fantasia do surrealismo, a designer de moda Elsa Schiaparelli rejeitava o modernismo dos anos 1920. Ela experimentava novos materiais – plástico, vidro, celofane, seda de paraquedas – e seus acessórios eram intencionalmente exagerados. Sua parceria com o artista surrealista Salvador Dalí foi a mais icônica entre arte e moda do século XX. Dalí assinou o design das estampas para dois dos vestidos mais comentados dos anos 1930: o Vestido-Lágrima e o Vestido-Lagosta em Organza Pintada. O Vestido-Lágrima dava uma ilusão de farrapos e violência, e foi inspirado em uma das pinturas de Dalí, *Três Jovens Mulheres Surrealistas Trazendo em seus Braços as Peles de uma Orquestra*, na qual era impossível distinguir o tecido rasgado da pele. O Vestido-Lagosta trazia consigo conotações sexuais; Dalí muitas vezes usava a lagosta em suas obras para expressar mensagens sexuais. Estrategicamente posicionada, a lagosta na parte frontal do vestido parecia escalar em direção às coxas de quem o vestia. Se a intenção era chocar, o resultado foi um sucesso.

John Galliano
Inspirado pelas qualidades geométricas do construtivismo russo, o renomado designer referencial John Galliano apresenta a coleção primavera/verão 1999 da Dior na Semana de Moda de Paris. Seu uso de padrões cromáticos e geométricos vai ao encontro dos ideais e da estética do movimento artístico russo.

A empolgação dos anos 1960 interpôs uma nova aproximação entre arte e moda. A indústria da alta-costura estava perdendo seu domínio sobre a moda devido às demandas do consumidor, e o poder parecia pender para o lado do prêt-à-porter e da produção em massa.

Tendo isso em mente, Yves Saint Laurent criou uma coleção de vestidos-túnicas em jérsei de lã inspirada no pintor abstrato holandês Piet Mondrian, que acabou conhecida como o look Mondrian. De corte simples, sem o exagero da alta-costura, os vestidos traziam linhas pretas em intersecção e blocos chapados de cores primárias. Saint Laurent utilizou as qualidades abstratas e geométricas das pinturas de Mondrian com grande efeito, fazendo dos vestidos a sua tela. Em 1966, novamente inspirado pela arte, ele criou uma coleção baseada nos princípios do movimento pop art e em seus artistas mais celebrados, Roy Lichtenstein e Andy Warhol. A coleção era composta de motivos vibrantes e cartunescos, retratando a cultura de massa e o consumismo.

Durante o fim do século XX, arte e moda continuaram a se fundir. Os avanços da fotografia e sua aceitação como forma de arte contribuíram para consolidar essa relação. Os fotógrafos exploraram a moda por suas qualidades subversivas e semióticas, e a indústria da moda é, atualmente, capaz de expor e promover a marca de um designer ou grife como nunca antes na história.

A moda é uma parte importante da cultura moderna. Filmes, fotografias, vitrines e instalações tornaram-se parte da tela na qual a moda pinta seu quadro. Hoje, a moda está confortavelmente instalada em galerias de arte, que anteriormente abrigavam exclusivamente pinturas, instalações e esculturas. As exposições globais dedicadas à moda e a retrospectivas de seus designers tornaram-se lugar-comum. Assim como a arte, a moda também retrata a cultura, a sociedade e a condição humana; ao ampliar seu espaço com lançamentos bianuais de temas provocativos dentro de um contexto contemporâneo, a moda tornou-se tão poderosa quanto (ou ainda mais que) a arte.

Yves Saint Laurent
Estes vestidos em A inspirados em Andy Warhol eram feitos em papel e se propunham a ser itens descartáveis. Com seu individualismo e consumismo, a indústria da moda se encaixou perfeitamente nas crenças artísticas de Warhol e teve um papel importante na disseminação da pop art.

No verso: Hussein Chalayan
A apresentação conceitual da coleção primavera/verão 2001 do designer Hussein Chalayan na Semana de Moda de Londres mais lembra uma instalação de arte que um desfile. Duas modelos removem partes do material de um vestido, simulando uma escultura em construção.

A história da moda

O surgimento do designer

Atualmente, os renomados designers de moda possuem *status* de celebridade, e atraem grupos de seguidores fiéis. Os designers usam diferentes estratégias para se manter nos holofotes da mídia, entre elas desfiles feitos para chocar, anúncios de revista cheios de glamour e parcerias interessantes e obscuras. Essa contínua autopromoção permitiu que os próprios designers se tornassem marcas e deu a eles uma poderosa plataforma para trazer suas visões ao primeiro plano da cultura moderna.

**Acima e à direita:
Tom Ford**
Tom Ford (acima) tornou-se um ícone entre os designers célebres. Ele foi o responsável por trazer uma nova abordagem supersexy à Gucci. Como diretor criativo da marca, Tom Ford supervisionou tudo, desde o design de moda masculina e moda feminina até o *branding* de perfumes, mostrando como a marca de luxo poderia ser promovida e percebida. Ele próprio promovia essa mesma estética. À direita, um dos muitos vestidos glamourosos do designer, apresentado no desfile primavera/verão 2004 da Gucci, em Milão.

Jacques Doucet
Este vestido de alta-costura típico do século XX, assinado pelo renomado *couturier*, demonstra um uso elaborado de tecidos e acabamentos.

O surgimento do designer de moda moderno começou de forma humilde, e coincide com o nascimento da alta-costura. Charles Frederick Worth, o "pai da alta-costura", nasceu em 1825 em Lincolnshire, na Inglaterra. Depois de trabalhar em fábricas de tecido em Londres e Paris, Worth desenvolveu um conhecimento profundo sobre tecidos e técnicas de venda à medida que aprendeu a selecionar e manipular tecidos para adequá-los à personalidade e aos traços faciais de seus clientes. Worth abriu seu próprio ateliê de costura em Paris em 1858. Seu "salon" se tornou um paraíso da criatividade e da exclusividade.

Independentemente do *status*, todos os clientes precisavam marcar hora para visitar o ateliê. Chegando lá, o cliente era apresentado aos mais novos modelos da linha atual. Depois de escolhido, o modelo era ajustado precisamente às suas medidas. Essa prática de design sob medida e a atenção pessoal entre cliente e criador levou à promoção da exclusividade em toda a Europa e chegou ao próspero mercado norte-americano. A essa altura, o ateliê empregava uma equipe de 1.200 pessoas, entre modelistas, costureiras, bordadeiras (manuais e de máquinas), modelos e vendedores. Essa forma original de apresentar a moda promoveu uma notável visão e estética, alçando Worth da posição de mero costureiro à de um estilista. Seguindo seu exemplo, diversas casas de alta-costura foram fundadas e uma nova indústria nasceu. Em 1868, Worth fundou a Chambre Syndicale de la Couture Parisienne. Esse órgão foi criado para regulamentar os padrões, a qualidade e as práticas das casas de alta-costura, e existe até hoje.

Revolucionários da moda no século XX
A Paris de 1900 a 1914 era o epicentro das indústrias de luxo, que incluíam têxteis, joias e moda. No início desse período, houve poucas mudanças na aparência das mulheres. A única forma de obter uma silhueta eduardiana (a silhueta em "S" com cintura minúscula) era aprisionar o corpo em um espartilho, que empurrava a pélvis para trás e o peito para cima e para fora. As peças externas eram opulentas; renda, seda, fitas, bordados pesados, brocado de seda e adornos florais eram usados para criar um estilo elaborado e suntuoso.

O dissidente Paul Poiret (1879–1944) chocou o sistema da moda, rompendo com essas normas. Inspirado em artistas de vanguarda como Picasso, Poiret teve uma trajetória meteórica rumo à fama. Talentoso na autopromoção, atribuiu a si mesmo o título de homem que libertou as mulheres do espartilho. Em 1908, ele desencadeou sua maior ruptura com as convenções e lançou uma coleção chamada de linha diretório, ou império. As saias caíram retas da cintura até dois a cinco centímetros do chão, enquanto a cintura subiu para logo abaixo do busto, eliminando a necessidade do espartilho, que foi substituído por um cinto alto com barbatanas. Apesar do grande choque que isso causou no estabelecido sistema do vestuário, levou apenas dois anos para que essa nova linha, mais flexível, fosse universalmente aceita. As criações de Poiret combinavam uma variedade de inspirações, entre elas orientalismo, motivos art déco, turbantes, pantalonas leves, o exótico quimono das gueixas e os trajes comuns dos camponeses ucranianos.

Um inovador com uma abordagem moderna ao marketing, Poiret foi o primeiro *couturier* a lançar um perfume; Rosine surgiu em 1911, dez anos antes do icônico Chanel No. 5, e Poiret supervisionou pessoalmente fragrância, embalagem e distribuição.

Além de designer de moda, Mariano Fortuny (1871–1949) foi um ativo pintor, escultor, fotógrafo, designer têxtil e de mobília, cenógrafo e iluminador teatral. Ele desenvolveu técnicas especiais para plissar e tingir tecidos, e, em 1909, patenteou o design de seus vestidos – ou, em sua visão, de suas invenções. Junto com Poiret, Fortuny foi um dos principais modernistas da moda no início do século XX, levando a moda feminina para dentro de um território novo e inexplorado de feminilidade e liberdade.

Com o início da Primeira Guerra Mundial em 1914, o papel da mulher sofreu uma mudança importante. Enquanto um grande número de homens lutava na guerra, as mulheres tiveram que assumir seus empregos. Quando foram trabalhar em fábricas, elas precisaram de um novo tipo de indumentária. Calças, macacões e cores escuras monocromáticas substituíram os notórios ideais femininos da opulenta sociedade do passado.

Em 1915, os designers introduziram roupas práticas para o dia a dia, inspiradas nos uniformes militares. Casacos de alfaiataria e tailleurs de silhueta sutilmente acinturada tornaram-se parte importante do guarda-roupa de uma mulher. Os bolsos, que anteriormente não existiam, eram agora uma característica importante, ecoando as qualidades funcionais do uniforme militar. As barras subiram para 4 ou 5 centímetros

Coco Chanel
Christian Dior, referindo-se a Coco Chanel, disse: "Com um pulôver preto e dez fileiras de pérolas, ela revolucionou a moda."

acima do tornozelo, e com isso os sapatos e botas tornaram-se mais estilosos.

A designer francesa Gabrielle "Coco" Chanel (1883–1971) aderiu com elegância a essa nova forma de vestir, que era condizente com sua estética modernista de simplicidade em linhas, forma e função. Ridicularizando designers como Worth e Poiret por suas criações exageradas, Chanel mudou para sempre a cara da moda feminina.

Inventora do estilo "poor chic", a própria Coco era musa, designer e atitude. Inspirada pela moda masculina, ela revolucionou o uso do jérsei, que até então era usado apenas em roupas íntimas masculinas. Sua primeira coleção, La Pauvrete de Luxe (a probreza do luxo), de 1916, não trazia qualquer alusão à cintura, zona que vinha sendo enfatizada durante séculos. A visão de Chanel não deixava espaço para enchimentos e espartilhos; as roupas eram discretas, simples e esportivas. O senso implacável de linearidade e proporção e a obsessão pela perfeição acompanhariam Chanel por toda a sua carreira. Acreditar na visão de Chanel era, para as mulheres, um incentivo para que fizessem suas próprias escolhas sobre o que era melhor para elas, em vez de serem escravas da moda. A ênfase estava no conforto e em roupas que davam a sensação de uma segunda pele.

No período que sucedeu a Primeira Guerra Mundial, as mulheres mudaram de várias maneiras. Na Grã-Bretanha e nos Estados Unidos, elas ganharam o direito de votar e estavam livres dos espartilhos, o que representava uma nova liberdade física e simbólica. As cinturas desceram radicalmente, as barras subiram para acima do joelho – descobrindo as pernas pela primeira vez na história – e os vestidos deixaram de ter mangas e passaram a mostrar as costas. A alusão à nudez e o senso de indecência eram acentuados pelo uso de tecidos delicados e transparentes. Os vestidos "melindrosa" ecoavam a nova forma física que as mulheres agora desejavam: semelhante à de um menino, com busto achatado. O cabelo, que já fora toda a glória de uma mulher, além de símbolo de sua feminilidade, ganhou um corte Eton.

Chanel continuou sendo notícia na moda durante toda a década de 1920. Já inspirada pelo guarda-roupa masculino, ela introduziu os blazers, camisas e casacos masculinos na moda feminina, muitas vezes usando tecidos espessos como tweed e lã para caracterizar o look andrógino. Como se isso não fosse radical o suficiente, Chanel introduziu também as calças de iatismo, que ela mesma usava, acelerando o movimento para que as mulheres vestissem calças.

A criação do lendário "pretinho básico" de Chanel, em 1926, se tornou um momento único na história da moda. A *Vogue* norte-americana comparou a criação ao carro Modelo T Ford, referindo-se ao vestido como "o Ford de Chanel...um uniforme para todas as mulheres de bom gosto." Chanel era partidária do preto, e achava que a cor podia ser explorada por sua elegância e por sua capacidade de favorecer diferentes tipos de corpo. Isso pode ter mudado ao longo dos anos, mas o pretinho básico ainda é digno de crédito, e é raro encontrar uma coleção de designer que não apresente sua versão desse eterno clássico.

Enquanto Chanel foi a pioneira do look La Garçonne, Madeleine Vionnet (1876–1975) encontrou sua inspiração na beleza atemporal das estátuas gregas, e sua libertação do corpo feminino adotou uma abordagem diferente. Uma verdadeira arquiteta do vestir, ela inventou o corte enviesado, um método de modelar roupas posicionando os moldes diagonalmente a um ângulo de 45 graus no fio reto do tecido. A técnica proeza de Madeleine Vionnet não apenas libertava a forma feminina, mas também a acentuava por meio de drapeados radiantes. O corte enviesado permitia ao tecido fluir e se unir em ondulações e formas. Aqueles que viram Vionnet trabalhando nas etapas preliminares do design, em pequenas bonecas, diziam que ela era como uma escultora criando vestidos neoclássicos modernos.

A abordagem sensível de Vionnet à forma feminina consolidou sua reputação na história da moda, e sua técnica de corte enviesado continua a inspirar designers contemporâneos como John Galliano e Azzedine Alaïa.

A quebra da bolsa de valores em 1929 levou o mundo à depressão e ao desemprego em massa durante a década de 1930. A indústria da alta-costura francesa, que dependia das exportações para os Estados Unidos, teve que tomar medidas drásticas devido à redução e ao cancelamento das encomendas de lojas de departamento e de compradores particulares. Os preços caíram e linhas prêt-à-porter e de produtos relacionados à moda foram introduzidas. Técnicas mais trabalhosas, como o bordado, foram abandonadas em favor da definição da forma e da silhueta. Ao contrário das formas retangulares e soltas dos anos 1920, as roupas dos anos 1930 tinham cortes mais provocantes, seguindo as linhas do corpo. O corte enviesado passou a ser usado para chamar a atenção para todas as curvas.

O cinema ajudou a criar um refúgio para a miséria da depressão, e os filmes de Hollywood, com suas heroínas glamourosas, vendiam escapismo e sonhos. A relação entre moda e cinema havia começado. O glamour de Hollywood passou a influenciar as tendências, à medida que atrizes cheias de estilo, como Greta Garbo, Vivien Leigh e Marlene Dietrich, se tornavam grandes ídolos nas telas.

Ao longo dos anos 1930, a associação entre beleza e saúde ficou cada vez mais forte. Clubes esportivos e atividades de lazer se tornaram uma parte importante da vida, e a moda esportiva aparecia cada vez mais na mídia, inspirando os designers a produzir moda casual.

A ocupação alemã de Paris durante a Segunda Guerra Mundial representou o maior perigo para a indústria da alta-costura, que correu o risco de ser forçada a se mudar para Berlim e Viena. Com a ajuda do governo francês colaboracionista, a Chambre Syndicale de la Couture Parisienne se manteve firme e independente, e a maioria das casas de alta-costura continuou em funcionamento. Os contrabandistas do mercado negro, as esposas de oficiais nazistas e os embaixadores estrangeiros mantiveram viva a indústria. Mais de 100 casas de alta-costura conseguiram sobreviver e continuar abertas, entre elas Worth, Pierre Balmain, Jeanne Lanvin, Lelong e Balenciaga, mantendo 12 mil empregos.

Para ajudar no esforço de guerra, novas regulamentações foram implantadas na indústria da moda. A seda era destinada à fabricação de paraquedas e a lã aos uniformes militares. Fibras sintéticas

como raiom, jérsei sintético e náilon eram as alternativas existentes. Nos Estados Unidos, o Conselho de Produção da Guerra implantou novas regulamentações, e uma norma proibiu o uso de "tecido sobre tecido", banindo colarinhos e bolsos chapados.

Na Inglaterra, o Conselho de Comércio introduziu o Esquema de Utilidade para evitar desperdício de dinheiro. O esquema incluía um código rigoroso segundo o qual nenhuma decoração desnecessária era permitida. Um vestido, por exemplo, não podia conter mais que dois bolsos, cinco botões, seis emendas na saia e 4 metros de costura. No entanto, por meio da chancela da Incorporated Society of London Fashion Designers, o Conselho de Comércio provou que as limitações de utilidade não se opunham ao estilo. Grandes designers como Hardy Amies, Digby Morton, Bianca Mosca, Peter Russell, Victor Stiebel, Creed e Edward Molyneux foram contratados para criar uma coleção para o ano inteiro, que consistia em sobretudo, tailleur, blusa, camisa e vestido para o dia.

Corte, linha e elegância simples eram essenciais. A silhueta era estreita e modelada com ombros marcados e cinturas ajustadas. A influência militar era inevitável, e podia ser vista nos cintos, bolsos internos, golas altas e colarinhos pequenos.

Enquanto as *maisons* francesas operavam sob as restrições da ocupação nazista, a alta-costura e o prêt-à-porter floresciam nos Estados Unidos. Designers como Claire McCardell (1905–1958),

Christian Dior
Vestidos de noite de alta-costura por Christian Dior. A silhueta "ampulheta" era típica do "New Look" de Dior, que causou sensação em seu lançamento, em 1947.

considerada a inventora do estilo casual norte-americano e antecessora de Calvin Klein, ganharam fama no país inteiro. Com o racionamento de seda e lã, ela usou algodão, jérsei, jeans e listrados de fazer colchão para produzir peças individuais que podiam ser combinadas entre si. As peças eram simples, fáceis de usar e inspiradas na funcionalidade do sportswear.

Quando Christian Dior (1905–1957) apresentou sua primeira coleção, em 1947, denominada New Look, causou choque, horror e ultraje, além de empolgação diante de uma nova era. Dior deixou para trás a austeridade da guerra e abandonou as regulamentações, seduzindo as mulheres para um retorno à feminilidade dos espartilhos e causando polêmica com saias rodadas que usavam 45 metros de tecido de luxo. Comprimidas por um modelador "cintura de vespa", as cinturas eram minúsculas e os ombros dos casacos eram estreitos e levemente angulados – tudo em perfeito equilíbrio para acentuar o comprimento e o volume da saia.

Durante os anos 1950, a Casa Dior foi responsável pela maioria das exportações de Paris para os Estados Unidos. A morte precoce do designer, em 1957, pôs fim a uma carreira que durou apenas dez anos, mas cujo legado visionário foi imenso. Embora suas criações não fossem destinadas ao consumo em massa, ofereceram uma visão para toda uma sociedade, estabelecendo padrões de beleza e uma silhueta ultrafeminina.

Enquanto Dior resgatava uma interpretação romântica da Belle Époque, a obra de Cristobal Balenciaga (1895–1972) era estritamente moderna. Balenciaga, um purista com maestria no corte e nas cores, atingiu a perfeição em linhas, equilíbrio, proporção, estilo e cartela de cores com sua técnica virtuosa. Responsável por inúmeras silhuetas e estilos de vanguarda, ele inventou a manga três-quartos e a gola afastada do pescoço. Além disso, Balenciaga era um mestre das ilusões. Revelando a clavícula, fazia o pescoço parecer longo e esbelto, e deslocando a cintura um pouco acima da cintura natural, fazia a mulher parecer mais alta.

No pós-guerra, os Estados Unidos floresciam, à medida que os avanços econômicos e industriais alçavam a nação para uma posição de comando e influência global. Herdeira dessa nova posição global, uma geração de norte-americanos jovens, prósperos e emancipados era agora reconhecida como grupo social distinto: os adolescentes. Com seu novo poder de compra, os adolescentes conseguiam cultivar seu próprio visual, moda e identidade, rejeitando o conformismo rígido da geração de seus pais. O cinema e a música tiveram grande impacto sobre a cultura jovem, fazendo surgir novos visuais e atitudes rebeldes e antimoda. As viagens transatlânticas e os avanços na comunicação ajudaram a disseminar essas tendências e atitudes no mundo inteiro.

A influência de Hollywood fazia as beldades das telas ditarem os ideais de beleza, sexualidade, feminidade e estilo. Marilyn Monroe e Brigitte Bardot popularizaram o visual curvilíneo e provocante, enquanto Grace Kelly e Audrey Hepburn eram clássicas e esculturais. Hepburn tornou-se a musa inspiradora do *couturier* francês Hubert de Givenchy. Ele criava figurinos para muitas de suas aparições em filmes, e ela também vestia Givenchy fora das telas.

A ascensão dos Estados Unidos acabou com a supremacia parisiense sobre a alta-costura. A nova sociedade de consumo, combinada aos avanços tecnológicos em tecidos sintéticos, como raiom e náilon, se mostrou um enorme catalisador para a indústria da moda nos Estados Unidos, lançando as bases para a indústria atual. A mulher norte-americana comum ainda desejava os ditames da moda parisiense, mas sem os custos. Não demorou para que os fabricantes e o varejo percebessem essa demanda e comprassem direitos de reprodução dos designers parisienses. As peças eram então copiadas, ponto a ponto, permitindo que as mulheres adquirissem peças prêt-à-porter de qualidade, em estilo parisiense, nas lojas de departamento.

O negócio da alta-costura em Paris ainda era sustentado por uma pequena clientela fiel, mas a indústria como um todo estava em declínio. Enquanto os *couturiers* continuavam, com esforço, a apresentar suas belíssimas criações, o alto custo do trabalho intensivo envolvido no design personalizado se sobrepunha ao lucro cada vez menor. A produção em massa, o crescente mercado do prêt-à-porter e a rebeldia da adolescência tiveram impacto direto sobre o negócio. Para sobreviver, as *maisons* introduziram novas técnicas de marketing e produtos de luxo para assegurar sua existência imediata e futura. Dior já previra o advento dos novos

Hubert de Givenchy
O pretinho básico que Audrey Hepburn usou no filme de 1961, *Bonequinha de luxo*, tornou-se um ícone da moda: a epítome da elegância discreta e refinada das criações de Givenchy.

mercados, e havia diversificado sua linha com meias, batons e outros acessórios. Não demorou para que outras *maisons* fizessem o mesmo, lançando linhas prêt-à-porter, perfumes e maquiagem.

Na metade dos anos 1960, o pêndulo da moda havia mudado de direção novamente, desta vez em favor da Inglaterra. Os centros do prêt-à-porter londrino, Carnaby Street e Kings Road, simbolizavam para o resto do mundo uma época otimista e um estilo jovial. Longe da extravagância e dos altos preços de Paris, a filosofia londrina era baseada em alta moda por preços baixos. A designer Mary Quant – considerada a criadora da minissaia, do suéter canelado e dos cílios postiços – tornou-se sinônimo da Londres dos anos 1960. Para capturar o sentimento de liberdade e inovação, ela reinventou o uso de um material industrial chamado PVC e criou uma coleção chamada Wet Look. As escolas de arte londrinas tornaram-se paraísos criativos para a inovação, dando origem a designers como Zandra Rhodes, Bill Gibb e Ossie Clark.

Ossie Clark, em parceria com sua esposa, a designer têxtil Celia Birtwell, produziu uma moda que combinava, em um casamento perfeito, design de estampas e cortes técnicos e criativos. Os desfiles altamente coreografados de Clark foram revolucionários: as modelos dançavam pela passarela enquanto um DJ tocava música. Cada desfile era um espetáculo por si só, abrindo caminho para os desfiles de moda atuais.

Embora Londres fosse agora o centro criativo e líder da moda, os *couturiers* parisienses Pierre Cardin, Paco Rabanne, André Courreges e Emanuel Ungaro evitaram a derrota da indústria francesa de alta-costura produzindo coleções para os mercados prêt-à-porter. Inspirados pela exploração espacial e pelas inovações futurísticas, eles usaram novas técnicas de montagem, tecidos e cores e novos designs de acessórios.

No fim da década, no entanto, a diversão e o otimismo haviam dado lugar a acontecimentos políticos deprimentes. Com as notícias diárias da guerra do Vietnã, do Watergate, dos conflitos raciais e dos protestos estudantis, a atenção do mundo voltara-se para um lugar muito diferente. A mesma juventude que havia estabelecido a ordem dos utópicos anos 1960 estava agora contra o sistema. Essa atmosfera de cinismo criou uma atitude que se opunha à moda e a encarava como algo supérfluo. No entanto, a moda continuou sendo um forte veículo de expressão, embora tenha assumido um estilo muito diferente. Nos anos 1970, Londres passou o cetro para São Francisco, a terra natal da cultura hippie que pregava paz e amor. Calças jeans customizadas e de boca larga, lenços indianos, xales, túnicas com estampas florais, saias e vestidos longos até a altura dos tornozelos, cabelos longos para meninas e meninos e acessórios baratos resumiam o visual desse movimento antimoda que sonhava com um futuro mais feliz.

A música soul dos negros norte-americanos ganhou popularidade e trouxe consigo um estilo radical chique influenciado por Angela Davies, James Brown e Diana Ross. A febre da música disco dominou os Estados Unidos e a Europa, influenciando uma silhueta mais sensual e fluida. Os designers norte-americanos Halston, Bill Blass e Oscar de la Renta capturaram o momento, transpondo esse visual mais sexy para

Swing anos sessenta
A jovem modelo britânica Twiggy tornou-se símbolo dos anos 1960 em Londres, conhecidos como swinging sixties.

as mulheres norte-americanas. A moda norte-americana em geral viu surgir uma nova ordem, com designers que apostavam em uma estética independente.

À medida que o prêt-à-porter florescia nos dois lados do Atlântico, o grande mestre Balenciaga declarou o fim da alta-costura e encerrou as atividades desse segmento de seu negócio.

Yves Saint Laurent passou a ser o guardião da moda parisiense, e era tratado como uma estrela por todos os principais editores de moda. Ostentativo e sensacional, o designer estava em sintonia com as tendências e movimentos da juventude. Saint Laurent vestia suas modelos em ternos masculinos, com o objetivo de libertar as mulheres dos ornamentos e babados dos vestidos femininos. O terno masculino continuou a ser um tema recorrente para Saint Laurent durante toda a década de 1970, e influenciou também designers como Karl Lagerfeld, da Chloé e Ossie Clark.

Sofrendo com o declínio econômico, no fim dos anos 1970, a Inglaterra viu surgir a cena punk, um movimento que se posicionava contra o sistema e contra a moda. Os Sex Pistols, produzidos por Malcolm McLaren, junto com a designer Vivienne Westwood, criaram o visual punk com calças bondage, kilts e camisetas com imagens provocantes. O visual acompanhava botas, correntes, jaquetas de couro e cabelo espetado multicolorido, e era finalizado com uma infinidade de alfinetes de segurança e *piercings*. Individual e impositiva, essa era a voz da anarquia. A designer de moda e de tecidos radicada em Londres Zandra Rhodes criou versões contemporâneas mais

Vivienne Westwood
Inventora do visual punk,
Vivienne Westwood (direita),
posa com outros punks
vestindo suas criações.

convencionais do look que foram aceitas por um público maior.

A década pode ser lembrada, em geral, pelos sapatos de plataforma, pelas bocas de sino, pelos hippies e os punks e pelo mau gosto em geral. Mas é importante lembrar que os anos 1970 foram uma era de autoexpressão verdadeira, na qual o vestuário e a moda serviam não só para exibir um visual específico, mas também para mostrar atitudes e crenças políticas.

Os anos 1980 foram uma década completamente diferente; um período de alta no qual o consumismo voltou a reinar. Símbolos de *status* e grifes famosas se tornaram uma necessidade: organizadores pessoais Filofax, canetas Mont Blanc, relógios Rolex, bolsas e malas Louis Vuitton, joias e bolsas de mão Chanel e Porsches representavam uma sociedade centrada no dinheiro. No campo da moda, também houve uma transição para um visual caro e extravagante. Nesse clima saturado pela mídia, técnicas inteligentes de marketing e RP transformaram designers e modelos em celebridades.

As mulheres estavam se afirmando em um ambiente profissional dominado por homens, de modo que o *power dressing* era obrigatório para toda mulher focada em sua carreira. O tailleur se tornou mais versátil que o pretinho básico; os ombros largos acentuavam os quadris estreitos e a saia era curta e justa. Os designers também experimentaram cores primárias e vibrantes, estampas animais, padrões geométricos, listras e poá. E, como se isso não fosse o bastante, uma infinidade de tecidos e materiais como couro, tartã e sedas foram utilizadas para reforçar a extravagância.

Karl Lagerfeld, já diretor artístico da Chanel, recriou o famoso tailleur Chanel com diferentes tecidos, cores e acessórios. O designer francês Thierry Mugler elevou o tailleur a um novo patamar. Com uma mistura de futurismo e Hollywood retrô, suas criações eram abertamente sensuais e fetichistas. A silhueta era caracterizada por ombros largos e cintura bem definida. Com uma estética semelhante à de Mugler, Claude Montana era um dos mais talentosos jovens designers parisienses. Peças justíssimas em couro e tecidos leves foram criadas para a sua visão de uma heroína galáctica. Ombros largos, cinturas afinadas e detalhes robóticos tornaram-se sua marca registrada.

Enquanto a maioria dos designers se ocupava do tailleur e da silhueta extravagante, Azzedine Alaïa tirou vantagem do novo tecido da DuPont, a Lycra. As criações de Alaïa definiram a revolução da Lycra, retomando claramente a ênfase nas formas femininas. Suas coleções incorporavam o *sex appeal* dos anos 1980, e dias depois de chegarem às lojas já estavam esgotadas.

Em 1983, os designers de vanguarda Rei Kawakubo e Yohji Yamamoto deixaram fashionistas internacionais de olhos vidrados e boca aberta – eles haviam acabado de testemunhar a revolução japonesa. Rompendo com a imagem dominante da *femme fatale* de cintura acentuada, ombros largos e salto altíssimo, os designers japoneses ofereciam uma alternativa escultural, desconstruída e em preto. A coleção subversiva de Kawakubo introduziu uma nova silhueta que incluía vestidos-casaco de corte amplo e quadrado, criados a partir de tecidos "envelhecidos" com colarinhos e golas deslocados. As modelos não tinham qualquer tipo de beleza plastificada; ao contrário, exibiam no lábio inferior um tom de azul arroxeado. A imprensa de moda viu a coleção como uma declaração política, denominando-a de look Pós-Hiroshima.

Yamamoto também introduziu uma abordagem radical à forma feminina. Peças *oversized*, drapeadas e com cortes engenhosos eram envolvidas no corpo, criando esculturas humanas ambulantes.

Issey Miyake, o terceiro elemento do tríptico japonês, também incorporava as visões modernistas. Miyake inovou nos materiais, o que o levou a explorar as peças com uma nova perspectiva.

Ainda sob o efeito de uma sociedade obviamente consumista e da economia de altos e baixos do fim dos anos 1980, os anos 1990 tiveram um início sombrio. Houve uma enorme reação contra os valores dos anos 1980, e isso foi inevitavelmente absorvido pela moda. A música das bandas de Seattle, como Nirvana e Pearl Jam, influenciou o visual grunge, uma combinação dos estilos punk e hippie. O visual foi interpretado por designers norte-americanos como Marc Jacobs e refinado por Donna Karan, Ralph Lauren e Calvin Klein. Esse último encontrou a modelo perfeita para apresentar seu estilo: com sua imagem de criança abandonada e beleza estonteante sem qualquer artifício, Kate Moss tornou-se o rosto que personificava a década e a marca Calvin Klein.

Na Inglaterra, John Galliano e Alexander McQueen recapturaram o espírito rebelde da moda britânica. Apoiado pessoalmente pela editora da *Vogue* norte-americana, Anna Wintour, Galliano apresentou uma coleção em Paris in 1993. Na época, ele estava falido e sem patrocínio: aquela era sua última chance. Usando apenas sobras de tecido para forro preto, ele apresentou uma coleção de cortes requintados, na tradição da alta-costura. Essa coleção se tornou um momento decisivo na história da moda. Na primeira fila estava sentado Bernard Arnault, presidente do grupo LVMH, que controla a Givenchy e a Dior. Depois de testemunhar a mágica de Galliano, Arnault fez dele diretor criativo na Casa Givenchy em 1995, e dois anos depois, o designer foi consagrado com a tesoura de ouro e tomou as rédeas da Dior. Galliano nunca olhou para trás.

Em 1995, McQueen lançou Highland Rape, uma coleção com grande carga política que fazia referência à extorsão das terras altas da Escócia por parte da aristocracia britânica. Além de suas habilidades técnicas e criativas, McQueen demonstrou também sua capacidade de chocar. Mais tarde, ganhou o posto de diretor criativo da Givenchy, preenchendo a lacuna deixada por Galliano. McQueen foi um gênio rebelde; sua obra muitas vezes provocava e surpreendia. Tragicamente, ele cometeu suicídio em 2010.

O sucesso de Galliano e McQueen deu início a uma tendência de rejuvenescimento das grifes de moda tradicionais por sangue novo. A Chloé chamou Stella McCartney, enquanto Julien MacDonald criava tricôs para a Chanel antes mesmo de se formar no Royal College of Art; mais tarde, tornou-se diretor da Givenchy. Os designers norte-americanos também tiveram presença forte: Tom Ford devolveu o *sex appeal* à grife Gucci e esteve à frente da Yves Saint Laurent por um breve período; Michael Kors foi para a Celine, Marc Jacobs para a Louis

Vuitton e Martin Margiela para a Hermès. A moda se tornou um grande negócio, em que identidade de marca e participação de mercado eram a chave do sucesso.

Enquanto Londres e Paris acotovelavam-se pela supremacia, uma nova espécie de designer, surgida no fim dos anos 1980, estava deixando sua marca.

Era o início da revolução Belga. Conhecidos como os "seis de Antuérpia," Dries Van Noten, Dirk Bikkembergs, Dirk Van Saene, Ann Demeulemeester, Walter Van Beirendonck e Marina Yee traziam consigo uma atitude inteiramente nova, decidida e perfeccionista. Apesar de sua formação em comum na Academia Real da Antuérpia, seus estilos individuais se mantiveram distintos e variados.

A moda dos anos 1990 impulsionou uma nova revolução de estética no design, com designers dispostos a fazer de tudo para chocar, provocar e oferecer novos formatos e formas. Ao contrário das décadas anteriores, nenhuma tendência real foi estabelecida: as barras das saias eram longas, curtas e assimétricas; as cores eram vibrantes, tonais e suaves. A astúcia do marketing e da promoção ajudou a estabelecer os designers, e hoje perfumes, maquiagem, acessórios e linhas de difusão fazem parte de qualquer grife bem-sucedida. O prêt-à-porter é, atualmente, a nova alta-costura. A alta-costura tornou-se uma ferramenta de negócios, um modelo promocional que permite à casa promover seus produtos e linhas prêt-à-porter mais acessíveis.

Ann Demeulemeester
As criações de Ann Demeulemeester são típicas do que é hoje reconhecido como o "Look Belga". Seu reinado de vinte anos como imperatriz do estilo "rock-heroína underground" fez dela um ícone.

Esquerda: Yohji Yamamoto
Yamamoto demonstra, nesta peça da coleção outono/inverno 2009 prêt-à-porter, apresentada em Paris, sua abordagem incomum à forma feminina.

Direita: John Galliano
Esta coleção para a temporada outono/inverno 2009 de prêt-à-porter em Paris é inspirada em trajes típicos da Rússia e dos Balcãs.

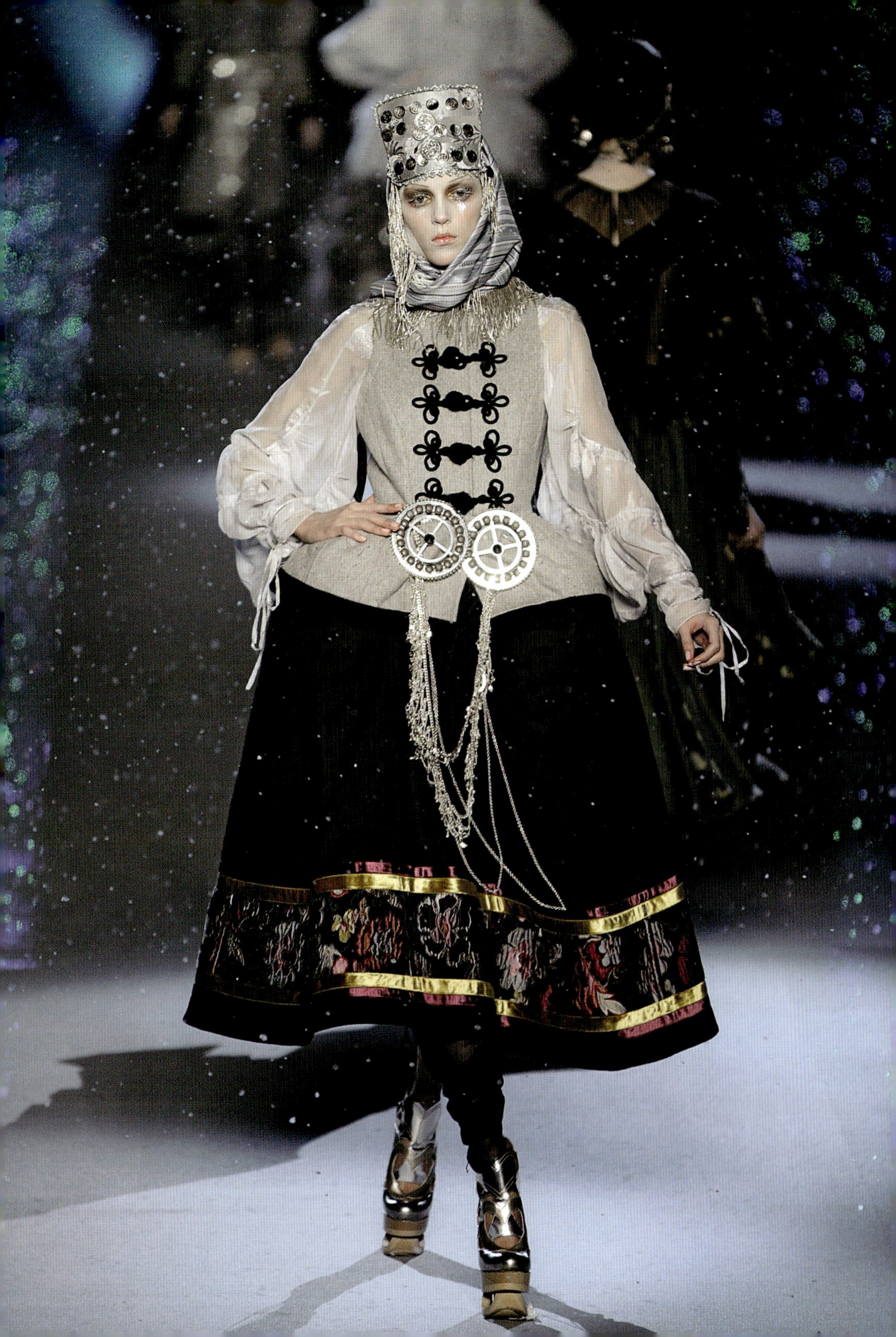

Comunicação de moda

Na moda, comunicação é tudo: transmite um ideal, uma estética, um estilo e uma atitude que o consumidor pode comprar. Investir em anúncios, sessões de fotos, desfiles, *visual merchandising* e acordos publicitários ajuda a estabelecer, consolidar e promover a identidade de marca. A importância dessas práticas de marketing e publicidade pode ser avaliada em orçamentos multimilionários.

Uma comunicação bem-sucedida envolve profissionais criativos de indústrias paralelas, como fotógrafos, produtores cinematográficos, editores de revista e stylists. Os conceitos são criados em conjunto com as grifes de moda para comunicar uma identidade de marca que pode influenciar uma geração, mudar atitudes culturais e sociais e criar momentos icônicos e tendências.

Moda e cinema

Desde o advento do cinema, os filmes e a moda andam de mãos dadas. A moda oferece aos cineastas uma maneira ideal de comunicar personalidade e identidade, além de sugerir um contexto social. Já os filmes, com suas sequências cinematográficas, fotogramas e senso dramático, são a linguagem perfeita para a experiência da moda. O poder dos filmes e sua capacidade de atingir um grande público os tornaram uma mídia lucrativa com a qual a indústria da moda pode promover seus produtos.

Famosa por criar e popularizar o "It look" original, a *couturière* inglesa Lucile foi umas das primeiras designers estabelecidas a se aventurar no cinema, em 1916. Não demorou para que outras, como Elsa Schiaparelli e Chanel seguissem seus passos. No entanto, foi a parceria entre Hubert de Givenchy e Audrey Hepburn que ganhou notoriedade por seu equilíbrio perfeito entre elegância atemporal, estilo e glamour, em sintonia com o próprio mestre *couturier*. Longas-metragens como *Sabrina*, *Cinderela em Paris* e *Bonequinha de Luxo* tornaram-se filmes de moda influentes no mundo inteiro, ditando tendências globais e fazendo com que milhares de mulheres imitassem o visual de Audrey Hepburn.

Originalmente criados como roupas específicas para trabalho, a camiseta branca e o calça jeans devem seu sucesso e longevidade a James Dean, como protagonista de *Rebelde sem Causa*. O visual tornou-se um eterno clássico, tanto para homens quanto para mulheres, e foi interpretado por diversos designers, cada qual a seu modo. São momentos assim que dão aos filmes e à moda a autoridade de influenciar uma geração e desafiar o contexto social.

Mais recentemente, a relação entre a moda e os filmes criou um novo gênero de filme. Além de produções *mainstream* sobre moda, como *O Diabo Veste Prada*, grifes de moda jovens e vanguardistas, associadas a videoartistas, estão escrevendo, produzindo e dirigindo seus próprios filmes de arte. Exemplos disso são *Office Killer*, de Cindy Sherman, *Fashionnashion*, de Ruben Toledo, *Treason—Dress Code*, de Sergei Pescei e Patricia Canino, *Chapels—Bernhard Willhelm*, de Diane Pernet, e *The Bridegroom Stripped Bare*, de Alexander McQueen. Foram criados festivais e mostras para exibir essas obras e incentivar as pessoas a experimentar uma nova conexão intelectual e artística entre a moda e os filmes.

Revistas de moda

As revistas são parte integrante da indústria da moda, e ajudam a divulgar tendências, vender produtos de beleza e moda, além de promover designers e grifes. A indústria de revistas é um campo sobre o qual o designer de moda tem muito pouco controle – o editor é quem manda. O sucesso de uma coleção depende do nível de cobertura que o editor deseja oferecer. Impressionar os editores certos pode garantir o sucesso da noite para o dia e trazer reconhecimento a um designer iniciante, mas também pode levar a um declínio prematuro se a coleção não impressionar.

Os bastiões do mercado de revistas são a *Vogue* e a *Harper's Bazaar*, que conseguiram manter-se relevantes enquanto muitas outras surgiram e desapareceram. A *Vogue* entrou no mercado em 1892, e desde sua criação se mantém na linha de frente da imprensa de moda. A revista introduziu o uso de ilustrações de moda, e artistas e ilustradores influentes como Paul Iribe, Erté e Barbier foram pioneiros do desenho de moda nos anos 1910 e 1920. Inspirando-se no teatro, design de interiores e artes decorativas, eles ajudaram a idealizar a representação de um mundo cheio de estilo. Com a popularização da fotografia, a *Vogue* e outras revistas passaram a se comunicar de forma mais sofisticada. A mídia permitiu que as revistas expressassem a moda dentro de um contexto social e cultural mais amplo.

Nos anos 1980 e 1990, revistas britânicas como *The Face*, *i-D* e *Dazed & Confused* foram lançadas para atender o público interessado em *street style* e cultura popular. Adotando um estilo diferente de jornalismo de moda, essas revistas têm uma característica urbana, *underground* e crua. Misturando música, cinema, dança, política e moda, essas revistas oferecem imagens cruas da moda, em contraste com a produção impecável que pode ser vista nas páginas das grandes revistas de moda.

Os semanários de moda, como a *Grazia*, vêm tendo grande impacto nos últimos anos, oferecendo ao grande público uma revista de moda com um viés para o mundo das celebridades. Além das fofocas sobre famosos, outra das principais características da revista são as dicas de como ter um visual elaborado sem gastar muito. Financeira e intelectualmente acessíveis, revistas como essa ganharam grande popularidade.

O mercado de revistas é altamente competitivo. A existência de uma revista depende do faturamento com espaço publicitário e o declínio da economia global no fim dos anos 2000 causou uma redução considerável nesse ponto. Inevitavelmente, as revistas estão enfrentando cada vez mais dificuldade para sobreviver e se manter no mercado. O sucesso das revistas on-line e dos sites representa uma concorrência acirrada e um desafio para a sobrevivência das revistas como as conhecemos.

Desfiles de moda

Atualmente, o desfile de moda é um espetáculo que constitui parte integrante da indústria da moda. Ele proporciona à grife uma oportunidade autêntica de expressar sua identidade, seu design e sua visão para a próxima estação.

Desde suas origens humildes, com produções de baixo custo, o desfile de moda está cada vez mais semelhante a um set de filmagens, com equipes de produção quase tão numerosas quanto as do cinema. Estações ferroviárias abandonadas, alas de hospitais e luxuosos salões de festa – seja qual for o espaço, ele pode ser transformado em um teatro de sonhos artísticos, fantasias e ousadia sensacionalista. Tudo isso ajuda a reforçar a mensagem central da marca para a imprensa, compradores, caçadores de tendências e todos aqueles que disseminam o visual para a moda massificada. No entanto, esse nível de produção de desfile é um luxo reservado para a indústria da alta-costura, prêt-à-porter e novas grifes independentes que recebem apoio financeiro de patrocinadores.

Os desfiles menores acontecem também em shopping centers, butiques e lojas de departamento. Embora sejam menos formais e intensos, eles servem a um propósito semelhante – ajudam a reafirmar para os clientes o que vestir e como usar uma nova coleção, além de mostrar aos clientes em potencial os looks e tendências mais recentes, incluindo acessórios, maquiagem, cores e tecidos.

Fotografia de moda

No início do século XX, a fotografia de moda era vista como uma forma simples de colocar a moda nas páginas de uma revista ou catálogo. Nos anos 1960, ela rompeu convenções, aplicando abordagens radicais de metodologia e narrativa. No entanto, foi apenas no início dos anos 1970, quando a obra de Guy Bourdin e Helmut Newton chamou atenção para os valores estéticos da imagética, da narrativa e do processo, que a fotografia de moda passou por uma mudança de atitude, sendo encarada como um processo criativo legítimo, conquistando o *status* de uma forma artística.

A fotografia de moda é hoje uma indústria plena, e as parcerias entre stylists, maquiadores e designers de moda são comuns. Além disso, através do uso poético ou satírico de imagens, a fotografia de moda é capaz de questionar e propor posicionamentos sobre moralidade, sexo, gênero, beleza, artifícios, sedução e cultura.

A exposição editorial levou a um reconhecimento global, elevando o *status* do fotógrafo de moda a figura cultuada. As parcerias de David Simms com Raf Simons e de Nick Knight com Yohji Yamamoto figuram no rol de associações notáveis entre fotógrafos e designers.

Derek Lawlor
O fotógrafo Jojo Ma cria uma experiência deliberadamente surreal-*naïve* por meio do design do set, da iluminação, da produção de moda e da coreografia da modelo nessa seção de fotos de um vestido de Derek Lawlor.

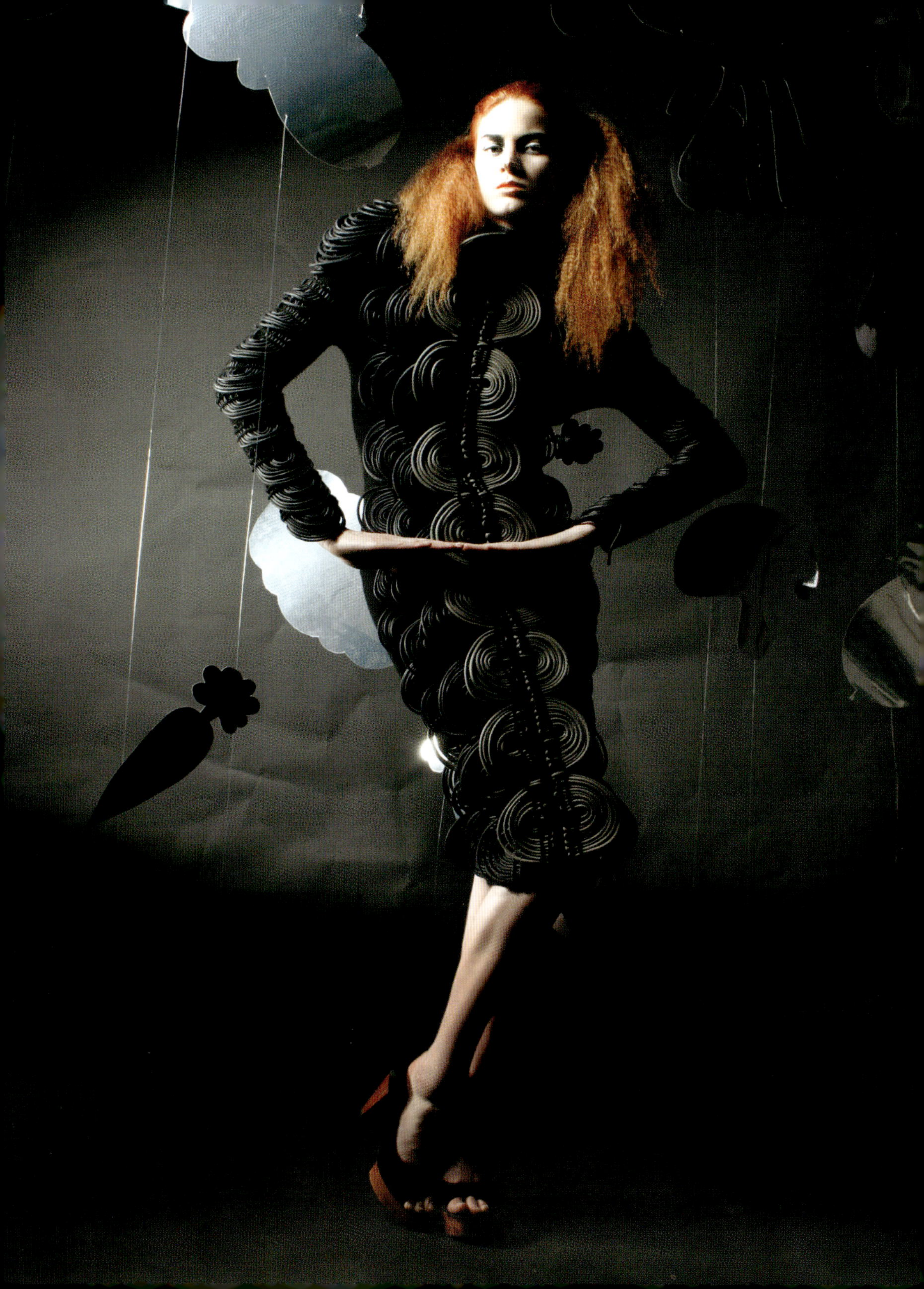

Moda e Internet

Há uma demanda permanente para que a moda se mantenha inovadora, propondo sempre algo novo. O advento da Internet deu à indústria da moda uma nova ferramenta de comunicação para expor suas ideias e produtos em escala global. De supermarcas, como Gucci e Prada, a grifes mais desconhecidas, lojas de departamento e butiques, quase todas promovem seus produtos e serviços por meio de sites.

Visitando esses sites, os clientes podem obter informações sobre produtos, ter uma experiência virtual, assinar listas de e-mail, receber ofertas especiais e iniciar uma comunicação aberta via e-mail, reduzindo a sensação de intimidação que poderia existir na butique do designer. Essas funcionalidades on-line personalizam a experiência da moda, permitindo que o cliente sinta que faz parte da marca e de sua filosofia, o que resulta na fidelização da clientela.

Para aqueles que querem fazer parte do espetáculo da moda, sites como Style.com e Vogue.com levaram a exclusividade dos desfiles para um domínio mais amplo. Com a ajuda de blogs e de serviços como o Twitter, a experiência da moda é refinada, e o seguidor ávido pode se manter informado durante as 24 horas do dia.

A Internet revolucionou a experiência da moda e, além disso, educou clientes e espectadores. Toda e qualquer pessoa tem a oportunidade de expressar a sua opinião sobre a moda, de tornar-se um jornalista ou editor de moda; qualquer um pode lançar o seu próprio site. Novas ferramentas e dispositivos como o iPhone da Apple levaram a acessibilidade da moda a um novo patamar, e seus usuários podem ter aplicativos dedicados ao assunto, como o Style.com, na palma da mão.

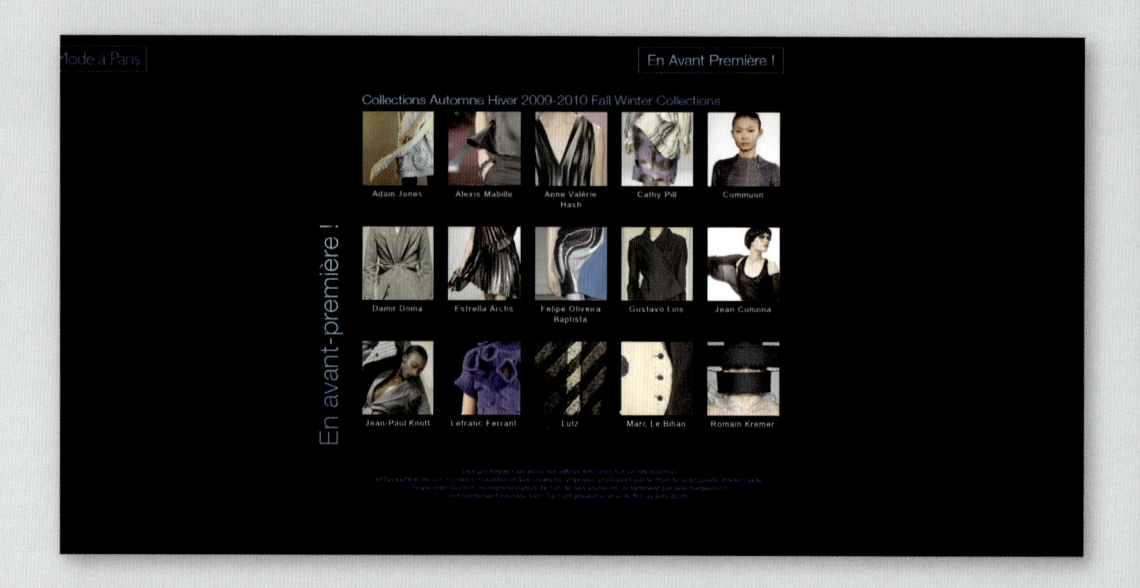

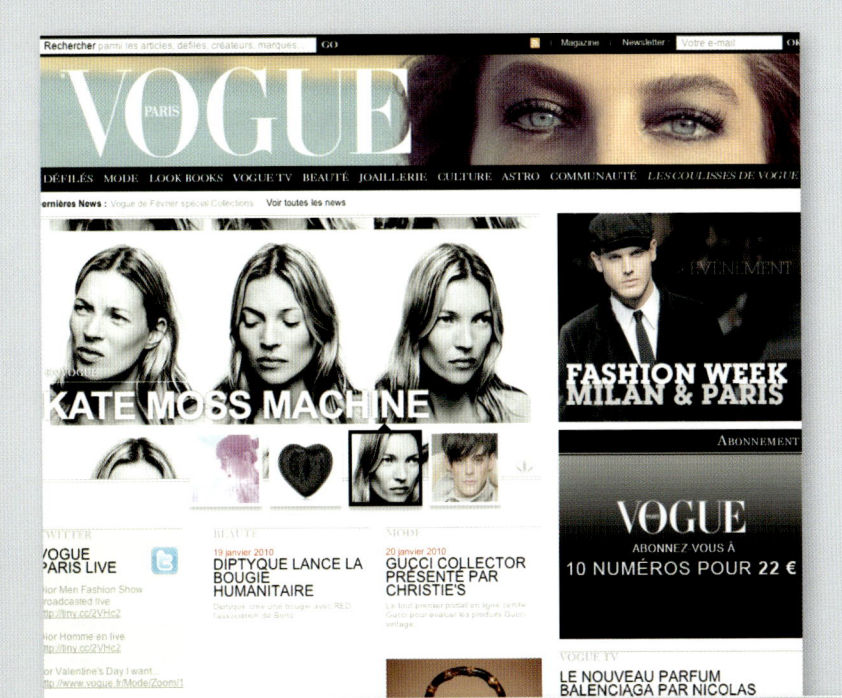

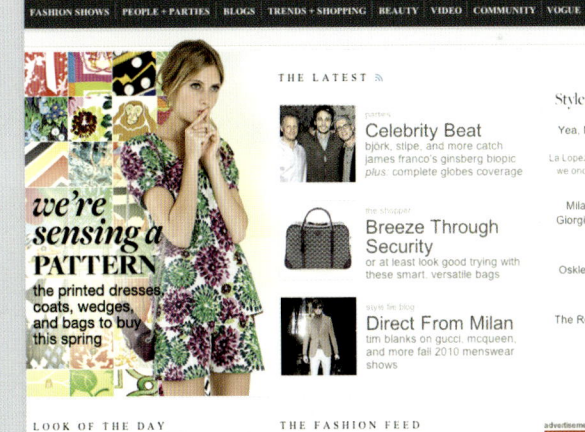

Vogue (à esquerda) e Style.com (abaixo)
Sites de moda, como Vogue e Style.com, oferecem aos leitores informações sobre as últimas tendências, fofocas do mundo da moda, notícias de negócios, relatórios e arquivos de desfiles de moda, além de dicas de beleza.

Esquerda: Modeaparis.com
O modeaparis.com traz informações sobre as indústrias francesas da alta-costura e do prêt-à-porter. O site oferece perfis de designers, cobertura jornalística e exemplos da obra de cada designer. Este é um site essencialmente focado na indústria.

Comunicação de moda 43

A moda como grande negócio

De estandes despretensiosos em feiras locais que vendem artigos básicos, passando por movimentados shopping centers com butiques de designers e lojas de departamento ofertando marcas extravagantes e opulentas até lojas na Internet, a indústria da moda tornou-se um negócio global multimilionário. Em um mercado altamente competitivo, estratégias inteligentes de *branding* e posicionamento de mercado ajudam a identificar a clientela e criar nos consumidores o desejo de comprar os últimos looks.

O termo "mercado da moda" é amplo e envolve diversas indústrias. De modo geral, a infraestrutura pode ser decomposta nos setores de desenvolvimento de produto, produção, marketing, *branding*, distribuição e varejo. Dentro dessa estrutura, há várias indústrias subsidiárias que se conectam para formar a cadeia global da moda. Por exemplo, entre os fornecedores, há tecelagens produzindo tecidos e fábricas produzindo componentes como botões, zíperes e fivelas.

Na competição feroz do ambiente globalizado de negócios, as conexões e tecnologia chegaram a tal ponto que uma camiseta básica comprada em uma loja de roupas local provavelmente começou sua jornada a milhares de quilômetros dali. O algodão, plantado em um campo na Índia ou em Bangladesh, foi tecido em fios, que por sua vez foram transformados em tecido por uma tecelagem; os tecidos foram então enviados para o fabricante, que cortou, montou e deu acabamento na peça de acordo com a ficha técnica, que provavelmente foi enviada, via e-mail, por um estúdio de design em algum lugar no Ocidente. É esse tipo de conexão na infraestrutura que sustenta a indústria.

Economia global e moda

Assim como em qualquer negócio, o sucesso depende essencialmente das vendas. Partindo-se do pressuposto de que as condições econômicas sejam adequadas e as pessoas tenham renda disponível para gastar, isso gera um aumento de vendas, beneficiando os diversos segmentos de mercado dentro da moda. O sucesso das vendas em grandes volumes afeta também a economia local e nacional, além dos mercados financeiros internacionais, o que resulta na manutenção de altas taxas de emprego e riqueza dentro das muitas indústrias associadas à infraestrutura no mundo todo.

No entanto, como o fenômeno de oscilação dos anos 1980 provou, uma desaceleração negativa na economia global também pode ser catastrófica. Os efeitos podem ser sentidos em todos os setores, e na moda não é diferente. Muitas marcas sofreram com a crise econômica dos anos 1980 – especialmente aquelas que já estavam lutando para se manterem competitivas e inovadoras, como as casas de alta-costura parisienses.

Os anos 1990, no entanto, foram um momento totalmente diferente. Os líderes políticos Margaret Thatcher e Ronald Reagan, que eram vistos como os instigadores das políticas econômicas capitalistas de oscilação, haviam deixado o governo; a Guerra Fria havia acabado e o mundo estava, de modo geral, um lugar melhor. A renovação da prosperidade e da estabilidade veio acompanhada de crescimento econômico e riqueza, sobretudo no mercado de ações. Isso foi um catalisador para o mercado de produtos de luxo, uma vez que o crescimento econômico ajudava a alimentar um desejo cada vez maior por bolsas, sapatos e relógios caros.

Acima: Louis Vuitton
Parte do conglomerado LVMH, a Louis Vuitton é uma das maiores marcas de moda de luxo do mundo. Com lojas próprias em todas as principais cidades, o monograma da LV tornou-se símbolo supremo do produto de luxo na moda.

No verso: Prada
A marca Prada tornou-se sinônimo de moda de luxo. Sob a liderança criativa de Miuccia Prada, a empresa passou de conceituada empresa de produtos em couro a marca de luxo global, oferecendo uma vasta gama de produtos, entre eles linhas masculinas e femininas de prêt-à-porter, relógios, joias e bolsas.

> Os produtos são secundários, porque, antes de tudo, o que está sendo vendido é a marca... você oferece às pessoas a oportunidade de viver um sonho.
>
> **Robert Polet, CEO do Grupo Gucci**

Marcas de luxo e impérios

Em 1987, a fusão de duas empresas – a marca de produtos de luxo Louis Vuitton e a Moët Hennessy, produtora de champagne e conhaque francesa – abriu caminho para que o mercado de produtos de luxo, incluindo a alta-costura, operasse de uma maneira nova e dinâmica.

Em 15 anos, a LVMH, nome dado à nova empresa, tornou-se uma potência internacional do luxo. Bernard Arnault, presidente e diretor executivo, construiu o maior império de produtos de luxo do mundo. A LVMH adquiriu, de forma implacável e astuta, algumas das maiores e mais famosas grifes no setor da moda e luxo, entre elas Christian Dior, Givenchy, Celine, Donna Karan, Kenzo, Tag Heuer, Fendi e Pucci.

O modelo de negócio da LVMH se concentra em quatro elementos principais: produto, distribuição, comunicação e preço. "Nosso trabalho é fazer um trabalho tão bom nos três primeiros [elementos] que as pessoas esqueçam do quarto – o preço", explica um executivo da LVMH. Por muitos anos, uma estratégia inteligente de *branding*, publicidade, atenção ao *visual merchandising*, posicionamento estratégico de mercado e expansão global na rede de distribuição tornou a fórmula infalível, rendendo margens de lucro estáveis, na casa dos 40 a 45% para a Louis Vuitton, principal empresa da LVMH.

Até 1994, poucas empresas de produtos de luxo tinham capital aberto: LVMH, Tiffany, Waterford Wedgwood, Hermès e Vendome.

Da metade para o fim dos anos 1990, três nomes – Richemont, Grupo Gucci e LVMH – representavam o novo mapa-múndi da moda de luxo. Esses novos conglomerados exerceram seu poder financeiro e adquiriram marcas que lhes rendiam uma maior participação de mercado na alta-costura, prêt-à-porter, produtos de luxo e produtos de beleza. A Gucci, que estivera associada ao estilo e glamour dos anos 1970, tomou para si a tarefa de competir com a LVMH e comprou as marcas Yves Saint Laurent, Sergio Rossi, Alexander McQueen, Stella McCartney, Balenciaga e Bottega Veneta. Enquanto isso, a Richemont, que atuava predominantemente no mercado de joalherias, comprou marcas como Cartier, Chloé, Dunhill, Montblanc e Bulgari. Durante o mesmo período, a Prada, depois de lançar sua bem-sucedida grife de prêt-à-porter suportada por sua reputação na produção de bolsas e carteiras, adquiriu as marcas Jil Sander e Helmut Lang.

Os designers que acompanhavam as casas de moda eram vistos como parte importante do pacote, e sua tarefa era a de reinventar e transformar as marcas. A LVMH tinha John Galliano na Givenchy e, em 1997, o levou para a Dior.

A Gucci tinha o descolado Tom Ford, que mais tarde assumiu as rédeas da Yves Saint Laurent, adquirida pela Gucci em 2000. Enquanto isso, a Richemont tinha Stella McCartney na Chloé. Designers desse calibre não apenas atraíam a atenção da mídia, mas também tornavam-se diretamente associados à identidade da marca, o que servia para intensificar a imagem dos produtos como objetos de desejo e estilo.

No ano 2000, o mercado havia atingido o ápice. A LVMH divulgou, no primeiro semestre, um aumento de mais de 30% nos lucros. A Prada divulgou uma alavancagem de 57%, enquanto os lucros da Gucci elevaram-se em quase 20% no terceiro trimestre. Em 2001, no entanto, depois do 11 de setembro, as condições mudaram repentinamente e as empresas menos lucrativas começaram a sair do mercado. Os efeitos da instabilidade na bolsa de valores, das demissões em Wall Street e dos cortes de bônus começaram a refletir em uma queda nas vendas do mercado de produtos de luxo.

Os conglomerados sofreram uma grave queda nos lucros. Marcas compradas por impulso a preços inflacionados agora reduziam os lucros, e garantir sua sobrevivência custava milhões. O 11 de setembro teve impacto negativo em todos os mercados financeiros, mas o efeito foi especialmente forte para os produtos de luxo, no qual 30% do mercado dependia do turismo japonês (os turistas japoneses pararam de visitar os EUA depois dos ataques, assustados com a questão da segurança). Assim como na crise financeira dos anos 1980, as marcas precisavam encontrar novas direções.

O Grupo Gucci teve dificuldade de competir em condições de mercado mais duras e, com seu portfólio desejável, perdeu sua autonomia em 2004 para a PPR (Pinault-Printemps--Redoute), uma *holding* francesa. As decisões para redefinir a posição do portfólio da Gucci foram tomadas rapidamente. Com a saída de Tom Ford, jovens designers foram chamados para assumir as rédeas de algumas das maiores marcas de moda. A aquisição da Puma, empresa líder em artigos esportivos, era uma nova estratégia, abrindo uma nova fatia de mercado em um setor com imenso potencial de crescimento.

A crise do crédito que teve início em 2008 também impactou negativamente na indústria da moda. O pior colapso econômico desde a Segunda Guerra Mundial causou o desmoronamento de sistemas financeiros; a dissolução de instituições financeiras internacionais, entre elas Lehman Brothers e AIG; e a falência das marcas de luxo Christian Lacroix e Escada. O clima econômico volátil também custou lares e empregos, aumentando diariamente a sensação de insegurança.

Em resposta, marcas de moda independentes e grandes conglomerados tiveram que reavaliar suas estratégias de negócios para se manterem competitivos. Bernard Arnault, presidente da LVMH, sugeriu que a própria indústria de produtos de luxo precisava ser reavaliada. "A palavra 'luxo' sugere trivialidade e exibicionismo, e esse momento já passou", disse Arnault. Ele acredita que as marcas que comercializavam produtos "vistosos", fáceis de vender, explorando nomes tradicionais, terão muita dificuldade no novo ambiente econômico. A LVMH, pelo contrário, nunca assumiu essa abordagem, e sempre enfatizou a qualidade, a inovação e a criatividade.

Os números sugerem que o clima econômico tornou o consumidor mais exigente. O consumidor passou a comprar produtos que considera um "investimento" a longo prazo, distintos, clássicos e que podem ser usados por vários anos. Assim, em vez de comprar três ou quatro pares de sapatos em uma estação, ele pode adquirir apenas um par, de alta qualidade e estilo clássico.

A democratização do luxo

A alta-costura estava em declínio desde o fim da Segunda Guerra Mundial. Sem conseguir vencer a forte concorrência dos jovens designers radicados em Londres e Nova York, as casas de alta-costura parisienses buscaram novas formas de se manter no mercado e, naturalmente, lucrar. Uma opção na qual muitas investiram foi a linha prêt-à-porter. A outra opção consistia nas franquias e licenciamentos, que Pierre Cardin usou para expandir seu portfólio de produtos como relógios, malas e joias. No início dos anos 1980, Cardin já tinha mais de 500 licenças para todos os tipos de produtos. Outra rota foi a de aventurar-se no ramo dos produtos de beleza e perfumes. Até aquele momento, o processo de democratização das marcas ainda não fora plenamente desenvolvido ou explorado, de modo que a alta-costura continuava a ter uma existência difícil e as grifes de produtos de luxo em geral se mantinham desconhecidas.

A Chanel, marca que fora uma inovadora líder do mercado, tornava-se uma relíquia ultrapassada, associada a francesas elegantes e de meia-idade que passeavam com seus poodles. No entanto, com a indicação de Karl Lagerfeld, nos anos 1980, a marca passou não apenas a produzir roupas sensuais e extravagantes, mas também a dar os primeiros passos para a democratização do luxo. Levando mais longe o "princípio do perfume", de meados dos anos 1980 (se você não pode comprar o vestido, pelo menos pode comprar a fragrância), Lagerfeld produziu bolsas, óculos de sol e mesmo joias, itens acessíveis para quem não podia comprar as roupas, permitindo que essas pessoas fizessem parte da tradição, glamour e hierarquia *fashion* da Chanel.

Como os anos 1990 continuavam a ser financeiramente prósperos, outras marcas de elite começaram a remodelar seu mercado e suas marcas inspiradas pela revolução da Chanel. Com o aumento das vendas e o desejo cada vez maior por "pequenos pedaços de luxo", designers como Giorgio Armani criaram linhas de difusão voltadas para o público que não tinha acesso às coleções da linha principal.

Donna Karan, Dolce & Gabbana, Versace, Calvin Klein e outros seguiram essa fórmula, emprestando seus nomes a óculos de sol, sapatos, bolsas, jeans e roupas íntimas. Depois de instituir a linha secundária Miu Miu, em 1998 a Prada introduziu sua linha Red Label, voltada para os consumidores que vestem predominantemente roupas esportivas ou casuais. Com isso, a empresa aumentou sua participação de mercado e passou a competir com líderes de mercado como Stone Island e C.P. Company.

Embora as tradicionais casas de luxo europeias (como a LVMH) não aceitassem oferecer linhas de difusão ou linhas secundárias de preços mais acessíveis, ainda assim foram inspiradas pela midiatização, pelo *status* icônico e pelo valor percebido das bolsas Prada. A LVMH começou a expandir sua linha de malas e deu a Marc Jacobs o cargo de diretor criativo da Louis Vuitton em 1997. Ele supervisionou a primeira linha feminina prêt-à-porter da Louis Vuitton e deu uma nova direção à linha de bolsas. Enquanto isso, na Christian Dior, Galliano também começou a oferecer design e preços mais contemporâneos, ao passo que a Gucci voltava a se concentrar em suas bolsas e sapatos. Nascia a era da bolsa como item de luxo.

As pessoas querem fazer parte de certos mundos a que aspiram. Hoje, isso é feito em diferentes faixas de preço – algumas pessoas entram nesse mundo comprando uma bolsa de US$ 500 ou US$ 800; outras, um vestido de US$ 20 mil. Ambos permitem que as pessoas façam parte de um mundo a que desejam pertencer.
Robert Polet, CEO do Grupo Gucci

Com os níveis de renda disponível em uma alta histórica, durante os anos 1990, os hábitos de consumo entre mulheres burguesas começaram a mudar. A cultura do "objeto de desejo" promovida pela sedução do marketing e da publicidade causava histeria em massa cada vez que era lançada uma nova linha ou uma edição limitada. Nenhuma revista de moda podia ser completa sem anúncios superproduzidos de bolsas de luxo, uma tendência que persiste até hoje. Algumas mulheres compravam bolsas de luxo em intervalos de poucos meses, para demonstrar *status* e fazer parte da elite da moda.

O sucesso da indústria de produtos de luxo nos últimos vinte anos pode ser atribuído a quatro fatores principais: a grande criação de riqueza dos anos 1990; o crescimento do turismo (os "novos ricos", entre eles chineses e russos, podiam viajar para as principais cidades, como Nova York, Paris e Londres, onde era possível consumir produtos de luxo com isenção de impostos); o aumento de participação de mercado e a distribuição em rede dos conglomerados de moda; e, principalmente, a estratégia de prever a democratização do luxo, por parte das casas de produtos de luxo. Esse último fator alternou significativamente a natureza do consumismo como o conhecemos.

No entanto, a democratização criou um mercado tão volúvel e dependente da economia que, ao mínimo sinal, seja uma leve oscilação nos mercados financeiros ou uma grave recessão, os consumidores param de gastar. Os muito ricos são diferentes – são consumidores à prova de recessão –, mas não podem manter a indústria de produtos de luxo sozinhos.

As redes de lojas de departamento pegaram carona com o sucesso das linhas de difusão e colocaram em ação o seu poder financeiro. Na tentativa de sobreviver à tormenta, os designers encontraram a oportunidade de expandir ainda mais seu apelo e participação de mercado, levando a democratização da moda até as bases da escala econômica. A iniciativa partiu da H&M, com sua rede global de 1.800 lojas.

Suas coleções limitadas incluíram parcerias com Karl Lagerfeld, Stella McCartney, Roberto Cavalli, Jimmy Choo, Matthew Williamson, Sonia Rykiel e Comme des Garçons. Essas parcerias atraíram, além da atenção da mídia, o endosso dos clientes.

Uniqlo
Uniqlo é a maior marca de moda casual do Japão, com mais de 750 lojas no mundo inteiro. A marca oferece a última moda a preços acessíveis e, com isso, se tornou uma das líderes no mercado de massa mundial.

Enquanto isso, Alexander McQueen criou uma linha para a cadeia de lojas norte-americana Target e Giles Deacon criou linhas para a britânica New Look. Em 2009, foi feita uma parceria muito divulgada entre a marca japonesa de moda casual Uniqlo e a designer alemã Jil Sander. A colaboração combinou o design extremamente respeitado de Sander com o poder financeiro e de distribuição da Uniqlo, que conta com mais de 750 lojas no mundo inteiro.

Os shopping centers e as grandes avenidas, que já foram sinônimo de moda a preços baixos, estão se tornando o epicentro do luxo democrático, do estilo e da relação custo-benefício. Com os efeitos da instabilidade financeira, as butiques de luxo, anteriormente repletas de consumidores ricos ou que almejam a riqueza, estão vendo esses mesmos consumidores rumo aos shopping centers, juntamente com as classes mais populares, para esbaldar-se com o novo luxo.

Moda e celebridade

No começo do século XX, os designers de moda ajudaram a criar o culto às celebridades, forjando um relacionamento entre as telas e a moda. Na era do cinema, as celebridades eram essencialmente atores e atrizes das telas. A atriz Clara Bow, a "It girl" original, foi cuidadosamente moldada pela moda e por Hollywood nos anos 1920 para representar glamour e estilo. Outras estrelas, como Gloria Swanson, adornavam as páginas de moda, personificando beleza e elegância imbatíveis. Ao expôr e explorar a celebridade, a indústria da moda conseguia vender e promover suas últimas criações nas telas e fora delas. A relação celebridade e moda se mantém forte até hoje.

Nessa época, escritores, artistas plásticos e ídolos do esporte também eram coroados pela fama. No fim dos anos 1950, as coisas começavam a mudar: o rock 'n' roll conquistava o mundo e a nascia a estrela do rock.

Atingindo o mesmo grau de exposição (ou maior) por meio de seu novo estilo musical e dos disparates dentro e fora dos palcos, a estrela do rock era descolada e dotada de um espírito livre demais para ser atraída para a máquina da publicidade de moda. As estrelas do rock se mantiveram independentes em todas as frentes, inclusive em moda e estilo – ditando tendências em vez de segui-las.

Em essência, aqueles que estavam sob os holofotes tinham certas qualidades; haviam se destacado em sua área ou feito descobertas revolucionárias. Nos últimos 15 anos, no entanto, houve uma grande mudança cultural no termo "celebridade". Hoje, ser uma celebridade não envolve, necessariamente, ter o talento de um ídolo dos esportes, as habilidades de um artista plástico ou o carisma de um ator ou estrela do rock. Em uma era em que a privacidade é quase inatingível, as revistas de fofoca e os reality shows da TV expõem o comportamento polêmico para o divertimento da sociedade. As revistas norte-americanas *InStyle*, *People*, *Look*, *OK* e *Heat* são apenas algumas das publicações inteiramente dedicadas à cobertura desse tipo de celebridade. Esse fenômeno dá origem a "famosos" cuja fama não vem de qualquer talento específico, e sim de sua infâmia e capacidade de manipular e atrair a cobertura da mídia.

As glamourosas heroínas cinematográficas de outros tempos hoje parecem uma memória distante. A relação entre celebridade e moda naquela época não era baseada apenas em glamour e estilo; era um símbolo de *status* que trazia incentivos financeiros para todos os envolvidos. Ainda assim, se comparada à atual cultura de celebridade, parece adoravelmente ingênua.

Publicidade com celebridades

Atores e atrizes oferecem o cenário perfeito para o endosso público da moda. Milhões de espectadores assistem a um filme no

Louis Vuitton
O diretor criativo Marc Jacobs escolheu Madonna para ser o rosto da última bolsa Louis Vuitton nessa campanha publicitária de 2008. O uso de celebridades como estratégia de marketing é empregado por seu apelo com o grande público para aumentar as vendas.

cinema e entram em contato com as roupas, a atitude e o estilo retratados perfeitamente por seus ídolos.

Um exemplo recente é a série *Sex and the City*, ambientada em Nova York e exibida entre 1998 e 2004. Baseada na amizade entre quatro mulheres, a série tornou-se ícone não apenas por sua caracterização, mas também por sua influente direção de moda. Cada uma das personagens tinha um estilo de moda próprio que ajudava a retratar sua personalidade. Carrie (interpretada por Sarah Jessica Parker) é uma fashionista ousada, com um estilo que varia entre o elegante sofisticado, o excêntrico e o supersexy. Samantha (Kim Cattrall) adota estilos refinados em cores vibrantes que exalam autoconfiança. Charlotte (Kristin Davis) tem o estilo inocente de uma "patricinha" recatada, com influências dos anos 1950. Miranda (Cynthia Nixon) é uma profissional bem vestida que abusa de tailleurs bem cortados.

Tanto a série quanto seus filmes tiveram uma enorme influência sobre as tendências da moda, ajudando a popularizar itens como o salto agulha, as bolsas icônicas de designers famosos, os corpetes e o colar com o nome de Carrie, que tornou-se sua marca registrada. A menção casual de nomes de grandes marcas da moda, como Manolo Blahnik e Jimmy Choo, ajudou não apenas a tornar essas marcas mais conhecidas pelo público, mas também fomentou o desejo de compra de seus produtos. Assim, criou-se uma conexão entre produto de moda, acordos publicitários com celebridades e espectador.

Graças à obsessão pela mídia da sociedade atual, as celebridades conseguem atrair atenção com um esforço mínimo, o que as transforma em mercadorias poderosas. As marcas de moda manipulam de maneira ágil o estrelato das celebridades, usando-as no ápice de sua fama e pagando quantias vultosas por sua associação e endosso. As alianças mais bem-sucedidas entre famosos e marcas são aquelas em que a imagem da celebridade se encaixa organicamente à da marca. Na mente do consumidor, as duas imagens se tornam indissociáveis. A atriz hollywoodiana Uma Thurman, por exemplo, é vista como sofisticada mas imprevisível, a mesma imagem cultivada pela Louis Vuitton; Michelle Pfeiffer é vista como misteriosa e discretamente elegante, refletindo o espírito da Giorgio Armani.

No entanto, os acordos publicitários podem terminar mal, como aconteceu com a Burberry. Em 2005, a supermodelo britânica Kate Moss fora selecionada como o rosto de uma campanha da marca, quando alegações de abuso de drogas a puseram nas primeiras páginas dos jornais. Temendo a publicidade adversa, a Burberry rompeu seu contrato. Chanel e H&M seguiram o exemplo e cortaram qualquer relação com Kate. (O *status* de celebridade da moça, no entanto, foi rapidamente recuperado, e apenas dois anos depois ela começou uma parceria para desenvolvimento de produtos com a Topshop).

Enquanto certas marcas mantêm sua política de celebridades, outras optam por renunciar a uma cultura em que, segundo acreditam, a moda passou a ser mais a celebridade do que as roupas em si. O falecido designer britânico Alexander

McQueen expressava abertamente suas opiniões sobre o assunto; em 2007, ele disse à *Harper's Bazaar* norte-americana: "Não posso me deixar atrair por essa onda de celebridades porque acho isso simplesmente grosseiro. Trabalho com pessoas que admiro e respeito. Isso nunca se deve a quem elas são. Não tem nada a ver com fama; isso mostraria falta de respeito para com o trabalho, para com todo o mundo que trabalha nos desfiles, porque, quando as fotos são publicadas, o que importa é quem estava na primeira fila. O que você vê na obra é a própria pessoa. E eu coloco meu coração em minha obra."

No entanto, marcas como Dolce & Gabbana, Giorgio Armani, Versace e outras semelhantes construíram firmemente suas identidades de marca ao redor das principais estrelas de Hollywood, e continuam a requisitar celebridades. Em seus desfiles, a primeira fila está quase sempre repleta de celebridades, o que funciona como um apoio publicitário por si só. Grifes menores seguiram o exemplo, tentando atrair celebridades na esperança de chamar a atenção da mídia e aumentar as vendas. Houve um tempo em que a primeira fila era formada pela imprensa de moda, editores influentes e compradores internacionais – desde então, muita coisa mudou.

Perfumes de celebridades

Os acordos publicitários entre perfumes e celebridades nunca foram tão populares. Os perfumes são acessíveis e, para a maioria dos consumidores, comprar um perfume é a forma mais barata de estar associado a uma celebridade ou marca de moda exclusiva. O lançamento da linha de perfumes próprios de Sarah Jessica Parker como forma de fortalecer sua marca é uma tática comercial seguida por muitas outras celebridades.

Celebridades designers

Em meados dos anos 2000, houve um aumento sem precedentes no fenômeno das celebridades que assinavam coleções em suas próprias grifes independentes. Entre os membros dessa nova classe estavam divas do pop como Gwen Stefani e Jennifer Lopez, o rapper LL Cool J, a estrela de Hollywood Katie Holmes, a socialite Nicky Hilton, a modelo da marca Wonderbra, Dita Von Teese, e a tenista Venus Williams. Todos lançaram linhas de moda na carona de sua fama. As celebridades são facilmente reconhecíveis e capazes de criar desejo. Além disso, por conta da constante cobertura midiática, são, por si sós, uma marca.

Com esse nível de poder e influência, as celebridades podem trabalhar de forma independente, com a certeza de que têm um mercado pronto e ansioso à sua espera.

Linhas de celebridades para lojas

Os varejistas astutos que compreendem o apelo do culto à celebridade lançaram, nos últimos anos, linhas de moda assinadas por designers-celebridades. A vantagem disso, em oposição às celebridades que entram sozinhas no ramo da moda, é o fato de que o varejo já possui uma infraestrutura pronta e oferece apoio financeiro, assistência no design, fabricação e pontos de venda. Em troca, as lojas ganham um rosto famoso para aumentar as vendas e melhorar o reconhecimento da marca.

Em 2007, Kate Moss iniciou uma parceria com a Topshop, criando uma linha de roupas inspiradas em seu próprio estilo eclético de vestir. Kate Moss sempre foi uma figura controversa, mas também tem uma longa carreira na moda, durante a qual seu senso estético e estilo influente figuraram em revistas de moda e de fofocas. Esse estilo deixou uma impressão duradoura tanto em meninas adolescentes quanto em mulheres, e agora pode ser comprado por aquelas que aspiram ao look de Kate Moss.

A coleção de Kate Moss para a Topshop não foi a primeira desse tipo. Ela seguia os passos da rainha do pop Madonna, que assinou como codesigner sua própria linha para a loja sueca H&M, em 2007. A H&M, que conta com uma rede global de lojas, também desenvolveu com a cantora pop Kylie Minogue uma linha de biquínis chamada H&M loves Kylie.

No entanto, apesar de todo o *hype* inicial, as coleções e parcerias com celebridades tornaram-se alvo de críticas duras. Em abril de 2007, o jornal *The New York Post* declarou que a coleção de Kate Moss parecia nada mais que "Kate copiado várias coisas de outras pessoas que ela já vestiu antes." Outros taxaram a coleção de "plagiada" e "insípida".

O futuro das coleções e cocriações com celebridades é incerto. Não há dúvidas de que essa estratégia de marketing conseguiu criar uma empolgação, intensificando a circulação de clientes nas lojas. No entanto, a incapacidade de impressionar levou a questionamentos sobre a autenticidade do design dos produtos e sobre a falta de preparo dos designers-celebridades, que deixam a desejar em quesitos como inovação, habilidades técnicas de moda e criatividade – qualidades normalmente atribuídas aos verdadeiros designers de moda.

Gwen Stefani
Desde 2003, a cantora Gwen Stefani vem criando para sua própria linha de roupas e acessórios, chamada L.A.M.B. A grife tem sido bem-sucedida comercialmente e, em geral, bem recebida pela imprensa de moda.

Ética na moda

O conceito de "ética na moda" é abrangente, e inclui diversas questões, como direitos dos trabalhadores, preocupações ecológicas acerca da produção de matérias-primas, direitos dos animais nas indústrias de peles e couro e promoção de imagens corporais insalubres. Em uma época em que a preocupação global com as mudanças climáticas e com a escassez dos recursos naturais do planeta é cada vez maior, consumidores conscientes estão levantando essas questões e pressionando a indústria da moda a encará-las de frente. Os efeitos da cadeia produtiva, os baixos custos de mão de obra e a idealização da beleza e do corpo nas passarelas e revistas são apenas algumas das questões fundamentais que estão em pauta.

Na maioria dos casos, o comportamento ético e a responsabilidade na indústria da moda têm papel secundário, e a ideia de aumentar lucros e reduzir prejuízos prevalece. Por muito tempo, beleza, glamour e todos os essenciais "objetos de desejo" estiveram no centro de uma indústria que arrecadava trilhões de dólares no mundo inteiro. Assim, não surpreende que, de modo geral, as questões éticas tenham sido encaradas com uma atitude *blasé* por parte dos presidentes, diretores e executivos de empresas do ramo.

Porém, designers – tanto novos quanto consolidados –, a imprensa de moda, o varejo e os fabricantes começaram a reconhecer a falta de conduta e estão finalmente tomando providências para tornar mais ética essa indústria que vive de glamour, fantasia e polêmica.

As revistas de moda são sempre sobre algum elemento de fantasia, mas, ultimamente, o que tenho ouvido dos leitores é que, na moda, assim como em todas as partes de nossas vidas, o que existe atualmente é um grande desejo de autenticidade. Artifícios, de modo geral, são tratados como algo ultrapassado.
Cindi Leive, editora da revista *Glamour*

Exploração do trabalho
A indústria têxtil muitas vezes explora a força de trabalho nos países em desenvolvimento, usando-a como mão de obra barata em fábricas clandestinas. Grupos de pressão como o Labour Behind the Label fazem campanhas pelos direitos dos trabalhadores e por melhores condições de trabalho.

Ética na moda 59

O belo do corpo

Seja em uma sessão de fotos ou na passarela, é comum que as modelos apareçam como meros "cabides" para mostrar a visão de um designer. Revistas, agências de RP, marketing e stylists desempenham papéis importantes para transmitir essas mensagens estilizadas. O espectador é seduzido e manipulado por essas imagens, que criam a necessidade de fazer parte do impecável mundo da moda.

No entanto, os efeitos dessas táticas promocionais e a profunda influência das revistas não devem ser subestimados. Um estudo conduzido no Reino Unido investigou a dimensão da influência que as revistas de moda têm sobre suas leitoras, e descobriu que 90% das meninas de 11 a 16 anos leem essas revistas. Além disso, 80% das mulheres afirmaram sentir-se piores em relação ao próprio corpo depois de ler uma revista de moda por apenas três minutos. Pesquisas semelhantes foram conduzidas em todo o mundo ocidental, concluindo que a influência e a glamourização do corpo chamado "tamanho zero" levou a um alarmante aumento nos índices de anorexia e outros distúrbios alimentares, causando elevação no número de mortes associadas a esses distúrbios.

Nos EUA, o "tamanho zero" é uma medida reconhecida pela indústria. Ele representa medidas de busto, cintura e quadris de 76–60–81 cm, o que equivale ao tamanho 4 no Reino Unido e ao tamanho 32 na Europa e no Brasil. No entanto, os menores

À esquerda, superior: Tamanho zero
Uma modelo de aparência esquelética e frágil desfila nas passarelas de Paris em 2007, esquentando o debate sobre as características insalubres das modelos tamanho zero.

À esquerda, inferior: Peso saudável
Matthew Williamson usa a então curvilínea Sophie Dahl como modelo em sua coleção outono/inverno de 2001. A pergunta, no entanto, permanece sem resposta: seria esse apenas outro golpe de publicidade da moda ou um protesto contra modelos "tamanho zero"?

tamanhos considerados "normais" para uma mulher saudável são, nos EUA, o tamanho 4, que equivale a medidas de 84–66–89 cm, e o tamanho 6, que representa medidas de 87,5–70–93 cm, que equivalem aos manequins 8 e 10 no Reino Unido.

Para colocar o tamanho zero em perspectiva, a medida média da cintura de uma menina de 8 anos é de 56 cm.

As revistas culpam enfaticamente designers e stylists. Seu argumento é baseado no tamanho das peças que recebem para sessões de fotos. Ao longo dos anos, o tamanho das amostras foi diminuindo cada vez mais, passando do 8 ao zero, que se encaixa à silhueta esguia e esbelta da "bailarina europeia", preferida na indústria. Em resposta, os designers argumentam que as roupas ficam mais bonitas em modelos mais magras porque, na televisão e em sessões de fotos, o processo de exibição das imagens faz com que essas modelos pareçam maiores. Assim, modelos maiores pareceriam imensas.

Junto com as revistas de moda, outra grande responsável e defensora do tamanho zero é a passarela. As chocantes mortes da modelo brasileira Ana Carolina Reston (que desfilava para a Armani) e da modelo uruguaia Luisel Ramos, em 2006, revelaram a pressão que as modelos sofrem para se manter magras e os sacrifícios que fazem para perder peso, com medo de ficarem sem trabalho. Ambas morreram de causas relacionadas ao peso. Consequentemente, a Semana de Moda de Madri anunciou, em setembro de 2006, que proibiria o uso de modelos com IMC (índice de massa corporal) inferior a 18, o mais baixo IMC considerado saudável, equivalente a 52,6 kg para uma mulher de 1,67 m. Em dezembro de 2006, o governo e o conselho de moda italiano seguiram o exemplo, proibindo o uso de modelos ultramagras na Semana de Moda de Milão.

No entanto, os chefões da moda em Paris ainda não introduziram qualquer tipo de proibição, e o Council of Fashion Designers of America (CFDA), em Nova York, optou por incentivar o comportamento saudável, em vez de implementar regulamentações sobre o peso das modelos.

Enquanto os organizadores de desfiles de moda internacionais começam a assumir responsabilidade, as revistas continuam a oferecer uma visão impecável de modelos e celebridades, uma combinação que ainda vende, à custa de elevar artificialmente os padrões de beleza por meio de retoques, acabamentos e alterações da forma corporal. Preocupado com a predominância de imagens artificialmente construídas, o renomado fotógrafo de moda Peter Lindbergh alimentou o debate criando uma série de capas para a *Elle* francesa de abril de 2009 que mostravam a modelo Eva Herzigova e as atrizes Sophie Marceau e Monica Bellucci sem manipulação digital ou maquiagem. A edição repercutiu entre os leitores na França, onde já havia campanhas oficiais reivindicando uma decisão judicial que forçasse as revistas a declarar quando e como as imagens eram alteradas. Sandrine Levêque, da organização pelos direitos das mulheres OBJECT, elogiou a atitude da revista dizendo que "Iniciativas como a da *Elle* deveriam ser aplaudidas. Ver grandes estrelas suficientemente confortáveis com sua aparência fará com que outras mulheres se sintam mais confortáveis consigo mesmas."

O debate das peles

Usadas pelas beldades de Hollywood nos anos 1940 e 1950, as peles tornaram-se símbolo de *status* e glamour. Hoje, as peles mantêm seu poder de atração e desejo. Estima-se que 6,5 milhões de mulheres italianas possuam pelo menos um casaco de pele, e outras 4,3 milhões sonham em comprar o seu primeiro. Por décadas, a indústria da moda italiana foi líder na produção de casacos e acessórios de pele, empregando 56 mil funcionários e gerando vendas anuais de US$ 2,2 bilhões para Europa, Ásia e América do Norte.

O desejo pelas peles é alvo da oposição de militantes ambientalistas e anticrueldade. Em 1994, o PETA (People for the Ethical Treatment of Animals) lançou uma campanha contra o uso de peles, marcando um momento decisivo para a questão. Supermodelos como Cindy Crawford, Naomi Campbell e Claudia Schiffer apareciam nuas nos anúncios, cujo slogan era "preferimos sair nuas do que usar pele". Essa foi a maior e mais poderosa mensagem contra o uso das peles na moda, e resultou em uma redução no número de grifes que as usavam em suas coleções. A campanha do PETA teve grande influência, e criou uma conscientização necessária. As pessoas em geral estavam mais conscientes e queriam fazer a diferença. Economicamente, o movimento também se justificava – nenhuma grife de moda queria atrair a publicidade adversa que poderia causar um boicote a seus produtos.

No entanto, dez anos depois, as mesmas supermodelos que defendiam a proibição de produtos de pele publicamente deram as costas à campanha antipele e voltaram a desfilar nas passarelas vestindo peles assinadas por Armani, Roberto Cavalli e Marc Jacobs. Com um número cada vez maior de designers que optavam por usar peles, as vendas aumentaram. As estatísticas da Saga Furs, principal fornecedor de peles de animais de criação do mundo, mostram que a idade média da compradora de peles caiu de 45 para 35 anos desde 2003, indicando que a juventude que anteriormente se posicionava contra as peles está hoje disposta a usá-las.

Os militantes contra produtos de pele continuam comprometidos com seus objetivos: chamar a atenção para o tratamento desumano de animais em fazendas de pele e educar os compradores de peles individualistas, que demonstram pouca ou nenhuma consideração pelo sofrimento e morte dos 54 visons que compõem o seu casaco. Embora haja excelentes produtores de pele sintética, esse tecido ainda é amplamente desprezado pela indústria de peles e pelos designers, por não possuir a textura e o calor da pele autêntica. Cerca de 170 designers (renomados) continuam a ignorar as questões ecológicas e o debate sobre os direitos dos animais, insistindo em produzir produtos de pele que vão de casacos a carteiras. No entanto, designers como Stella McCartney se recusam a ceder às demandas da indústria da moda de luxo. Vegetariana ferrenha, a designer não utiliza pele ou couro em qualquer um de seus produtos.

Moda ecológica

Nos últimos anos, a conscientização dos consumidores e exposição da mídia trouxe à luz questões éticas e globais mais amplas. Hoje, o consumidor consciente quer saber mais sobre as origens das roupas que adquire.

Campanha antipeles
A supermodelo norte-americana Cindy Crawford posa nua em uma das campanhas do PETA contra o uso de peles. Ela foi uma das primeiras supermodelos a dizer não à pele nos anos 1990, embora, como muitas outras, tenha voltado a vestir produtos de pele mais tarde.

Ética na moda 63

As mudanças climáticas e as preocupações ecológicas promoveram o uso de tecidos *eco-friendly*. O algodão, quando cultivado da forma tradicional, é uma das colheitas mais poluentes do mundo. As plantações de algodão são responsáveis por 16% das aplicações de inseticidas e por 3 milhões de envenenamentos por pesticidas todo ano, causando 20 mil mortes entre agricultores. Fazendas de algodão orgânico são vistas como uma alternativa menos poluente, que beneficia tanto as pessoas quanto o planeta. Outras alternativas aos tecidos sintéticos (que, além de não biodegradáveis, são feitos à base de produtos petroquímicos) incluem tecidos feitos a partir de eucalipto ou faia, milho, bambu e cânhamo.

Direitos trabalhistas
Graças aos baixos custos de fabricação, a maior parte da produção em massa de moda é feita em países em desenvolvimento, como Bangladesh e Sri Lanka; em economias desenvolvidas recentemente, como Índia e China; e nos países do Leste Europeu, como Romênia, Polônia e Bulgária. A China é, de longe, o maior exportador, respondendo por 35% das exportações de moda do planeta e empregando cerca de 20 milhões de operários. No entanto, a China tornou-se o maior emissor de poluentes do mundo depois dos EUA, e os direitos trabalhistas são extremamente restritos. Embora a indústria da moda ofereça oportunidades de emprego (muito necessárias na realiade atual), a falta de direitos trabalhistas, as más condições de trabalho e os salários baixos levantam uma série de questões. Os operários da indústria têxtil frequetemente vivem na miséria e, muitas vezes, ganham apenas a metade do necessário para atender às suas necessidades básicas.

As marcas de moda tomaram poucas providências a respeito, embora muitas tenham subscrito o princípio de que todos os operários devem ganhar um salário que lhes permita viver com condições mínimas. Grupos de pressão como o Labour Behind the Label conduzem campanhas ativas pelos direitos dos trabalhadores da indústria têxtil nos países em desenvolvimento. Sua campanha contra a Primark, em 2007, destacava os enormes lucros da empresa em contraste com a miséria e as condições de trabalho das pessoas que fabricavam seus produtos.

Cadeia de fornecimento ética
Os designers podem desempenhar um papel importante na criação de uma indústria mais ética. Isso envolve mais que simplesmente optar por tecidos ecológicos; trata-se de considerar o impacto das decisões de design ao longo da cadeia de fornecimento. Em última análise, os problemas ligados à produção são afetados pelas condições competitivas da cadeia produtiva. Essa cadeia inclui a produção de matérias-primas, como lã, algodão ou poliéster. Esses materiais são então tecidos, tingidos, embalados em rolos e enviados aos fabricantes de roupas. As fábricas cortam, confeccionam e dão acabamento às peças de acordo com um molde específico. Em seguida, as peças são embaladas (recebendo etiqueta e preço) antes do envio às lojas, que, por sua vez, comercializam as roupas aos consumidores.

A demanda da moda rápida (conhecida também pela expressão em inglês *fast fashion*) tem seu preço: há prejuízos ao meio ambiente e o sofrimento dos operários que trabalham em condições desumanas em fábricas clandestinas. Em uma cultura cada vez mais descartável, o consumo excessivo faz com que grande parte das roupas seja descartada depois de apenas seis meses. Agora que as coleções podem ser oferecidas em questão de semanas, minicoleções são lançadas e substituídas durante a estação, em uma velocidade nunca vista antes.

A moda lenta (ou *slow fashion*) é a alternativa ética a esse modelo, que enfatiza qualidade em vez de quantidade. Isso implica criação, produção e consumo de moda orientada para a qualidade. A *slow fashion* permite maiores períodos de introdução, dando aos fornecedores tempo de planejar os pedidos, prever o número de funcionários necessários e fazer investimentos de longo prazo. People Tree, uma grife de moda ecológica fundada por Safia Minney, tem lojas, franquias e representantes no Japão e no Reino Unido. A empresa apoia 2 mil agricultores e comunidades de artesãos em 50 grupos produtivos de comércio solidário em 15 países diferentes. Além de aderir a uma rígida política ambiental, a People Tree é campeã no cultivo de algodão orgânico e criou o primeiro projeto de algodão orgânico em Bangladesh.

Muitas empresas independentes hoje empregam princípios éticos ativamente. À medida que as tendências de consumo ético aumentam, o mercado da moda reage. Desde 2006, a Semana de Moda de Londres realiza o fórum Estethica, dedicado a promover grifes de moda ética. Em um ambiente que abriga design de vanguarda e manifestações altamente dramáticas e que, no passado, chegou a ridicularizar as considerações éticas, hoje ambas as partes estão em pé de igualdade. Ser verde agora é *cool*. No entanto, isso levanta uma questão séria: a conscientização ética seria apenas outra tendência passageira?

People Tree
A grife é pioneira no comércio solidário e na moda sustentável. Seus produtos são fabricados de acordo com os mais altos padrões ambientais e de comércio solidário, do início ao fim do processo.

Segmentação na moda

A indústria da moda é dividida em muitos segmentos para a atender a todos os tipos de gosto, orçamento e ocasião. Este capítulo descreve os principais setores da moda e oferece um vislumbre de sua evolução e práticas de trabalho.

Alta-costura

O termo alta-costura vem do francês, *haute couture*; *haute* quer dizer "alta" e *couture* significa, literalmente, "costura". Mas o significado do termo vai muito além; passou a representar o negócio que envolve a criação, confecção e venda de roupas femininas exclusivas, feitas à mão e sob medida. O prestígio dessas roupas garante os preços mais altos da indústria da moda, o que coloca a alta-costura no topo desse mercado.

Em 1868, o "pai da alta-costura", Charles Frederick Worth, fundou o sindicato ou associação das *maisons* de alta-costura de Paris – a Chambre Syndicale de la Couture Parisienne. Os objetivos da organização eram garantir a qualidade, regulamentar e manter altos padrões, manter os segredos industriais e evitar que os modelos criados fossem copiados. Novas regulamentações foram implementadas em 1945 para preservar as características elitistas da alta-costura. As regulamentações foram novamente atualizadas em 1992. Estas são apenas algumas das diretivas em vigor hoje:

- Os modelos devem ser feitos sob encomenda para clientes particulares, com uma ou mais provas.
- A *maison* deve manter um ateliê em Paris, com no mínimo 20 funcionários em turno integral.
- A cada temporada – primavera/verão e outono/inverno (ou seja, duas vezes ao ano) – a *maison* deve apresentar uma coleção à imprensa parisiense em um desfile composto por, no mínimo, 50 passagens, incluindo moda para o dia e para a noite.

Os membros da Chambre Syndicale devem obedecer às rígidas normas sob pena de sofrerem punição ou, pior, serem explusos. Qualquer *maison* de moda que aspire a afiliar-se ao Chambre Syndicale precisa implementar essas medidas antes de sua inscrição. Somente após os membros do executivo terem aprovado a inscrição é que a *maison* recebe o *status* e o direito de classificar seu trabalho como "alta-costura".

Em 1946, havia 106 casas de alta-costura afiliadas. Em 1952, esse número caíra para 60, em grande parte devido aos efeitos da Segunda Guerra Mundial. A economia mundial ainda estava se recuperando, e os clientes da alta-costura, depois da perda de suas fortunas, eram poucos e raros. Na década 1960, o mundo da moda de Londres, com seu swing, havia suplantado a alta-costura parisiense. Nessa época de rebeldia jovem e libertação sexual, o visual sofisticado e caro da alta-costura parecia deslocado.

O *boom* econômico dos anos 1980 e o *power dressing* permitiram à alta-costura reconquistar parte do território perdido. Esse foi também um período em que conglomerados multinacionais como a LVMH entraram no mercado e compraram algumas das *maisons* de alta-costura tradicionais, como a Christian Dior. As roupas agora tornavam-se secundárias; os perfumes, cosméticos e acessórios assumiram a posição de produtos lucrativos, o que se mantém até hoje.

Em 2009, havia apenas 11 *maisons* de alta-costura em Paris. Embora marcas como Giorgio Armani, Valentino e Elie Saab criem coleções de alta-costura, são consideradas parte do segundo escalão de *couturiers* afiliados à Syndicale, os assim chamados "correspondentes". Os *couturiers* do terceiro escalão são conhecidos como "membros convidados", e entre eles estão designers como Boudicca e Alexis Mabille. Se forem capazes de atender aos rígidos critérios impostos pela Syndicale, essas *maisons* poderão, no futuro, tornar-se parte do grupo de elite que é a alta-costura.

A importância da alta-costura é discutível, levando-se em conta a velocidade das mudanças no mundo de hoje. A indústria tem uma clientela fixa de apenas 2 mil pessoas, composta essencialmente por mulheres norte-americanas ricas. Será o suficiente para sustentar uma indústria mergulhada em tradição e legado – sem falar nos preços proibitivos?

A alta-costura perdeu sua influência sobre o prêt-à-porter, e parece improvável que essa influência seja recuperada. No entanto, tornou-se uma máquina extremamente bem-sucedida de *branding* e promoção para linhas de prêt-à-porter, acessórios e cosméticos associadas às *maisons*. Assim, a alta-costura mantém-se em uma posição que evoca a fantasia espetacular da moda através do design e da apresentação.

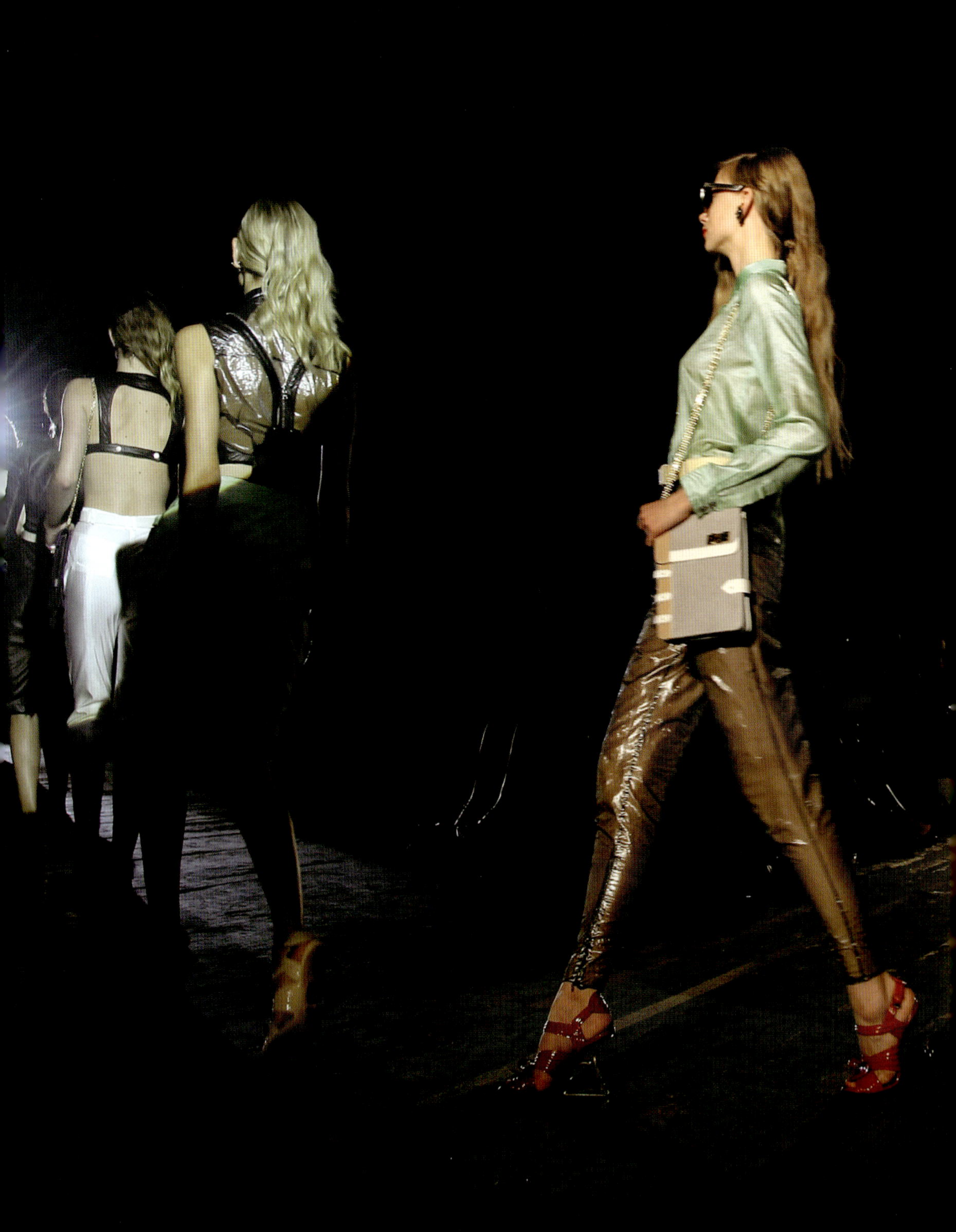

Prêt-à-porter

O termo "prêt-à-porter" significa, em português, "pronto para vestir". As origens do prêt-à-porter podem ser discutíveis, mas não há como negar a considerável influência dos fabricantes de uniformes da Primeira Guerra Mundial, que criaram novos métodos de produção em massa para atender aos milhões de soldados enviados para as trincheiras. Isso deu à indústria ideias valiosas sobre a padronização de tamanhos e levou à invenção de máquinas como prensas industriais, ferramentas eletrônicas de corte e máquinas de costura especializadas. Tudo isso ajudou a acelerar o processo de produção.

A diferença mais significativa entre o prêt-à-porter e a alta-costura é o fato de que as roupas do prêt-à-porter não são feitas sob medida para um consumidor específico. O prêt-à-porter proporciona ao cliente a liberdade de selecionar as peças diretamente na loja, em tamanhos e cartela de cores diversos.

Proenza Schouler
Proenza Schouler apresentou sua coleção prêt-à-porter primavera/verão 2009 na Semana de Moda de Nova York. Os designers usam tecidos inovadores e uma forte paleta de cores combinados a silhuetas fortes e descomplicadas.

"Prêt-à-porter" é um termo abrangente que pode incluir setores como o mercado de massa e casualwear. Porém, na indústria da moda, é considerado prêt-à-porter um produto que oferece alta moda, estilo, design, conceito e qualidade. O setor inclui designers como Prada, Ralph Lauren, Calvin Klein e Comme des Garçons. Ao contrário do que acontece na alta-costura, as grifes de prêt-à-porter não precisam estar radicadas em Paris, e podem optar por exibir suas coleções durante as Semanas de Moda de New York, Londres, Milão ou Paris, duas vezes ao ano (primavera/verão e outono/inverno).

O declínio da alta-costura e a influência cada vez maior do streetwear, além das mudanças culturais e econômicas, como as revoluções sociais dos anos 1960 e o anarquismo dos 1970, ajudaram o prêt-à-porter a tornar-se a força dominante no mundo da moda.

Linhas de difusão

O termo "linha de difusão" descreve uma linha de moda assinada por uma marca reconhecida que foi diluída para imitar as suas coleções de alta-costura ou prêt-à-porter a um custo mais baixo e para um público mais amplo. Entre os pioneiros em adotar uma linha de difusão estão: Dolce e Gabbana, que criaram a D&G; Ralph Lauren, que introduziu a Polo Ralph Lauren e a Polo Jeans; Gianni Versace, com a Versace Jeans Couture; e Giorgio Armani, que oferece a Emporio Armani, a Armani Jeans e a Armani Exchange.

Hoje, praticamente todas as grifes de prêt-à-porter têm uma linha de difusão. As linhas são criadas para atrair uma maior gama de clientes; as roupas custam mais barato que nas linhas principais, permitindo ao consumidor adquirir um *designer look* que cabe no orçamento. A tática é uma prática inteligente de *branding* e marketing: aumenta o reconhecimento da marca, cria associação com a mesma e, o mais importante, aumenta as vendas. Ainda assim, a qualidade e, o luxo associados às linhas de alta-costura e prêt-à-porter nem sempre são perceptíveis nas linhas de difusão; é comum que as peças sejam confeccionadas em tecidos mais baratos e produzidas em massa por fábricas, em vez de serem feitas à mão em um ateliê.

Miu Miu
Miuccia Prada apresenta sua linha de difusão, Miu Miu, para a primavera/verão 2010 na Semana de Moda de Milão. A Miu Miu tem um *éthos* de design mais jovem e lúdico em comparação à linha principal da Prada.

Segmentação na moda 71

Sportswear

De modo geral, a moda esportiva, ou sportswear, é prática e projetada para atender às necessidades específicas de determinada atividade de esporte. No entanto, mudanças culturais na sociedade, o surgimento da cultura popular e inovações radicais no desenvolvimento de produtos fundiram moda e sportswear de tal forma que chega a ser difícil distinguir entre os dois gêneros, em alguns casos.

No início do século XX, época em que as mulheres vestiam roupas elaboradas e restritivas, as mulheres liberais começaram a vestir calças de tenista nas quadras, e em seguida passaram a usá-las também fora, como um *fashion statement*. Mais tarde, designers como Coco Chanel e Claire McCardell passaram a usar tecidos de jérsei, fortemente associados à vestimenta esportiva, para criar roupas confortáveis que permitiam maior liberdade de movimento para as mulheres. Isso abriu portas para que os designers experimentassem não apenas a estética do design associada ao sportwear, mas também os tecidos tecnologicamente avançados deste segmento.

Nos anos 1980 e 1990, artistas de rap e hip-hop do Bronx nova-iorquino e os torcedores de futebol da Inglaterra dependiam fortemente das marcas de sportswear para comunicar sua identidade individual. Os rappers e os seguidores de hip-hop usavam como adornos tênis caros, agasalhos esportivos e bonés de beisebol. Até 1986, esse visual se manteve relacionado às ruas e àqueles que eram de alguma forma associados à cena musical. No entanto, quando Run DMC fez sucesso com o *hit* "My Adidas", o look tornou-se parte da cultura popular internacional. Milhões de garotos almejavam o mesmo look – tênis, agasalho esportivo e casaco com capuz. O estilo também foi adotado por badalados executivos e magnatas da comunicação de Los Angeles a Londres. Não é preciso dizer que os designers buscaram inspiração nesse estilo de rua e interpretaram o look ao seu modo para as suas grifes.

Enquanto isso, na Inglaterra, torcedores de futebol da classe operária adotaram um estilo casual que misturava marcas de golfe britânicas e tradicionais como Lyle & Scott e Pringle, com marcas de sportswear europeias, como Fila, Ellesse, Sergio Tacchini e Lacoste. Esse estilo refinado e a atenção aos detalhes apresentou aos britânicos as grifes europeias de qualidade. Isso ajudou a produzir uma bem-vinda revolução na moda masculina britânica, depois de uma década de indiferença nos anos 1970. Até hoje, os torcedores britânicos se mantêm fiéis ao seu uniforme sportswear de marcas.

Marcas esportivas tradicionais, como a Burberry, bem como marcas de alto desempenho e marcas urbanas tecnológicas, como Stone Island, C.P. Company e Mandarina Duck, tornaram-se traje oficial do torcedor de futebol moderno.

Marcas de sportswear como Nike, Puma e Adidas investiram pesadamente em tecnologias têxteis e de vestuário, o que resultou em maior elegância e funcionalidade. Atualmente, há peças de roupa e calçados especificamente projetados para velocidade e aerodinâmica, capazes de manter o corpo ventilado e seco, ou mesmo reter a temperatura do corpo em esportes extremos, como alpinismo. No entanto, as marcas de sportswear não ignoraram o potencial financeiro do mercado da moda, uma vez que mais de 80% dos tênis vendidos são usados como *fashion statement* (e não para o uso esportivo). A Prada produziu sua linha de design em moda esportiva – Red Label – usando tecnologias e tecidos similares, enquanto Adidas e Puma fecharam parcerias com alguns dos maiores nomes da moda.

A Adidas, por exemplo, possui a Y-3, uma linha exclusiva assinada por Yohji Yamamoto, que combina sua estética e silhueta a avançadas tecnologias esportivas.

Y-3
Yohji Yamamoto apresenta sua linha de moda esporte, Y-3, em colaboração com a Adidas para o outono/inverno 2009 na Semana de Moda de Nova York. As origens do sportswear e da moda contemporânea são fundidas com maestria nessa linha de moda direcional e futurista.

A Adidas também fez parcerias com Stella McCartney e PPQ. A Puma (atualmente parte do conglomerado multinacional PPR, que também é dono do Grupo Gucci) apresentou linhas assinadas por Jil Sander e Alexander McQueen. A indicação de Hussein Chalayan como diretor criativo da Puma, em fevereiro de 2008, a colocou uma posição de autoridade no mundo da moda. "Hussein Chalayan é um visionário reconhecido nas indústrias da moda, do design e da arte", comentou o CEO da Puma, Jochen Zeitz; "isso leva a Puma a um novo patamar, expandindo nosso alcance para que nos tornemos a empresa de esportes e estilo de vida mais desejável do mundo." Chalayan é responsável pela linha de moda esportiva da Puma, que inclui calçados, roupas e acessórios.

O esporte é uma influência cultural dominante no mundo de hoje, refletida em nosso estilo de vida e em nossa preferência por roupas utilitárias e confortáveis. Não há dúvidas de que sportswear e moda continuarão unidos, rompendo novas barreiras tecnológicas e estéticas.

Direita: Raf Simons
Raf Simons subverte a clássica capa de chuva mackintosh com a justaposição de mangas cor-de-rosa em neoprene sobre uma silhueta clássica.

Alfaiataria e moda masculina moderna

A moda masculina evoluiu muito desde a época do excêntrico inglês Beau Brummell, o dândi revolucionário que rompeu com as tradições extravagantes do vestuário masculino no fim do século XVIII – até então ditadas pela moda francesa. O novo modo de vestir menos ornamentado de Brummell substituiu as sedas, veludos e brocados pela lã (garantindo o caimento impecável do casaco inglês), calças *slim* de corte reto substituíram os calções de cetim até os joelhos e os sapatos de salto alto deram lugar às botas de montaria. Seu estilo lançou as bases para o *éthos* da alfaiataria inglesa e consolidou a reputação de uma comunidade de alfaiates da rua londrina Savile Row.

Até hoje, os alfaiates de Savile Row são reverenciados por suas peças feitas por encomenda e sob medida, que revelam o domínio total sobre a arte da alfaiataria. O campo sofreu uma certa estremecida no fim dos anos 1980, quando designers de moda masculina prêt-à-porter como Paul Smith, Giorgio Armani, Yohji Yamamoto e Comme des Garçons tornaram-se mais ousados. Eles introduziram novas formas de alfaiataria descontraída e tradicional com alguns elementos inovadores, e os homens foram iniciados em um novo jeito de vestir. Isso teve um efeito indireto sobre os alfaiates de Savile Row, que estavam ainda mergulhados na tradição sob medida de seu ofício, hesitantes em seguir as tendências.

Hoje, os ocupantes mais novos de Savile Row, como Ozwald Boateng e Richard James, combinam, com sucesso, os aspectos tradicional e moderno da alfaiataria. Os grandes bastiões do ofício, como Kilgour e Gieves & Hawkes, também acompanharam as mudanças e atualmente, para se manterem competitivos, oferecem coleções produzidas em série que incluem ternos, jaquetas de couro e jeans.

Longe da tradição e da natureza sob medida de Savile Row, a corrente dominante do design de moda masculina sofreu uma fenomenal revolução criativa em meados da década de 1990. Designers como Martin Margiela, Jil Sander, Hedi Slimane (da Dior Homme), Raf Simons, Aitor Throup, Viktor & Rolf e Bernhard Willhelm introduziram uma nova ordem e maior aceitabilidade, fugindo do conformismo e do ortodoxo. Questionando e redefinindo masculinidade – bem como justapondo temas como tradição e estilo de rua, grunge e glamour, militarismo e música, sportswear e alfaiataria – abriu-se espaço para silhuetas extremas, novas combinações de peças, tecidos experimentais e cores e estampas ousadas.

Os desfiles de moda masculina contam com suas próprias semanas de moda em Milão, Paris e Londres (como parte da Semana de Moda londrina). A nova ordem mantém um certo senso de tradição, mas não se deixa escravizar por ele. Os designers de moda masculina permanecem dentro dos limites da sensatez da moda masculina – os homens têm dificuldade em aceitar grandes transgressões.

Moda para o mercado de massa

A moda do mercado de massa é mais barata que o prêt-à-porter, mas ainda oferece os últimos looks. As grandes redes de varejo vêm se tornando cada vez mais competitivas. Elas são capazes de colocar no mercado as últimas tendências em um curto espaço de tempo, sistema que ficou conhecido como "*fast fashion*". O seu melhor exemplo é a rede de lojas espanhola Zara, que consegue disponibilizar uma coleção na loja em quatro semanas depois do croqui inicial. Sua infraestrutura de fabricação e distribuição é altamente sofisticada e em grandíssima escala. As roupas também são mais baratas devido à menor qualidade de materiais e processos de fabricação e ao baixo custo de mão de obra de fábricas na Ásia. A soma desses fatores garante à Zara a capacidade de oferecer as tendências em um menor período de absorção. (O "período de absorção" – do inglês, *lead time* – é a quantidade de tempo transcorrida entre a aparição de uma tendência nas passarelas e sua introdução no mercado).

As lojas de moda do mercado de massa podem ser divididas em diferentes setores. Lojas como Topshop, H&M, Loehmann, American Eagle e Zara oferecem alta moda com qualidade razoável. Outras, como Primark, oferecem moda de baixo custo: roupas de uso diário a preços baixos, com baixa qualidade. Lojas como Brooks Brothers, The Limited, J. Crew e Marks & Spencer atendem a um consumidor maduro, que busca estar na moda, com qualidade e preços razoáveis. Essa mistura torna o mercado vibrante e competitivo.

As marcas estão sempre procurando formas de aumentar sua participação no mercado. Seguindo o modelo da linha de difusão, as parcerias entre redes de varejo e lojas de departamento com designers para assinar suas próprias linhas vêm sendo uma forte tendência. Há uma ideia de que essas parcerias oferecem o "gostinho" das peças "autênticas" ou "originais" do designer, e representam um aumento de qualidade – ao contrário das linhas de difusão do setor de prêt-à-porter, que podem ser vistas como uma "redução de qualidade".

Outra forma de varejo no mercado de massa são os hipermercados. Esse tipo de moda vai além de roupas baratas e simples;

apelidado de *supermarket chic* pela imprensa especializada, mistura peças básicas do dia a dia, como jeans e camisetas, com produtos de design *premium* com boa relação custo-benefício, como suéteres de cashmere e ternos modelados, oferecendo aos clientes produtos de moda acessíveis em meio a compras de alimentos e outros itens domésticos.

As equipes internas de desenvolvimento de produtos dos supermercados tendem a copiar e adaptar as atuais tendências das passarelas, adequando as mesmas às suas necessidades e valores. As linhas de vestuário são fabricadas rapidamente e em grande escala, permitindo que os produtos sejam vendidos a preços competitivos.

A moda em supermercados continua a evoluir, mas seu conceito de certa forma ainda é limitado, devido ao perfil de clientes – milhões de compradores que procuram estilo a preços muito baixos enquanto fazem suas compras semanais.

Zara
A rede de lojas espanhola Zara é uma das marcas de moda líderes no mercado de massa. Seu apelo é baseado em sua capacidade de oferecer peças estilosas a preços acessíveis em um curto intervalo de tempo.

Segmentação na moda 77

Tendências e *zeitgeist*

Ao longo do século XX, houve muitas revoluções na moda, com designers impulsionando novas formas por meio do uso inovador de cores, tecidos e silhuetas. Em 1908, foi atribuída a Paul Poiret a ruptura com as convenções ao introduzir uma nova silhueta que não exigia das mulheres o uso de espartilhos. Nos anos 1920, designers como Chanel desenvolveram ainda mais essa silhueta, ignorando completamente a cintura e introduzindo tecidos da moda masculina em suas criações, que eram inspiradas pela moda esportiva e pela era do jazz.

Em 1947, Christian Dior chocou a indústria com sua coleção New Look, que foi vista como o início de um novo capítulo na moda. Isso foi apenas dois anos depois do fim da Segunda Guerra Mundial; além de chegar em um momento inesperado, essa exuberante coleção ia completamente contra o racionamento e a mentalidade de aproveitamento máximo, consequentemente atraindo grande atenção da mídia. Foi o início de uma tendência de cinturinhas minúsculas com saias volumosas sob um corpinho pequeno; uma tendência que acabaria por ser absorvida por um mercado mais amplo.

Nos anos 1980, designers japoneses introduziram uma nova forma estética que chocou o sistema da moda de Paris. Rei Kawakubo (da Comme des Garçons) e Yohji Yamamoto romperam com a ditadura do *power dressing* e introduziram o grunge e a desconstrução. Usando a cor preta e adotando silhuetas menos rígidas, elas fizeram um verdadeiro *statement* contra o glamour e o excesso do *power dressing*.

Dior, Chanel, Rei Kawakubo e outros designers inovadores, antes e depois deles, conseguiram fazer contribuições tão revolucionárias não por estarem no lugar certo na hora certa, mas por serem sensíveis às mudanças e atmosferas culturais, à situação política e aos debates sobre gênero e por terem um olhar para além do presente.

No século XXI, estamos cercados por uma cultura de mídia *high-tech* baseada em imagens visuais e interativas. As revistas e a Internet são portais de fácil acesso para o passado, presente e futuro; para diferentes culturas, movimentos e personas. Isso pode influenciar e orientar quem e o que somos, bem como o que queremos ser. Com toda essa tecnologia e informação facilmente disponível, tornou-se cada vez mais difícil para um designer manter-se competitivo e, principalmente, original.

Para os designers, é essencial buscar algo novo, lançar modismos na tentativa de manter-se à frente, ter autenticidade, convicções fortes e senso de mercado.

O *zeitgeist*

"Zeitgeist" significa "o espírito do tempo". O papel do designer é não apenas criar modelos, mas também saber que tecidos, cores, silhuetas e proporções irão capturar a atmosfera ou instigar o futuro. Por meio do processo de pesquisa, o designer busca a inspiração criativa para estimular conceitos e experimentações contemporâneos, que desencadearão essas novas ideias ou temas no design. É nesse ponto que o designer identifica o *zeitgeist*, investigando, caçando e reunindo informações para alimentar sua imaginação – capturando assim o espírito do tempo.

A compreensão do *zeitgeist* é capaz de fazer de um designer um pensador individual, tridimensional e diverso, com autoridade sobre suas convicções de design. Também ajuda a desenvolver sua integridade criativa e personalidade. Muitos estudantes buscam nas revistas de moda sua fonte de inspiração. Embora isso não seja errado, pois trata-se de uma forma válida de manter-se atualizado sobre a indústria, mercados e seus movimentos, as revistas não devem ser usadas como fonte primária de pesquisa. A moda, a fotografia e a direção de arte já estão prontas; trata-se da tradução criativa final de outra pessoa. Essa tradução teve um ponto de partida – a pesquisa que foi desenvolvida e interpretada. Todo jovem designer precisa encontrar também seu ponto de partida.

Fontes primárias de pesquisa

As três áreas a seguir devem ser consideradas as principais fontes de pesquisa primária. Elas podem ser articuladas para criar novas tendências e interpretações de design.

1. Alta cultura: belas-artes, literatura, música clássica, teatro, política, filosofia, antropologia, sociologia, psicologia e filmes de arte.

2. Cultura popular: televisão, música pop, filmes e cultura da celebridade.

3. Baixa cultura: estilo de rua (tendências de estilo de rua como o hip-hop tornaram-se uma grande influência, traduzidas em tendências de moda e disseminadas para as massas – esse processo é conhecido também como "efeito *bubble-up*"), interesses ou esportes obscuros, tribos de estilo.

O que me estimula é a VIDA! Acho que a educação que recebemos nos dá uma cultura que é nossa, na qual nos baseamos, e a partir da qual obtemos nossa inspiração. Essa inspiração evolui, acompanhando a evolução de nossa formação.

Martin Margiela

Análise de tendências de moda

Até os anos 1960, quem ditava as tendências de barras, cores, tecidos e silhuetas eram os designers de alta-costura de Paris. Suas coleções determinavam o look da estação, que era então filtrado para os grandes mercados. Para manter a exclusividade, a disseminação do look era altamente controlada pelas *maisons* de alta-costura e regulamentada pela Chambre Syndicale de Paris.

As lojas de departamento, butiques e empresas de atacado, responsáveis pela interpretação e distribuição do look, mandavam seus designers internos para os desfiles de alta-costura. Os ingressos eram caríssimos, e era estritamente proibido fotografar ou desenhar sem autorização. Ao contrário do que acontece hoje, a imprensa de moda não podia publicar qualquer fotografia dos desfiles durante várias semanas depois do evento. O objetivo era evitar a confecção de cópias antes que as clientes da alta-costura recebessem suas encomendas. O preço do ingresso ocasionalmente incluía um toile em tecido de algodão cru ou réplica de papel de um modelo de alta-costura, que podia ser copiada para venda ou adaptada às necessidades do mercado. As *maisons* de alta-costura tinham também outros modelos disponíveis, mediante o pagamento de uma taxa.

Esse processo dava às *maisons* e à Chambre Syndicale controle total, confidencialidade e exclusividade, conferindo-lhes grande poder e influência sobre a comunidade da moda em geral.

No entanto, nos anos 1960 e 1970, a alta-costura perdeu sua supremacia e, consequentemente, o sistema de "cópias" ou "modelos" desapareceu.

Com o colapso do antigo sistema, muitos copistas ficaram no limbo, sem a certeza de que estilo estava ou não "na moda". Para preencher essa lacuna, empresas como IM International em Nova York, Nigel French em Londres e Promostyl em Paris passaram a oferecer um serviço de informação sobre as últimas tendências em cores, tecidos e silhuetas. Esse foi o início da indústria de análise de tendências, que fornece informações para que as empresas possam manter-se à frente da concorrência, ajudando-as a assegurar um senso de contemporaneidade.

Hoje, a análise de tendências de moda é um grande negócio. Composta por agências on-line e consultorias altamente competitivas, o papel desta indústria é prever o futuro da moda em todos os seus aspectos, do varejo e aos fatores socioeconômicos, até as tendências de cores, tecidos, estampas, silhuetas, detalhes e acabamentos.

Os analistas de tendências investigam, observam e produzem relatórios sobre influências que o pessoal da indústria não tem tempo de pesquisar. As agências contratam profissionais conhecidos como caçadores de tendências ou *cool hunters*, que em geral possuem formação nas indústrias criativas, sociologia ou ciência. Esses profissionais são sensíveis à atmosfera cultural do momento, e sua tarefa é procurar, rastrear, reunir e comparar informações de fontes como tribos de estilo, revistas, mercados de pulga (ou de rua), filmes, arte, política, música, atitudes sociais, questões ambientais, ciência e tecnologia. O rastreamento de tendências envolve também o monitoramento de mudanças no perfil demográfico (termo de marketing que determina a distribuição de estatísticas sobre como as pessoas vivem, comportam-se, sua idade, gênero, renda, estilo de vida, residência e movimentos sociais).

Martin Raymond, cofundador de uma das principais agências de análise de tendências – The Future Laboratory – e diretor criativo da *Viewpoint*, premiada revista da agência (enfoca tendências, marcas, projeção de

Página anterior: Pitti Filati
Pitti Filati é uma feira internacional realizada em Florença, na Itália. A feira é especializada em novas tendências de fios e cores para a indústria do tricô. Inovações no desenvolvimento e tecnologia dos fios também são apresentadas duas vezes ao ano.

Página ao lado: Première Vision
As tendências mostradas na feira Première Vision são reunidas por um consórcio europeu composto por 65 especialistas em moda e pela equipe de moda da Première Vision, que identificam tendências atuais no mundo inteiro. Paletas de cores e tecidos são organizados em temas essenciais que criam um quadro geral da tendência.

Agências de tendências e suas publicações

Agência	Tipo de publicação	Frequência
Italex	Catálogo de tendências	Bianual
Knit Alert	Catálogo de tendências	Bianual
Milou Ket	Catálogo de tendências	Bianual
N.O.A.	Catálogo de tendências	Bianual
Promostryl	Diversos catálogos de tendências	Bianual
Sacha Pacha	Diversos catálogos de tendências:	Bianual
	Textile View	Trimestral
	View2	Bianual
	View Color	Bianual
	Zoom on Trends	Trimestral
	International Textiles	Trimestral
The Future Laboratory	Revista *Viewpoint*	Bianual
Trendstop	Assinatura on-line	
Wgsn	Assinatura on-line	
What When & Now	Assinatura on-line	

cenários e ideias), explica: "criamos uma rede de cerca de 2 mil contatos que inclui gente que trabalha na indústria musical, acadêmicos, pessoas da vida noturna e da cena de moda e jornalistas. Usamos essa rede para algo que chamamos de '*brailing*' – uma forma de ler as mudanças de direção que vão acabar transformando uma cultura".

Os dados coletados pelos *cool hunters* são analisados, decodificados e reunidos em detalhados relatórios de tendências com importantes referências visuais rastreando as necessidades e desejos futuros do consumidor de moda, seja para clientes específicos ou para a indústria da moda como um todo. As principais agências produzem catálogos, arquivos ou revistas de periodicidade anual, bianual ou trimestral.

Essas publicações oferecem *insights* importantes com 18 meses a dois anos de antecedência, e por isso mesmo custam caro.

A indústria da análise de tendências tem muitos pontos positivos, mas uma grande desvantagem. A distribuição das mesmas tendências sazonais para toda a indústria pode criar uma certa homogeneidade no mercado. As qualidades individuais tornam-se redundante graças à indisponibilidade de opções diferentes. Nos últimos anos, os designers vêm se tornando mais autorais, seguindo a contramão das tendências – embora, inevitavelmente, mesmo isso tenha virado uma tendência. Isso torna ainda mais importante a capacidade de buscar, ler e traduzir o *zeitgeist* para expressá-lo com individualidade em sua própria obra.

Feiras têxteis
As feiras têxteis servem de vitrine para as novas tendências em tecidos, fios e cores, com aproximadamente 10 meses de antecedência. Sua importância é vital, uma vez que elas permitem que designers, equipes de criação e fabricantes experimentem diretamente as matérias-primas.

A Première Vision, que acontece em Paris duas vezes ao ano, é a maior feira do tipo. Durante quatro dias, a feira recebe mais de 45 mil visitantes. Seus três vastos pavilhões reúnem mais de 800 grandes expositores da Europa e Ásia, e a feira é especializada em tecidos para todos os setores da moda, da alta-costura à moda esporte.

Além disso, a seção Indigo abriga grandes estúdios de toda a Europa, que mostram na feira suas últimas criações em estamparias, desenho, impressão digital e técnicas têxteis.

Principais feiras têxteis

Exposição	Especialidade	Setor do mercado	Data
Première Vision & Indigo Paris, França	Tecidos, estampas e cores	Todos os setores da moda	Fevereiro e setembro
Pitti Filati Florença, Itália	Fios e cores	Tricôs	Janeiro e julho
Moda In. Milão, Itália	Tecidos e cores	Todos os setores da moda	Fevereiro e setembro
Tissu Premier Lille, França	Tecidos e cores	Todos os setores da moda	Janeiro e setembro

Stylists de moda

Houve um tempo em que o papel do stylist era simplesmente ajudar na busca de objetos ou acessórios para uma sessão de fotos. O surgimento do stylist de moda como identidade criativa independente acompanhou o advento da nova onda de revistas britânicas dos anos 1980, como *The Face*, *Dazed and Confused* e *i-D*. Suas páginas eram estampadas com imagens cruas e autênticas, ao contrário das superproduções encontradas em revistas como *Vogue*.

As stylists Katie Grand e Katy England desempenharam papéis importantes no direcionamento das principais marcas e revistas de moda, o que, por sua vez, influenciou as tendências. Katie Grand começou sua carreira na *Dazed and Confused* e tornou-se diretora de moda da *The Face*, onde aplicou suas habilidades arrojadas. Ela explica: "muitos stylists trabalham a partir da roupa e então têm uma ideia sobre as fotos, enquanto eu penso em uma referência – fotografia, arte…". Katie é atualmente editora-chefe da PoP, e atua como consultora atendendo a clientes como Prada, Miu Miu e Louis Vuitton.

Katy England estabeleceu-se como criadora de imagens de moda inovadoras na *Dazed and Confused* e como editora de moda da *Another Magazine*. Admirador de seu estilo pessoal e estética, Alexander McQueen fez dela diretora criativa de sua grife, garantindo seu envolvimento com todas as etapas do processo, desde a pesquisa até os desfiles de moda. Ela trabalhou também com a Topshop, como consultora criativa para a coleção de Kate Moss.

Melanie Ward é outra stylist inovadora que aplicou seu evocativo estilo *cool* no trabalho para a revista *i-D* e para inúmeros designers e marcas, entre eles Helmut Lang, Jil Sander, Calvin Klein, Yohji Yamamoto e Levi's. Como editora da edição norte-americana da *Harper's Bazaar* desde 1995, ela foi responsável por algumas das imagens e estilos mais inovadores que constam nas grandes revistas do ramo.

Longe das revistas, a célebre stylist Patricia Field é mais conhecida pelo figurino realizado para as personagens principais da série de TV *Sex and the City*. Seu trabalho junto ao programa ajudou a lançar tendências de bolsas, óculos de sol e sapatos, além da figura da celebridade da moda, a que milhões de consumidores aderiram.

Antes do advento do stylist, o designer era o único responsável por tomar as decisões de estilo. Hoje, os designers têm menos tempo, por estarem envolvidos na criação de diversas linhas em vez de apenas uma. Somado à maior pressão por inovação e novas apresentações em revistas e nas passarelas, isso elevou a responsabilidade sobre o stylist, que é hoje parte integrante na concepção geral de moda.

Editores de moda

O poder dos editores de moda não pode ser ignorado. Eles continuam a ter um importante papel no que diz respeito a destacar ou ressaltar um momento na moda. Embora os editores não sejam a fonte primária de uma tendência, sua cobertura dos desfiles e a criação de matérias de moda leva os looks essenciais para o grande público, que por sua vez adere às tendências.

Carmel Snow, a lendária editora de moda da *Harper's Bazaar* norte-americana, foi quem batizou a coleção de 1947 de Christian Dior de "New Look", garantindo uma ampla cobertura à coleção. Esse endosso não apenas aumentou o status de Dior como designer, como também promoveu sua silhueta e look, que foram imitados por outros.

Anna Wintour, editora da *Vogue* norte-americana, é aclamada por ter previsto a fusão entre celebridades e moda no início dos anos 1990 – uma tendência que ainda hoje é dominante. Ela, muitas vezes, coloca uma celebridade na capa de uma edição, gerando endosso e ditando tendências.

Anna Wintour
Anna Wintour, a temida editora de moda da *Vogue* norte-americana, é hoje um dos nomes mais influentes da moda. Sua capacidade de antever momentos especiais na moda rendeu a ela a autoridade de ditar tendências e promover os jovens designers que serão as estrelas do futuro.

O calendário da moda

Predominantemente baseado nas mudanças anuais de estação, o calendário de moda é movimentado e rígido. A indústria da moda trabalha com duas datas de entrega essenciais: primavera/verão (fim de janeiro/início de fevereiro), e outono/inverno (fim de julho/início de agosto).*

Cada ponto de entrega depende de um ciclo de acontecimentos que começa com o conceito e termina com a distribuição da coleção. Empresas de todos os níveis de mercavdo, além de setores integrados, como analistas de tendências, fabricantes e varejo, precisam de excelente organização e estrutura inteligente para dar conta do calendário da moda. Da mesma forma, as organizações que promovem feiras e semanas de moda, como o British Fashion Council, a Première Vision e a IMG, trabalham juntas para garantir que não haja coincidências ou conflitos entre as mesmas.

O calendário a seguir apresenta o planejamento anual típico de uma grife de prêt-à-porter, e descreve a ordem dos principais eventos que ocorrem durante o ano.

Janeiro

- Semana de Moda de Milão, coleções outono/inverno de moda masculina
- Semana de Moda de Paris, coleções outono/inverno de moda masculina
- Desfiles de alta-costura de Paris, coleções primavera/verão
- Pitti Filati Fios e cores primavera/verão (para o ano seguinte)
- Tissu Premier Tecidos e cores primavera/verão (para o ano seguinte)
- Entrega das coleções primavera/verão de moda masculina e feminina do ano corrente

Fevereiro

- Première Vision & Indigo Tecidos, cores e estampas primavera/verão (para o ano seguinte)
- Semana de Moda de Nova York, coleções outono/inverno de moda feminina e masculina
- Semana de Moda de Londres, coleções outono/inverno de moda feminina e masculina (MAN)
- Semana de Moda de Milão, coleções outono/inverno de moda feminina
- Semana de Moda de Paris, coleções outono/inverno de moda feminina (prêt-à-porter)
- Vendas em feiras, showrooms, agentes

---

*N. de E.: No Brasil, o calendário da indústria da moda é mais flexível, mas, em geral, os lançamentos outono/inverno acontecem entre janeiro e fevereiro e os de primavera/verão entre junho e julho.

Março

- Fim da Semana de Moda de Paris, coleções outono/inverno de moda feminina (prêt-à-porter)
- Vendas em feiras, showrooms, agentes

Abril

- Fechamento dos pedidos para coleções outono/inverno
- Encerramento das preparações para a produção

Maio

- Amostras para as coleções de primavera/verão (para o ano seguinte)

Junho

- Amostras para as coleções de primavera/verão (para o ano seguinte)
- Semana de Moda de Milão, coleções primavera/verão de moda masculina (para o ano seguinte)
- Semana de Moda de Paris, coleções primavera/verão de moda masculina (para o ano seguinte)

Julho

- Fim da Semana de Moda de Paris, coleções primavera/verão de moda masculina (para o ano seguinte)
- Pitti Filati
Fios e cores outono/inverno (para o ano seguinte)
- Desfiles de alta-costura de Paris, coleções outono/inverno

Agosto

- Amostras para primavera/verão (para o ano seguinte), ajustes finais a tempo dos desfiles e vendas
- Entrega das coleções outono/inverno para o ano corrente

Setembro

- Première Vision & Indigo
Tecidos, cores e estampas outono/inverno (para o ano seguinte)
- Semana de Moda de Nova York coleções outono/inverno de moda feminina e masculina
- Semana de Moda de Londres, coleções primavera/verão de moda feminina e masculina (MAN)
- Semana de Moda de Milão, coleções primavera/verão de moda feminina
- Semana de Moda de Paris, coleções primavera/verão de moda feminina (prêt-à-porter)
- Vendas em feiras, showrooms, agentes

Outubro

- Fim da Semana de Moda de Paris, coleções primavera/verão de moda feminina (prêt-à-porter)
- Vendas em feiras, showrooms, agentes
- Fechamento dos pedidos para coleções primavera/verão e preparações para a produção

Novembro

- Amostras para as coleções de outono/inverno (para o ano seguinte)

Dezembro

- Amostras para as coleções de outono/inverno (para o ano seguinte)

O ciclo da moda
O ciclo da moda é uma cadeia sequencial de eventos que demonstra o processo de desenvolvimento de coleção, do conceito à entrega, para cada temporada. Cada evento tem sua própria função, importância e posição dentro do ciclo, fazendo com que o processo funcione de modo eficiente.

    Ao contrário do que sugere o senso comum, o papel do designer não é baseado somente em inovação e criatividade. Este diagrama ajuda a identificar os diversos papéis que um designer deve assumir para que o produto final seja bem-sucedido. Assim, além de ser visionário e líder criativo, o designer precisa de entendimento técnico sobre 3D, técnicas de fabricação, habilidades comunicativas, administrativas e de gestão, compreensão dos métodos de produção e conhecimento geral do mercado – idenficando os desejos do cliente, analisando os sucessos e fracassos, e implementando mudanças para o próximo ciclo.

CICLO DA MODA

1. Análise de tendências
Tendências de cores
Tendências de estilo
Macrotendências

2. Feiras especializadas
Tecidos e cores: Première Vision, Moda In.
Fios e cores: Pitti Filati
Encomendas de tecidos e cartelas de cores, mobiliário e listas de preços. Esses elementos servirão como uma importante fonte de referência durante a etapa de design

3. Design
Pesquisa e inspiração
Desenvolvimento do design
Design e desenvolvimento da coleção comercial ou da pré-coleção/refinamento da linha
Design da coleção conceitual e dos looks de vitrine
Design dos reforços de coleção: coleções alto verão/Natal
Decisões de tecidos e cores

4. Desenvolvimento de produtos 3D
Confecção de protótipos e toiles
Desenvolvimento dos moldes da silhueta
Ajustes e acabamentos
Provas na modelo
Decisões finais de tecidos, encomendas de peças-amostra

5. Primeiras amostras
As peças são cortadas e confeccionadas com o tecido final
Últimas provas: ajustes são feitos, se necessário (o comportamento de certos tecidos pode alterar o corte da peça, por isso realizar as alterações necessárias de design ou tecido nessa etapa pode economizar tempo e dinheiro)

6. Semana de moda e vendas
Coleções comerciais e conceituais e peças de vitrine prontas para semana de moda e vendas

Encomendas recebidas dos compradores: As Semanas de Moda de Nova York, Londres, Milão e Paris contam com feiras para venda estática. Um espaço alugado para showroom, showroom de um agente de vendas ou o showroom da própria empresa são os locais preferidos para vendas.

A carteira de pedidos serve como referência para o próximo ciclo da moda, ajudando a empresa a decidir o que poderá ou não ser produzido.

7. Produção

Avaliação das encomendas
Encomendas de tecido para a produção
Conclusão dos moldes de produção e escala de moldes para a grade de tamanhos.
Fabricação das encomendas e controle de qualidade. As opções de fabricação são: confecção própria; fabricação artesanal; fornecedores de corte, costura e acabamento; ou grandes confecções. As cadeias de lojas usam fábricas de produção no exterior que possuem maquinário especializado para lidar com produções de grande volume.
Embalagem: *tags*, etc.

8. Remessa e entrega

Pontos de venda, butiques, lojas próprias
Reforços de coleção
Butiques on-line

9. Vendas no varejo

Análise dos interesses do consumidor e das vendas

10. Início do próximo ciclo

O histórico de vendas oferece uma indicação de quais serão os looks e silhuetas essenciais que podem ser levados adiante com pequenas modificações no próximo ciclo

O calendário de produção

O calendário de produção estabelece uma estrutura prática de procedimentos consecutivos que devem ser executados para que as coleções primavera/verão e outono/inverno sejam entregues em tempo.

Como o calendário demonstra, os processos de produção, pesquisa e design para as duas temporadas se entrecruzam em determinados pontos. Essa estrutura ajuda a monitorar possíveis falhas técnicas que possam afetar as entregas – por exemplo, atrasos nos pedidos por conta de um tamanho de botão incorreto. Uma gestão eficaz e eficiente é crucial em todas as camadas do mercado – sobretudo para grifes menores e independentes, que precisam conciliar as temporadas de maneira eficaz para manterem-se nele. O contínuo processo de criação e produção é um modo de operação econômico e eficiente em termos de fluxo de caixa, desde que não haja atrasos de produção, entregas e pagamentos.

O período de absorção é um fator importante para determinar o tempo necessário para a conclusão de uma coleção, do conceito à loja. Para lojas do mercado de massa, períodos de absorção mais curtos são essenciais para garantir entregas contínuas e rápidas nos lançamentos de meia-estação. A gestão da produção precisa ser cuidadosamente planejada para atender aos prazos impostos por períodos cada vez menores. A maioria das lojas do mercado de massa tem facilidade de produzir no exterior, principalmente na Ásia, devido à vantagem evidente dos custos menores. No entanto, isso pode também aumentar o período de entrega, em função das longas distâncias envolvidas, dos possíveis atrasos de comunicação e da natureza fragmentária da produção. Ao contrário de seus concorrentes, a rede de lojas Zara mantém sua equipe de criação e centros de produção e distribuição todos juntos, na Espanha. Essa estratégia mostrou-se bem-sucedida: a marca tem períodos de entrega curtos entre lançamentos de uma coleção para outra; os problemas podem ser corrigidos fisicamente no local (e não por e-mail ou fax) e os entraves de comunicação são inexistentes.

Sophie Wightman
Ilustração da designer Sophie Wightman. Ela cria, para sua coleção primavera/verão, uma atmosfera que sugere uma linha jovem, moderna e divertida, focada em estampas e direcionada para um mercado específico.

Calendário de produção do hemisfério norte

Primavera/Verão		Outono/Inverno	
Março	Pesquisa de tecidos e desenvolvimento do design	**Setembro**	Pesquisa de tecidos e desenvolvimento do design
Abril	Decisões finais sobre tecidos e cores. Desenvolvimento dos moldes e da silhueta	**Outubro**	Decisões finais sobre tecidos e cores. Desenvolvimento dos moldes e da silhueta
Maio	Finalização dos moldes e início das amostras	**Novembro**	Finalização dos moldes e início das amostras
Junho	Continuação das amostras e resolução de pendências	**Dezembro**	Combinação das amostras e resolução de pendências
Julho	Finalização das amostras e últimas provas	**Janeiro**	Finalização das amostras e últimas provas
Agosto	Início do período de vendas. Preparação para semana de moda	**Fevereiro**	Início do período de vendas. Preparação para semana de moda
Setembro	Coleções apresentadas em semana de moda. Vendas continuam	**Março**	Coleções apresentadas em semana de moda. Vendas continuam
Outubro	Fechamento dos pedidos para a temporada. Análise das encomendas prontas para produção	**Abril**	Fechamento dos pedidos para a temporada. Análise das encomendas prontas para produção
Novembro	Encomendas de materiais e aviamentos para produção. Início da produção	**Maio**	Encomendas de materiais e aviamentos para produção. Início da produção
Dezembro	Monitoramento da produção	**Junho**	Monitoramento da produção
Janeiro	Monitoramento da produção. Produção começa a chegar	**Julho**	Monitoramento da produção. Produção começa a chegar
Fevereiro	Primeiras entregas para as lojas. Produção continua a chegar. Entregas continuam	**Agosto**	Primeiras entregas para as lojas. Produção continua a chegar. Entregas continuam
Março	Entregas finais. Fim da temporada	**Setembro**	Entregas finais. Fim da temporada

Coleções e linhas

Primavera/verão e outono/inverno são os dois lançamentos de coleções mais importantes do ano, e para a maioria das grifes independentes e de pequeno porte isso ainda se mantém. No entanto, na tentativa de aumentar as vendas e a participação de mercado, grandes marcas de designers consagrados como Chanel e Ralph Lauren acrescentaram reforços de coleção, além de suas coleções principais, que são criados essencialmente para uma época específica do ano. As coleções "alto verão" (do inglês, *cruise* ou *resort*) são direcionadas para o período de verão, enquanto as coleções de Natal são orientadas para a temporada de final de ano e incluem principalmente roupas de festa, como o "pretinho básico" em uma variedade de estilos.*

As grandes redes de varejo empregam o modelo *fast fashion*, que lhes permite lançar novas coleções e cartelas de cores em momentos variados dentro de uma mesma temporada. Em essência, esses lançamentos de meia-estação são derivados da coleção principal. Iniciativas inteligentes de marketing e *branding*, como aplicar nomes específicos e temas às coleções, conferem às roupas independência e originalidade. Esse modelo oferece ao consumidor maior poder de escolha e variedade, se comparado ao único lançamento por temporada feito pela maioria das grifes independentes e de prêt-à-porter.

No entanto, para se manterem competitivas e garantirem sobrevivência econômica, as pequenas grifes de designers responderam ao modelo de *fast fashion* lançando pré-coleções, de um a três meses antes de suas apresentações de passarela. Ao contrário das coleções conceituais, que têm como objetivo principal impressionar a imprensa e aumentar a visibilidade da grife, a pré-coleção é vista como importante ferramenta de vendas, pois dá aos compradores uma oportunidade de visualizar a atmosfera e os looks essenciais da coleção, além de fazer encomendas com antecedência.

O papel das semanas de moda

As semanas de moda são essencialmente eventos de marketing e constituem parte importante do calendário da moda. Cada desfile pode incitar e manter uma aura de exclusividade. As semanas de moda são uma oportunidade para que os designers e suas coleções sejam percebidos e apoiados por editores de moda influentes. O evento dura sete dias, promove e estimula o interesse nacional e internacional de compradores e da imprensa na indústria da moda, além de apoiar e impulsionar o comércio local, como hotéis, restaurantes, bares e lojas de moda da cidade.

Os desfiles de alta-costura e prêt-à-porter do início até a metade do século XX propunham-se essencialmente a funcionar como ferramenta promocional e de vendas para os designers e *maisons* situados em Paris. A Chambre Syndicale exigia que seus membros criassem e apresentassem coleções sazonais: primavera/verão em janeiro e outono/inverno em julho. Essa norma básica se mantém até hoje, e é imitada pelos designers de prêt-à-porter, embora em diferentes épocas do ano (para evitar conflitos logísticos e maximizar a cobertura de imprensa para ambos os eventos).

---

*N. de R. T.: No Brasil, as coleções de final de ano e alto verão são unificadas, dado o período e a estação do ano.

O colapso da tradicional indústria da alta-costura e o estabelecimento da nova hierarquia da moda ajudou a formar o cenário competitivo entre as semanas de moda bianuais que conhecemos hoje.

Ser considerada uma "capital da moda mundial" pela imprensa traz recompensas financeiras aos designers, à indústria da moda na cidade e ao país de modo geral. As quatro grandes cidades da moda são Nova York, Londres, Milão e Paris. Cada uma tem sua personalidade construída ao redor de seu patrimônio histórico e de suas características, que por sua vez têm grande influência sobre a forma como seus designers abordam a moda. Designers que desejam se alinhar especificamente às qualidades de uma determinada cidade normalmente estabelecem nela estúdios de trabalho ou apresentam regularmente seus desfiles na semana de moda local.

As semanas de moda oferecem oportunidades para que novos talentos apareçam e sejam notados. Além disso, as parcerias entre stylists, cabeleireiros e maquiadores, produtores de desfile e designers podem gerar uma ampla cobertura da mídia que ajuda a desencadear tendências sazonais.

Embora os compradores e a imprensa internacionais mantenham-se fiéis às quatro grandes capitais da moda, novas cidades como São Paulo, Tóquio, Xangai, Sidney e Mumbai começam a se destacar como capitais da moda. Sua infraestrutura, quando comparada às semanas consolidadas de moda, ainda não é tão forte, de modo que o sucesso comercial e reconhecimento mundial ainda são limitados, mas isso pode mudar nos próximos anos.

No verso: Semanas de Moda
Da esquerda para a direita: Semanas de Moda de Londres, Nova York, Milão e Paris.

A Semana de Moda de Londres é conhecida por promover designers jovens, espirituosos e de vanguarda, que desafiam os limites da moda. Fazendo pouco caso do sucesso comercial, as apresentações conceituais e dramáticas roubam a cena. Nomes como Galliano, McQueen, Chalayan e Westwood foram produtos da cena de moda londrina.

Dominada por designers italianos, a Semana de Moda de Milão ganhou fama por apresentar um estilo adulto, picante e sexy. Dolce & Gabbana são um exemplo típico do look milanês; na imagem, eles apresentam sua coleção prêt-à-porter primavera/verão 2010.

Tida como epicentro do mundo da moda, Paris é historicamente caracterizada pela luxuosa indústria da alta-costura e por uma sofisticada estética de prêt-à-porter. No entanto, recentemente, designers mais jovens e arrojados como Martine Sitbon e os vanguardistas japoneses trouxeram um elemento contemporâneo à Semana de Moda de Paris. Aqui, mantendo-se fiel ao ideal parisiense, o designer Andrew Gn apresenta sua coleção prêt-à-porter primavera/verão 2010.

A designer norte-americana Donna Karan apresenta sua coleção primavera/verão 2010 na Semana de Moda de Nova York. Dentre as "quatro grandes" capitais da moda, Nova York é a mais comercial. Composta principalmente por designers norte-americanos e de algumas grifes internacionais da Europa, a ênfase aqui é uma moda fácil de usar.

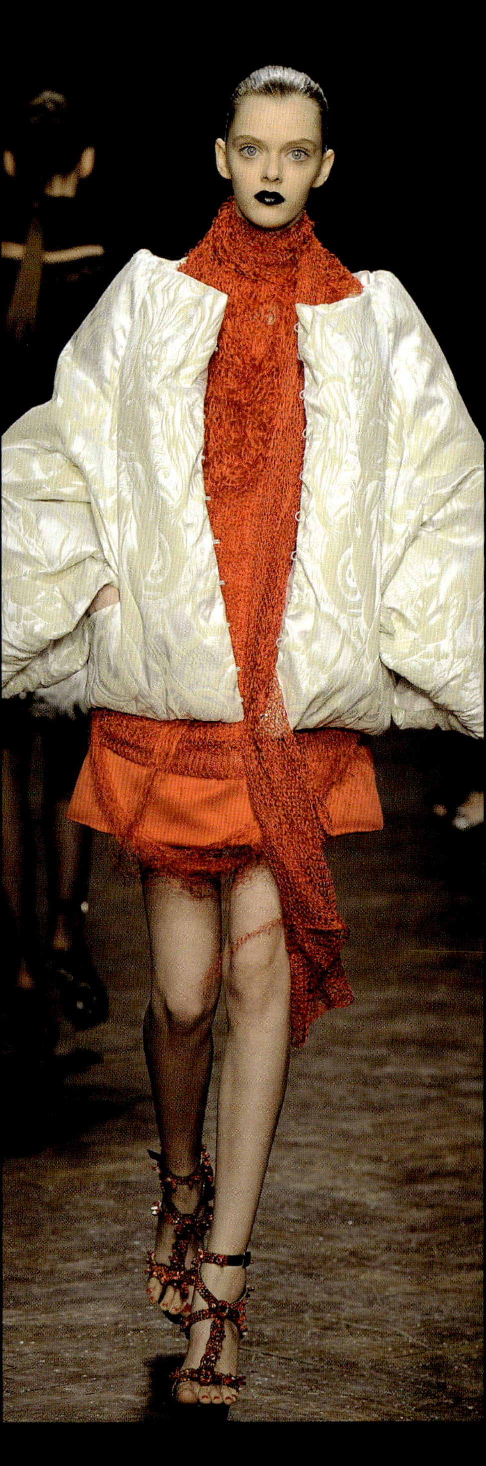

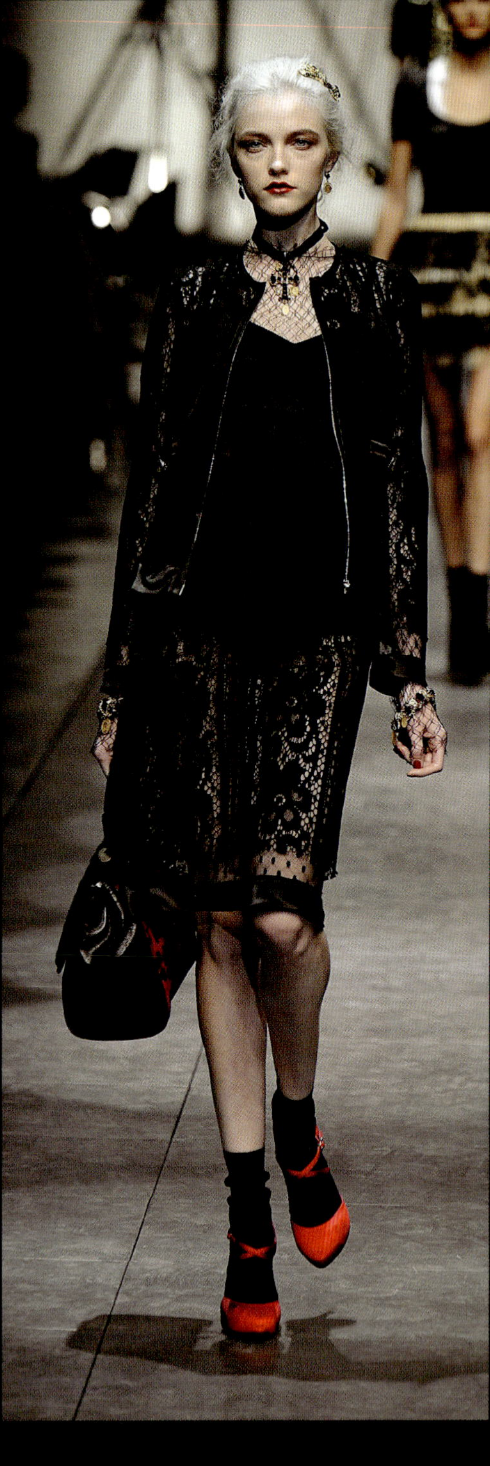

O calendário da moda 95

Do croqui à roupa: o processo de design

É incrível contar uma história em uma coleção, mas você nunca deve esquecer que, apesar de toda a fantasia, o assunto principal é a roupa. Enquanto estiver editando em busca de um impacto mais forte, você precisa lembrar-se de que, no final da contas, trata-se de uma coleção e ela tem que ser vendida.
John Galliano

Este capítulo explora o processo de desenvolvimento de produto por completo, desde as etapas iniciais de pesquisa até o produto final. São introduzidos os aspectos fundamentais sobre design bidimensional e tridimensional permitindo que um croqui seja plenamente realizado, tornando-se um produto tangível.

Para quem você está criando?

O ponto de partida para qualquer briefing de produto é você. O designer deve conhecer e compreender a faixa de mercado e o cliente para os quais irá criar: alta-costura, prêt-à-porter ou mercado de massa? Uma vez decidido, você pode começar a definir os modelos, qualidade dos tecidos, cores, detalhes e métodos de produção mais relevantes para essa faixa do mercado. Isso é essencial: desenhar cegamente para um mercado sem conhecimento prévio do cliente, dos preços ou qualidade esperados é um erro que custa caro em todas as frentes.

Em meio a tanta criatividade e desvario, não se pode esquecer que a indústria da moda é uma operação comercial. Temporada após temporada, os designers precisam oferecer algo novo para seduzir os compradores e empolgar a imprensa de moda. Como designer, seja de maneira independente ou como parte de uma equipe, você deve ser capaz de propor novas ideias, universos e temas, além de orientar os rumos criativos e comerciais de uma coleção.

Ao lado, esquerda: Hanna Buswell
A designer de tricôs apresenta sua coleção outono/inverno para 2009. As formas fáceis de usar e as brincadeiras com cores, formas geométricas e listras dão à coleção um ar contemporâneo.

Ao lado, direita: Amus Leung
Amus Leung apresenta sua coleção outono/inverno 2009. Este vestido preto em pele sintética tem uma silhueta moderna e exagerada, direcionada ao mercado de prêt-à-porter.

Página oposta: Jess Holmes
Esta página do *sketchbook* de Jess Holmes contém colagens com *souvenirs* infantis, demonstrando as ideias iniciais do designer para uma coleção.

Conduza algumas pesquisas de mercado para entender quem são seus concorrentes e qual a estética e design eles oferecem, bem como qualidade, *branding*, diversidade de linha e faixa de preços. Converse com o pessoal de vendas, descubra quais os itens mais vendidos e que tipo de cliente compra as mercadorias – são jovens, ricos, ou um público misto?

A qualidade do corte, tecido e modelagem nunca podem ser apreciada nos cabides, por isso não tenha medo de experimentar as roupas de seus concorrentes. Isso lhe dará uma maior compreensão da peça e como o tecido, o corte, os detalhes, as proporções e a silhueta funcionam em conjunto. Entenda o que funciona bem e questione o que não funciona.

Independentemente da faixa de mercado para a qual você esteja criando, ainda assim deve conhecer todos os setores do mercado e familiarizar-se com suas linhas de produtos. Manter-se bem informado ajudará a consolidar e fortalecer sua própria posição no mercado da moda.

Pesquisa e investigação

O design não surge em um passe de mágica; é preciso haver investigação, estímulo visual, diálogo criativo, questionamento, entendimento e análise. Isso confere profundidade e relevância contemporânea à obra. O processo de pesquisa e investigação é um momento empolgante para o designer, que pode buscar novas fontes de inspiração, alimentar sua imaginação e educar a mente criativa. Além disso, a pesquisa oferece também um alívio para o estresse relacionado ao corporativismo da moda.

Há duas vertentes de pesquisa em design de moda. A primeira é reunir objetos reais, tangíveis, para inspirar ideias de textura e caimento. Isso pode envolver a coleta de tecidos, botões, zíperes e outros objetos, como conchas, o porta-joias da vovó ou quinquilharias retrô. Você pode desenhar ou tirar fotos para posteriormente usar como material de consulta. No caso dos tecidos, pequenas amostras servem como referência inicial de qualidade, textura e preço. Da mesma forma, fechos e aviamentos podem ser comprados em pequenas quantidades para auxiliarem a etapa de criação.

O segundo método de pesquisa é um pouco mais abstrato, visual e investigativo que tangível. Livros, revistas, periódicos de design e a Internet servem como fonte de informações e imagens que você pode usar indiretamente e com distanciamento; por exemplo, um edifício interessante do outro lado do mundo, ou documentos relativos a movimentos históricos. Essas fontes podem servir na proposição de um pano de fundo

A moda não existe simplesmente nas roupas. A moda está no céu, na rua; a moda tem a ver com ideias, com a forma como vivemos, com o que está acontecendo.
Coco Chanel

detalhado de filosofia e imagens, impressas ou armazenadas digitalmente para estimular o pensamento criativo.

Você deve explorar os dois tipos de pesquisa; isso o ajudará a melhorar seus conhecimentos teóricos e habilidades práticas, como o desenho e uso de cores. A coleta e registro de referências, assim como a tomada de decisão, são importantes habilidades organizacionais e reflexivas, necessárias para a formação completa de um profissional criativo.

Fontes de pesquisa

A essência da pesquisa está em buscar direções que sejam educativas e inspiradoras para você, e que levem-no a uma investigação mais profunda do desconhecido, com o objetivo de criar novas ideias. Como aspirante a designer, é importante que você tenha um entendimento contextual e histórico da moda. Isso pode tornar-se uma fonte contínua de inspiração, fazendo com que você questione o passado e o presente para avaliar o futuro.

Mas, além das informações históricas sobre trajes e moda, de onde virão esses direcionamentos? Pontos de partida típicos incluem mercados de pulga (mercados de rua), brechós, revistas como a *National Geographic*, museus, bibliotecas, a natureza, novas tecnologias, a cultura jovem e de rua. Os direcionamentos também podem vir de ensaios, como "Black Moods", de Gabriel Ramin Schor, ou "The End of Perspective?", de Vincent Pécoil. Eles podem também surgir a partir da nova geração de colecionadores e taxidermistas que estão resgatando a arte de dar forma à pele de animais. Pode ser um livro que você leu ou está querendo ler; o clássico de George Orwell, *Na Pior em Paris e Londres*, ou um clássico moderno como *Laranja Mecânica*, de Anthony Burgess. O direcionamento pode estar nas letras ou na música de Jimi Hendrix, Bob Dylan, Chopin ou Duran Duran, ou talvez em um trabalho conjunto entre os quatro. Movimentos artísticos, arte clássica, arte contemporânea, esculturas e exposições podem apontar direções essenciais. Um filme de Francis Ford Coppola pode estar repleto de direcionamentos. Uma fotografia provocante de Rankin ou as formas sensuais e arrebatadoras criadas pelo arquiteto Santiago Calatrava podem inspirar uma reação criativa. Você pode também usar uma citação do próprio mestre Christian Dior: "foi durante o tempo que passei com Robert Piguet que aprendi a 'omitir' ... Piguet sabia que a elegância só pode ser encontrada por meio da simplicidade."

Muitos designers resgatam constantemente o passado como fonte de inspiração e influência. Isso pode ocorrer fazendo uso das belas-artes e da literatura ou de trajes históricos. Em vez de meramente reciclar a obra original, essas proposições glamourosas e ocasionalmente maliciosas são interpretações pessoais, e não reproduções literais. Onde quer que você busque inspiração, certifique-se de escolher um tema que seja interessante para você e relevante para o briefing, e de investigá-lo e compreendê-lo. Se sua pesquisa for superficial, resultará em uma obra de pouca profundidade e importância.

A musa

A musa é uma pessoa ou personagem que serve como fonte de inspiração; alguém que é capaz de dar o tom de uma coleção ou instigar a marca a inspirar-se em sua personalidade e estilo único. Pode ser um personagem de um livro ou filme, uma personalidade influente do passado ou do presente, ou uma celebridade – como Audrey Hepburn foi para Givenchy. Uma musa pode ser um personagem fictício, uma fotografia ou retrato de alguém que representa determinada atitude. Quaisquer desses pontos de partida podem ajudar a determinar um tema para a próxima direção criativa.

Essa personagem torna-se a figura central para toda discussão criativa; por exemplo, que cores ela vestiria? Ela usa calças? Caso use, são calças de cintura alta, capri ou de boca larga? Fazer perguntas relacionadas à musa ajudará a identificar e capturar o espírito da coleção.

Colagens de pesquisa

Depois de coletadas as informações, você precisará reuni-las, fazendo conexões por meio de composições incomuns, mas interessantes e estimulantes, que direcionarão o design. A colagem dessas informações em um *sketchbook*, diário ou parede branca ajudará você a digerir, compreender e adotar uma linha de abordagem. A ideia dos *sketchbook*s não é simplesmente exibir imagens e objetos; o propósito é acrescentar algo novo e pessoal, uma nova impressão ou enfoque, fazendo uso da justaposição de elementos que sejam modernos, relevantes para o mercado e surpreendentes. É preciso tomar cuidado para não reutilizar o contexto literal das fontes originais, ou a inovação não vai ter grande espaço dentro do processo.

Colagens, desenhos, cores, tecidos, palavras ou descrições podem ajudar a conferir sentido e profundidade às imagens. Com reflexão, análise, questionamento e cruzamento de referências bem detalhados, é possível chegar a uma conclusão.

Emily Robus
A designer Emily Robus cria a imagem de sua musa com desenhos e colagens, retratando a personagem dessa mulher ficcional para inspirar sua coleção.

Tome cuidado para não editar excessivamente seu *sketchbook*, ou as páginas podem ficar sem vida e pouco inspiradoras. Mantenha o entusiasmo e a coragem ao longo do processo, e isso levará a um resultado empolgante, cru e pessoal.

Com o tempo e a experiência, você desenvolverá a sua própria abordagem individual à pesquisa. O processo de investigar e decodificar informações se tornará tão natural quanto respirar. No entanto, os *sketchbooks* devem apresentar uma abordagem original, com uma perspectiva contemporânea. A ênfase deve permanecer na experimentação, no refinamento das habilidades atuais e na obtenção de conhecimento e entendimento mais profundos para encontrar inspiração e apresentar uma proposta de design que seja plenamente resolvida e relevante para o mercado.

Os *mood boards* ou *storyboards* são uma forma rápida e útil de reunir informações e apresentar uma ideia focada a um cliente ou montar um painel.

Em essência, essas são traduções editadas da pesquisa que foi decodificada nos *sketchbooks*. Elas demonstram uma jornada lógica que claramente enfatiza o look, cores, tecidos e o tema geral de uma coleção. Dependendo da coleção, palavras-chave como "sombrio", "masculino" ou "temperamental" podem ser usadas para destacar a sua essência. Ocasionalmente, de acordo com o cliente ou empresa para quem você fará a apresentação, informações como usuários, tema, cores e tecidos podem ser apresentadas em quadros diferentes. Isso o ajudará a apresentar a coleção de modo coerente.

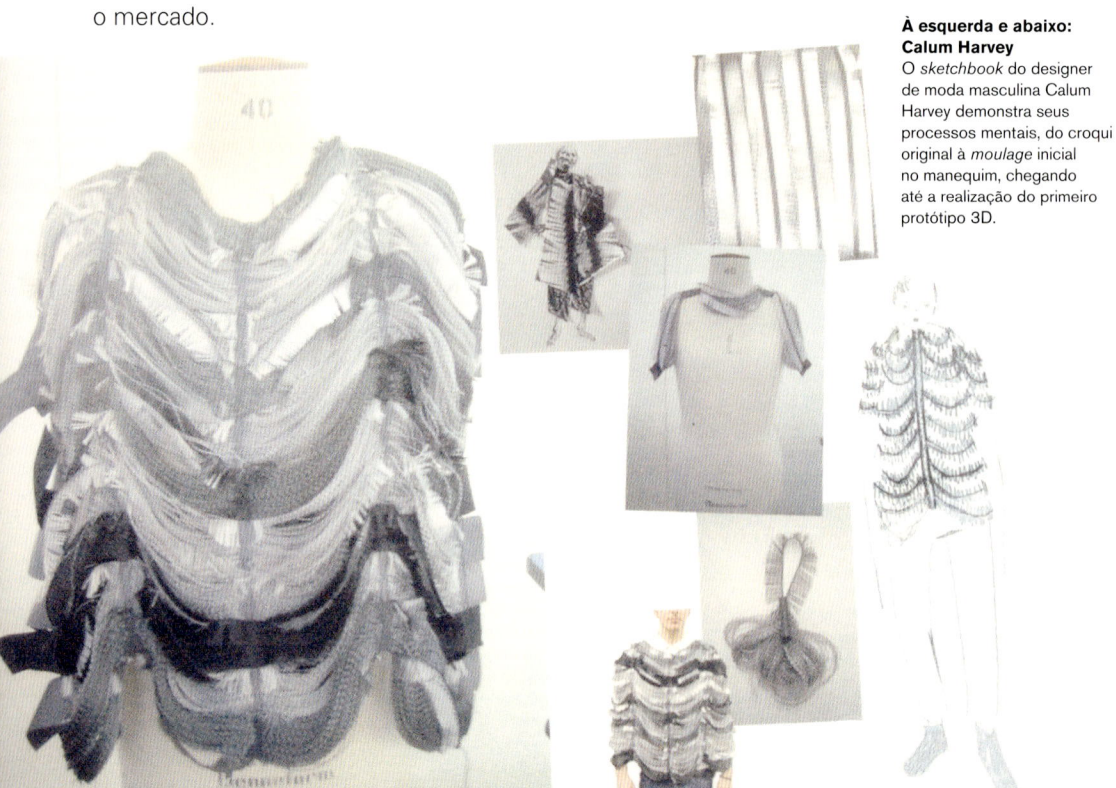

**À esquerda e abaixo:
Calum Harvey**
O *sketchbook* do designer de moda masculina Calum Harvey demonstra seus processos mentais, do croqui original à *moulage* inicial no manequim, chegando até a realização do primeiro protótipo 3D.

A importância de desenhar

Desenhar é uma habilidade essencial; uma ferramenta que ajuda você a registrar dados, comunicar e desenvolver suas ideias. À medida que você explora a pesquisa com maior profundidade, desenhar ajuda a decifrar as informações e interpretar a pesquisa, oferecendo referências e inspirações que podem evoluir no desenvolvimento do produto. Desenhar permite ao designer comunicar ideias e informações; o processo treina o olhar para enxergar detalhes de forma, textura e proporção das peças e em relação à figura. Na indústria, conseguir criar esboços e croquis rapidamente pode comunicar uma ideia de forma imediata para a equipe de criação e impulsionar a tomada de uma determinada direção. Os croquis também podem resolver problemas, economizando assim tempo e dinheiro.

Acima e à direita:
Marie Pranning
A designer de moda masculina Marie Pranning brinca com diferentes intensidades de linha e com a aplicação de blocos de cor para criar profundidade e investigar o espaço positivo e negativo em seus croquis. Isso permite à designer explorar e refinar a direção certa para sua coleção.

Quando um design está tão opressivo a ponto de tornar-se paralisante, não espere a clareza chegar para começar a desenhar. Desenhar não é simplesmente uma forma de retratar uma solução de design; é, por si só, uma forma de aprender sobre o problema que você está tentando solucionar.
Matthew Frederick (do livro *101 Lições que Aprendi na Escola de Arquitetura*)

A exploração de diferentes meios, como lápis, carvão, tintas, caneta ou nanquim, confere novas dimensões aos desenhos, gerando aspectos visuais à pesquisa, como qualidade da linha, textura e tonalidade. À medida que sua técnica de desenho tornar-se mais experimental, você descobrirá novas técnicas e desenvolverá uma linguagem visual própria.

    Nem todas as pessoas têm facilidade para desenhar, e essa pode ser uma tarefa assustadora e intimidante. Manter uma abordagem descontraída em relação ao desenho ajudará você a criar linhas fluidas que podem inspirar as formas de uma silhueta, modelagem ou corte inesperados. Lembre-se sempre de que seu *sketchbook* é um lugar reservado para descobrir novas ideias e registrar de forma dinâmica pensamentos e alternativas – nesse ponto, a ideia não é atingir a perfeição.

A silhueta

A silhueta é importante para definir a forma que uma peça ou roupa produz, e pode ter grande impacto na passarela, causando uma impressão duradoura. Geralmente, forma e estrutura são o que primeiro se percebem, seguidas pelos detalhes, tecidos e acabamentos. A silhueta é essencial para o sucesso de qualquer modelo ou coleção; ela pode ajudar a apresentar um contexto atual ou a estabelecer uma atitude e visual geral para a coleção.

Direita: Arsida Smajili
Arsida Smajli usa folhas de madeira para criar uma silhueta de moda conceitual.

Acompanhando mudanças nas visões de feminilidade, sexualidade, gênero, política e nos estilos de vida, os designers criaram silhuetas para expressar a atitude dos tempos e para romper com as normas aceitas. O século XX foi palco da evolução de muitas formas: das cinturas acentuadas e ajustadas com estruturas nos quadris, nos anos 1900, ao visual "melindrosa" dos anos 1920, chegando ao New Look criado por Dior em 1947; do *power dressing* dos anos 1980 aos vestidos justos dos anos 1990. Enquanto, no passado, cada década tinha seu próprio look, os anos 2000 tiveram muitas silhuetas diferentes, do desconstruído ao modelado, dependendo do designer e da grife. Era comum que os designers tivessem uma silhueta como marca registrada. Martin Margiela tem uma visão distinta sobre a beleza desconstruída, enquanto Jil Sander oferece uma silhueta modelada e moderna, combinando elementos tradicionais e atuais de construção e acabamento. A obra de Sophia Kokosalaki é facilmente identificável por sua silhueta grega e interpretação moderna do drapeado clássico.

    Como parte de sua pesquisa inicial e desenvolvimento do design em *sketchbooks*, adjetivos-chave como suave, recortado, rígido, severo ou volumoso podem ser alinhados aos desenhos, ajudando a explorar e definir com maior profundidade a silhueta desejada. Essas combinações experimentais de imagens, desenhos e descrições, combinadas ao trabalho de *moulage*, podem começar a ser traduzidas nas primeiras tentativas de criar uma silhueta personalizada.

Acima, esquerda:
Emma Mulcair
Emma Mulcair usa seda e tecidos de neoprene para criar uma versão moderna da clássica silhueta "ampulheta" de Dior.

Acima, direita:
Sian Lendrum
Sian Lendrum brinca com camadas, cores e transparências para criar duas silhuetas em um mesmo design.

Proporção, linha e equilíbrio

Dentro de uma silhueta, proporções e linhas têm papéis importantes na criação de um modelo equilibrado e harmonioso que agrade aos olhos e favoreça o corpo.

Proporção refere-se ao tamanho dos diferentes componentes de uma roupa em relação ao todo. Em termos de moda, o corpo humano é o todo, enquanto os ombros, pescoço, braços, pernas, tórax, quadris, cintura, etc. correspondem aos diferentes componentes que podem dividir o corpo em linhas verticais, horizontais, diagonais ou curvas. Blocos de cor, tecidos, texturas ou estampas também podem dividir o corpo e criar zonas proporcionais. Uma proporção adequada pode ser definida como a relação harmoniosa entre diferentes linhas e tamanhos em relação ao corpo – o todo.

É possível obter proporções inteligentes e originais combiando comprimento, largura e volume. Elevar a linha da cintura acima da cintura natural, por exemplo, cria uma ilusão de pernas mais longas, encurtando o corpo. As temíveis calças "bumster" de Alexander McQueen faziam o contrário; com o cós muito abaixo da cintura natural, suas calças davam a ilusão de um tórax acentuado e pernas mais curtas.

Silhueta e linha são intimamente ligadas e realçam o corte de uma peça. No entanto, linhas criadas por costuras, pences, padrões têxteis ou grandes drapeados modificam a silhueta. Elas podem fazer o espectador olhar para o corpo transversal ou circularmente, para cima ou para baixo, criando ilusões de pouco ou muito volume.

De modo geral, linhas verticais e retas alongam o corpo, conferindo-lhe uma aparência estruturada e masculina. Linhas horizontais dão a ilusão de maior largura, e tendem a encurtar o corpo. Linhas curvas são, em geral, mais favoráveis às formas femininas. Elas criam contornos suaves que minimizam a cintura e acentuam busto e quadris. Peças de corte enviesado produzem uma linha diagonal que atravessa e envolve o corpo, criando um visual fluido e curvilíneo.

O equilíbrio é o fator necessário para conciliar os diferentes aspectos de uma peça. Um equilíbrio harmonioso pode ser obtido garantindo força ou importância equivalente aos elementos do design, incluindo proporção, linha e cor.

Ao dividir o corpo verticalmente pela metade, você verá que cada metade é simétrica. Nosso cérebro é naturalmente programado para buscar simetria, e esse senso de equilíbrio é geralmente aplicado ao design de roupas pelo espelhamento de forma e alinhamento dos detalhes à esquerda e à direita, como bolsos, colarinhos, lapelas, punhos, mangas, pences e costuras.

Página ao lado, esquerda e centro: Kate Williams
Na primeira imagem, Kate Williams cria um equilíbrio perfeito usando três cores distribuídas proporcionalmente de forma inovadora. Na segunda imagem, ela atinge o equilíbrio por meio de um bloco de cor, do uso de camadas cortadas a laser e da distribuição inteligente do peso, para criar uma harmonia entre os dois comprimentos extremos do casaco.

Página ao lado, direita: Calum Harvey
O designer de moda masculina Calum Harvey brinca com proporções extremas ao redor do pescoço e ombros, criando uma visão moderna para sua moda masculina; no entanto, mantém a essência de uma silhueta masculina aceitável e fácil de usar.

O equilíbrio horizontal diz respeito à relação entre a parte de cima e a parte de baixo. A linha natural que divide a parte superior e a inferior do corpo está localizada na cintura. No entanto, ao contrário do que acontece com o equilíbrio vertical, essas partes não são iguais – a metade superior é menor que a metade inferior. Esse é um obstáculo que precisa ser superado pelo design, uma vez que é fácil criar propostas com peso na parte de cima ou de baixo. Uma roupa "pesada" na parte de cima pode ter o design concentrado ao redor dos ombros, pescoço ou tórax, enquanto o peso na parte de baixo pode sugerir um corpo grande e disforme.

O equilíbrio assimétrico pode ser visto em peças desproporcionais ou desconstruídas que foram contrabalançadas por pequenas ou grandes características de design em uma ou em diversas áreas cuidadosamente planejadas, que atuam como "eco" ou "contrapeso", criando um equilíbrio geral na forma. Essa é uma característica-chave na obra de designers japoneses e belgas como Yohji Yamamoto e Martin Margiela, que questionam e manipulam os princípios do equilíbrio para expressar uma estética de design vanguardista.

Romper com as regras pode trazer uma qualidade única ao design, desde que sejam mantidos o senso de equilíbrio e a sensibilidade em relação ao corpo.

Proporção, linha e equilíbrio oferecem muitas possibilidades de criação que podem melhorar drasticamente um design, ou arruiná-lo. Algo tão simples como combinar o tamanho de botões ou bolsos, ou algo mais complexo como o deslocamento de costuras, pode ter um efeito agradável e atraente ou um impacto negativo sobre o resultado geral. Criar e modelar no manequim são formas de treinar seu olhar e ganhar um entendimento mais profundo sobre esses fatores.

Cor e tecido

Cor e tecido são elementos centrais para a pesquisa e o processo de design. Trata-se de dois ingredientes essenciais sem os quais a moda não pode existir. Usar esses elementos de forma criativa e com sensibilidade em relação à silhueta o permitirá ser bem-sucedido na criação do look completo. Por outro lado, o mau uso de cores e tecidos ou a aplicação de proporções incorretas garantirá um resultado ruim.

A cor é parte integrante de nossas vidas; tudo aquilo que vemos e com que interagimos tem cor. A cor não só oferece uma visão objetiva sobre o mundo, mas também afeta nossos sentimentos. Pesquisas conduzidas por psicólogos evidenciam como as pessoas respondem à cor. Foi comprovado, por exemplo, que azuis e verdes podem reduzir a pressão sanguínea e exercer uma influência calmante, enquanto o vermelho pode acelerar a frequência cardíaca e causar um efeito energizante.

Certas cores possuem conotações preconcebidas que evoluíram a partir de diversos simbolismos culturais e sociais. O cor-de-rosa, por exemplo, é associado à doçura; o cinza ao profissionalismo, já o bege é considerado neutro e seguro.

Sua pesquisa fornecerá a inspiração inicial para compor a cartela de cores. Certas cores ganharão destaque, capturando assim a essência da coleção. Experimentando diferentes combinações e aplicando cores

Abaixo, esquerda: Hannah Taylor
A designer de tricôs Hannah Taylor usa um choque de cores vibrantes e silhuetas *oversized* para apresentar sua alegre e bem-humorada coleção de moda masculina outono/inverno 2009.

Abaixo, centro: Laura Yiannakou
O sofisticado uso de cor e listras permite à designer Laura Yiannakou apresentar uma coleção prêt-à-porter jovem e moderna.

Abaixo, direita: Emile Claiborne
A designer Emile Claiborne cria um moderno e glamouroso look de roqueira sexy usando silhuetas e proporções contemporâneas em combinação com materiais inovadores. Esse look apresenta diferentes tons de azul, do azul vibrante ao azul-marinho, quase preto.

contrastantes, de acento ou tonais sobre o grupo de cores básico, é possível formular uma cartela final.

Qualquer que seja o método adotado, a distribuição proporcional das cores é crucial.

Agências de tendências e feiras de tecidos podem servir como fontes de inspiração para a cartela. Ambas possuem publicações dedicadas à "cor" e promovem seminários e apresentações que mantêm a indústria da moda informada sobre as últimas tendências em cores e novos avanços tecnológicos, como corantes ecológicos. Às vezes, os designers tornam-se conhecidos pelo uso de uma cartela e de cores como marca registrada. Valentino, por exemplo, é famoso pelo uso do vermelho, enquanto Ann Demeulemeester é reconhecida pelo uso de preto e cartelas escuras. Como designer, você pode preferir certas cores, ou usar as cores para estimular uma resposta emocional por parte de seus clientes.

Abaixo: Hannah Taylor
O *sketchbook* de Hannah Taylor mostra a forma como ela brinca com fios coloridos na configuração da paleta de cores certa para um de seus designs. Esse exercício ajuda a atingir o equilíbrio e proporção de cor ideais para o design.

Terminologia útil de cores

Cores primárias: Vermelho, amarelo e azul.

Cores secundárias: Laranja, verde e roxo. Essas cores são criadas misturando-se duas cores primárias. Por exemplo, a mistura de amarelo e vermelho resulta no laranja.

Cores terciárias: Essas cores são criadas misturando-se uma cor primária e uma cor secundária. Dependendo de como são misturadas, há muitas combinações de cores terciárias. Exemplos: amarelo e laranja, vermelho e laranja, vermelho e roxo, azul e roxo, azul e verde, amarelo e verde, etc.

Cores quentes: Cores associadas ao sol e ao fogo, como amarelo, vermelho e laranja.

Cores frias: Cores associadas à grama e ao mar, como verde e azul.

Pastel: Uma cor matizada com branco. Por exemplo, a mistura de vermelho e branco resulta no cor-de-rosa.

Monocromática: Uma única cor ou tons de uma mesma cor.

Cores tonais: Por exemplo, se o vermelho for a única cor-base, teria diferentes graus de intensidade para formar uma família com vários tons de vermelho.

Neutras: Bege, cinza, marrom, cáqui.

Tons de terra: Cores associadas à natureza e à terra, como marrom, verde, cinza e amarelo.

Contrastantes: Cores que são completamente diferentes entre si, possivelmente opostas em um círculo cromático; por exemplo, azul e laranja.

Cor de acento: Uma cor usada em pequenas quantidades, mas que tem um forte impacto visual.

Página oposta:
Hayley Crompton
Este designer de estampas usa uma silhueta simples e moderna como tela para uma complexa estampa em preto e branco. Os toques de cores de acento, combinadas ao amarelo primário, criam um *statement* de grande impacto.

Ao lado, esquerda:
Ruth Green
Esta designer de tricôs explora a natureza elástica do tecido tricotado para criar um modelo justo. Linhas horizontais e blocos de cor são usados de maneira inovadora para criar um modelo de equilíbrio e proporções perfeitas.

Ao lado, direita:
Marie Pranning
Esta designer de moda masculina usa uma paleta de tons de branco em lãs e sedas leves para criar uma interpretação moderna e casual do terno de alfaiataria.

O conhecimento de diferentes tecidos e suas qualidades e a compreensão de como aplicá-los em suas criações é uma habilidade fundamental. Cada tecido tem uma estética própria, que pode servir de inspiração por seu visual, sensação e manuseio.

Para alguns designers, o tecido é o primeiro ponto de pesquisa, que dita o tema ou cria a essência da coleção. Outros designers decodificam primeiro a pesquisa e, ao longo de suas jornadas, interpretam as informações em narrativas de tecidos e cores.

Há uma imensa gama de tecidos disponíveis no mercado, com diferentes acabamentos, pesos, texturas e propriedades que são específicas para certos tipos de roupas, setores do mercado e estações. Os tecidos precisam ser adequados ao propósito da peça. Por exemplo, o Gore-Tex é especialmente projetado para ser resistente à água e para evitar o aquecimento corporal; sua estrutura ventilada o torna ideal para a moda esportiva e outerwear.

Via de regra, tecidos mais pesados tendem a ser usados para peças de outono/inverno e tecidos mais leves para peças de primavera/verão. Os tecidos de lã, por exemplo, são tradicionalmente usados no outono/inverno, embora existam variedades de lãs leves e lãs mistas desenvolvidas

Sou fascinada por tecidos, pela forma como eles podem ser arquitetônicos.
Ally Capellino

especificamente para coleções de primavera/verão. Jeans, algodão, seda, cetim e tecidos de jérsei tendem a ser utilizados durante todo o ano; algumas fábricas de tecidos especializadas oferecem variações sazonais que dão aos tecidos uma aparência atual e contemporânea.

Como designer, você deve ter uma ideia prévia de como um tecido irá se comportar. O peso e a textura do tecido podem determinar não apenas o caimento da peça, mas, principalmente, a forma como ela trabalha com a silhueta. Os tecidos não podem ser aplicados em um produto que não seja compatível com suas características. O chiffon, por exemplo, que é extremamente feminino, macio, fluido, leve e transparente, não será um tecido adequado para um casaco funcional, ao passo que a lã ou o algodão com tratamento em Teflon atendem a esse propósito.

Em seu trabalho, você terá a liberdade de criar combinações de tecidos e cores dentro de uma coleção ou peça. Nem todas as pessoas têm aptidão natural para lidar com cores e tecidos; saber o que funciona ou não é resultado de prática, exploração das possibilidades e contínua reflexão autocrítica. Manter-se informado é importante; visite feiras de tecidos e apresentações de cores para construir sua base de conhecimento e melhorar sua compreensão sobre o assunto.

Eu olho para o papel do corpo em diferentes contextos culturais, como arquitetura, ciência ou natureza, e vejo como essas abordagens podem ser aplicadas ao vestuário.
Hussein Chalayan

Desenvolvimento do design

De acordo com o briefing, com a faixa de mercado e a estação, suas páginas de pesquisa terão explorado diversas abordagens, além do essencial – silhueta, linha, proporção, equilíbrio, detalhes, função, cor e tecido. Analisando essas informações e editando os diversos desenhos, croquis e colagens que você produziu, algumas ideias mais claras e características surgirão, além do tema de inspiração e a essência da coleção. Este é o momento de atribuir um título à coleção; isso ajudará você a manter o foco. Agora, todas as suas informações devem ser desenvolvidas e aprofundadas.

O desenvolvimento do produto é essencialmente uma forma de refinar e explorar plenamente todas as possibilidades de design. Desenhe continuamente, testando detalhes, proporções, cores, tecidos e combinações de peças para construir uma obra abrangente.

Em geral, para criar um único produto, uma centena de variações podem ser desenhadas, até que as possibilidades tenham sido exaustivamente trabalhadas e o designer esteja satisfeito. Por exemplo, durante o planejamento do modelo final de um casaco, depois de definida a silhueta haverá uma exploração intensa de variações sutis no comprimento e na largura das mangas e da barra, na abertura central, no tamanho da lapela e do colarinho, nos bolsos, costuras, detalhes e pences, até que seja atingido o resultado final, representado em linha, proporção e equilíbrio na silhueta. O casaco também deve ser avaliado em relação às outras peças que irão compor o look. Também será necessário criar mais desenhos, incluindo ajustes de cores e tecidos, para refinar o visual completo.

Acima: Leila McGlew
Uma página do *sketchbook* da designer mostra como ela usou uma abordagem pessoal para desenvolver suas criações. Aplicando cores e papel dobrado, ela cria colagens com suas formas gráficas sobre um modelo fotocopiado.

Esquerda: Natalie Bennett
A designer reúne croquis e colagens de fotografias de seu trabalho de *moulage* nos manequins para ajudar a desenvolver e finalizar suas criações.

Compondo uma coleção e linha

Já de início, o briefing terá determinado o tamanho da coleção, a faixa de mercado, as peças-chave (como, por exemplo, vestidos, casacos modelados, calças, saias e camisas) e determinadas preferências dos clientes – a análise de vendas de temporadas anteriores pode mostrar, por exemplo, que algumas cores ou modelos venderam mais que outros. Todas essas considerações serão parte essencial do processo de desenvolvimento da coleção.

O número de modelos que uma coleção contém dependerá do tamanho da empresa. Devido a restrições financeiras e de recursos, pequenas grifes de prêt-à-porter independentes produzem, normalmente, de 15 a 30 looks (ou de 20 a 80 peças individuais) por temporada. Nomes como Prada, Calvin Klein e Givenchy contam com uma infraestrutura capaz de criar até 80 looks por temporada. Em seu último ano de curso, os formandos das faculdades de moda precisam criar e produzir uma coleção contendo de seis a oito looks que sejam relevantes para o mercado.

Para obter um resultado final coerente, com equilíbrio e harmonia, você precisará editar seu extenso desenvolvimento de coleção. Reunindo seus croquis e alinhando-os em um quadro de coleção, com amostras de tecido e cores relevantes, você poderá visualizar e analisar a linha como um todo. Pode ser que você precise fazer alterações sutis de cores, tecidos, detalhes e combinações de modelos para criar uma coleção coerente e refinada.

De modo geral, é a silhueta que dá à coleção sua identidade essencial. Por exemplo, se a silhueta é determinada por

Marie Pranning
Uma página do *sketchbook* da designer de moda masculina mostra como ela trabalha metodicamente todas as informações necessárias para criar uma coleção de sucesso. Dentro do quadro de coleção, cada modelo tem suas próprias anotações e tecidos alocados. Fotografias e croquis de elementos-chave ajudam Marie a tomar decisões e manter o foco.

ombros quadrados e cintura alta e ajustada, essa característica deve, de alguma forma, permear toda a coleção.

Muitas silhuetas diferentes dentro de uma mesma coleção criam confusão e deixam a coleção desconexa como um todo. Por outro lado, a aplicação de um elemento surpresa dentro da coleção, como uma estampa, textura ou ornamento têxtil, ajuda a dar uma nova dimensão e profundidade criativa à obra, evitando que a coleção pareça excessivamente disciplinada e uniforme.

Apresentando propostas de design
Cada projeto tem seu próprio caráter e apelo distintos. Na hora de apresentar uma coleção para clientes, equipe de criação ou orientador, o trabalho deve representar o tema e a personalidade geral da coleção. A apresentação de trabalhos com layouts e desenhos semelhantes impede a diferenciação de um projeto para outro, e o resultado será um produto final rotineiro.

Para apresentar uma coleção, normalmente você precisa ter:

• *Mood boards* para representar conceito, cores, tecidos, tema, cliente e faixa de mercado.
• Um quadro de coleção figurativo, com desenhos de frente e de costas, em cores, incluindo acessórios e detalhes de styling. Isso mostrará a coleção ou linha claramente como um todo. Tecidos relevantes podem ser posicionados junto com cada modelo.
• Desenhos técnicos, ou desenhos de trabalho, ajudam a identificar os principais aspectos dentro de cada peça, como

emendas, detalhes, costuras e corte. Esses desenhos são específicos para cada indústria e apresentam os esquemas técnicos para cada peça. Eles trazem informações importantes que podem ser facilmente lidas e compreendidas por modelistas, piloteiras e por outras pessoas envolvidas no processo de confecção.

As ilustrações de moda podem ser usadas para criar a atmosfera e promover o espírito de uma coleção. (Perceba que há uma clara distinção entre ilustração de moda e desenho de moda: enquanto o segundo é usado para esboçar, refinar e comunicar ideias, o primeiro é empregado para promover e criar um cenário.) As ilustrações podem retratar uma personagem com certas expressões faciais, cabelo, maquiagem e styling. Uma pose ou postura específica pode demonstrar a atitude que representa o look.

Esquerda e abaixo:
Sophie Wightman
Esta designer combina tipografia, imagens e ilustrações figurativas para criar uma atmosfera, uma personagem e uma narrativa visual. Tudo que está na página conta a história de sua coleção primavera/verão jovem, moderna e focada em estampas.

Página ao lado:
Anna Tuomaala
As ilustrações sensuais e sofisticadas desta designer ajudam a retratar a natureza de sua coleção.

Toile

O toile é o primeiro teste 3D executado durante o processo de criação. O mesmo ajuda a criar a forma da peça em tecido e a estabelecer um molde definitivo para a etapa de corte e costura.

Os toiles são, normalmente, confeccionados em um tecido de algodão cru barato, disponível em diversos pesos. Sua cor é natural (algodão cru), o que facilita a marcação de detalhes ou alterações específicas. A musselina é um bom substituto para a maioria dos tecidos. No entanto, para peças que contenham elastano, o toile deve ser feito de um tecido que também contenha elastano, como o jérsei.

O toile permite que o designer faça alterações e solucione questões técnicas e de fabricação, como construção e ajuste.

Embora a criação do toile seja um exercício técnico, ela deve se manter criativa. A maioria dos designers parte da pesquisa direto para o trabalho no manequim, e usa as informações de 3D para explorar o desenvolvimento do design 2D em paralelo com a criação do toile em 3D. A *moulage* e escultura no manequim permitem que o designer visualize o modelo em sua forma real e destacam informações visuais importantes que um desenho não é capaz de fornecer, como escala, forma e visão geral em 3D.

Se o modelo possui características específicas, como um detalhe no pescoço ou forma complexa nos ombros, essas áreas podem ser isoladas em toiles separados. É possível confeccionar diferentes versões em diferentes escalas e então adaptá-las para o modelo. Essas

Página ao lado: Calum Harvey
Os toiles são fotografados e avaliados em relação aos desenhos iniciais. Isso ajuda o designer de moda masculina Calum Harvey a determinar o look geral de sua coleção.

Direita: Sian Lendrum
O primeiro toile de Sian Lendrum ajuda a designer a visualizar seu complexo vestido assimétrico. Em seguida, ela analisa o toile em profundidade, certificando-se de que ajuste, equilíbrio, linha e proporções estejam corretos. O toile ajuda a responder muitas perguntas, tais como quais são as melhores técnicas de fabricação e o tecido mais adequado para a peça.

características isoladas em toiles separados podem ser aplicadas a outras peças; isso irá conferir um senso de uniformidade à coleção ou linha como um todo.

As provas de toile em modelos são essenciais. Essa é uma oportunidade para definir o look e obter ajuste, proporções, posicionamento de detalhes e silhueta desejados. Uma vez prontos, os toiles são provados por modelos para se obter uma visão 3D da coleção. A equipe que analisa a coleção será formada por designer, modelista, piloteira e, caso o orçamento permita, um stylist. Tecidos originais e alternativos, desenhos e aviamentos devem estar à mão para serem avaliados em relação aos modelos. Esse é o momento em que é possível alterar tecidos e detalhes, e algumas peças podem ser eliminadas e substituídas para que a coleção mantenha seu ritmo harmonioso e equilíbrio, sem distanciar-se do briefing e da faixa de mercado.

Feitas as alterações pela equipe e finalizados os toiles, o modelista produzirá os moldes finais para a produção no tecido final.

Como regra geral:
- Mantenha-se criativo.
- Tome distância e avalie a forma dos toiles sob todos os ângulos. Lembre-se de avaliar as proporções, linha, silhueta e o equilíbrio geral.
- Tenha à mão uma amostra do tecido real para que possa sentir e avaliar a textura e a qualidade em relação ao produto final e à silhueta.

Carreiras na moda

De acordos publicitários com designers a programas de TV como *Sex and the City*, os holofotes da mídia nunca brilharam tanto sobre a moda como hoje. A Internet possibilitou o acesso instantâneo à moda sob todas as perspectivas. Esses fatores contribuíram para tornar a indústria da moda acessível ao grande público. Atualmente, trabalhar na indústria da moda é uma carreira de credibilidade, em contraste com as atitudes e presunções que prevaleciam durante os anos 1970 e 1980.

O reconhecimento global cada vez maior da moda levou à expansão das oportunidades, abrindo a possibilidade de trajetórias de carreira diversas. No entanto, junto com o número de vagas, cresceu também o número de pessoas que entram na indústria e, com isso, a concorrência pelos empregos.

Se você está pensando em seguir carreira na moda, pergunte a si mesmo: onde eu quero chegar? Que função quero desempenhar? Quero ser designer ou gerente de marketing? Em que camada do mercado quero trabalhar? Como posso fazer isso?

Este capítulo ajuda a responder a essas perguntas e destaca algumas das rotas disponíveis para fazer sua carreira decolar.

Jess Au
A designer de estampas Jess Au ganhou o prestigioso primeiro lugar na Semana de Moda Universitária da Ingraterra em 2008. Na faculdade, ela adquiriu habilidades e experiências essenciais que ajudaram a impulsionar sua carreira na moda.

Faculdades e cursos universitários

Embora designers como Vivienne Westwood, Ralph Lauren, Catherine Walker, Chanel e Rei Kawakubo não tenham tido qualquer educação formal na moda, eles são exceções à regra. Praticamente todos os designers respeitados hoje são graduados ou pós-graduados em moda.

O setor da moda oferece uma variedade de empregos, de carreiras criativas e técnicas até o lado mais comercial da indústria. Faculdades e universidades no mundo todo oferecem vários cursos para atender a essa necessidade, como design de moda, marketing de moda, promoção de moda e graduações de ênfases mistas, como moda com ênfase em administração de empresas.

Esses cursos podem funcionar como plataforma de lançamento para uma carreira nessa indústria cada vez mais competitiva. Eles oferecem uma oportunidade de exposição às habilidades e aos processos necessários para o sucesso, além de darem uma visão importante sobre a indústria como um todo. A realidade é que nem todos os graduados tornam-se estrelas, mas a formação garante que você esteja armado com as ferramentas certas para entrar no mercado com capacitação. Além disso, um diploma dá aos empregadores em potencial uma indicação fidedigna de sua capacidade e comprometimento.

Entrar no mundo da moda sem qualquer treinamento formal, conhecimento prévio

Principais faculdades e universidades na área de moda

Estados Unidos
Academy of Art University (São Francisco, Califórnia)
Brooks College of Fashion (Califórnia)
Fashion Institute of Design and Merchandising (Los Angeles, São Francisco, San Diego)
Fashion Institute of Technology (FIT) (Nova York)
Otis College of Art and Design (Los Angeles)
Parsons The New School For Design (Nova York)
Pratt Institute (Nova York)

Inglaterra
Central Saint Martins College of Art and Design (Londres)
Kingston University (Londres)
London College of Fashion (Londres)
Northumbria University (Newcastle)
Nottingham Trent University (Nottingham)
Ravensbourne College of Design and Communication (Londres)
Royal College of Art (Londres)
University of Westminster (Londres)

Europa
Flanders Fashion Institute (Bélgica)
Royal Academy of Fine Arts (Bélgica)
Chambre Syndicale Fashion School (França)
IFM (Institut Français de la Mode) (França)
Accademia di Costume e Moda (Itália)
Domus Academy (Itália)
Istituto Marangoni (Itália)
Polimoda International Institute Fashion Design and Marketing (Itália)
Arnhem Academy of Art and Design (Holanda)

Outros lugares do mundo
Royal Melbourne Institute of Technology (Austrália)
National Institute of Fashion Technology (Índia)
Pearl Academy of Fashion (Índia)
Mode Gakuen (Japão)
Osaka Sogo College of Design (Japão)
LaSalle International Design School/Raffles Design Institute (Malásia, Cingapura, China)

ou entendimento contextual significa entrar às cegas. Isso pode fazer você passar anos perdido até descobrir exatamente o que quer.

Antes de se inscrever em qualquer curso, certifique-se de entender exatamente no que ele consiste. Todas as faculdades e universidades promovem *open days* para seus cursos; essa é uma excelente oportunidade para conhecer o curso de uma forma geral, fazer perguntas e conversar diretamente com funcionários e alunos.

O portfólio de entrada

Como candidato, seu portfólio deve ser uma extensão de sua personalidade criativa. Ele deve demonstrar um amplo leque de habilidades de desenho, conhecimento de cor e métodos de execução, senso artístico e conceitualismo. Os *sketchbooks* também são muito importantes. Eles devem mostrar seus processos mentais e sua análise, avaliação

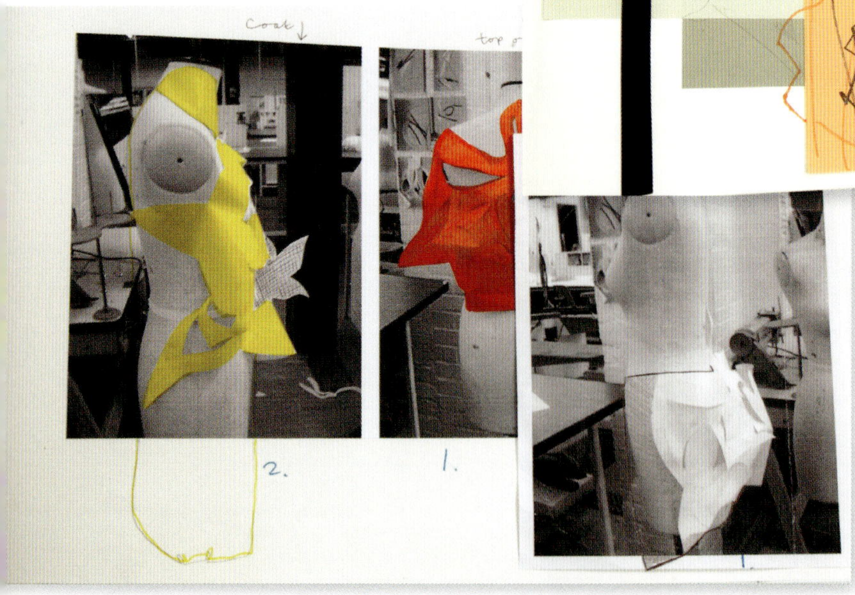

Abaixo: Kasia Bishop
As páginas do *sketchbook* da designer mostram seu trabalho experimental nos manequins. O *sketchbook* é um meio importante de registrar informações, ajudando a desenvolver uma linha de abordagem e mostrando aos cursos ou possíveis empregadores sua estética pessoal.

À direita: Laura Yiannakou
Laura Yiannakou cria uma composição inicial abstrata em seu *sketchbook*. Essa composição pode ser levada adiante e expandida em muitas linhas de abordagem diferentes, como estampas.

Página ao lado: Hannah Taylor
O *sketchbook* de Hannah Taylor é dinâmico e experimental. Os croquis mostram diferentes perspectivas e anotações, demonstrando uma abordagem aprofundada e uma grande paixão pelo assunto.

e tradução para cada projeto. Tome cuidado para não sobrecarregar ou editar demais o conteúdo; lembre-se de que o entrevistador está em busca de potencial cru.

Além de uma avaliação do portfólio, os avaliadores das faculdades e universidades de moda podem entrevistar pessoalmente cada candidato. Nesse caso, será muito importante expressar sua personalidade. Você deve estar bem informado e ciente das questões atuais que afetam o mundo, além de ser capaz de articular opiniões e argumentos fortes. Você deverá contextualizar sua obra e as obras de outros artistas e designers, por isso não seja reducionista.

O que esperar do curso

Espere muito trabalho duro e uma concorrência saudável por parte dos colegas. Para ter sucesso, você precisa ser comprometido, dedicado, ter a mente aberta para aprender novas habilidades e práticas e saber lidar com críticas construtivas.

A estrutura curricular é sequencial; cada projeto funciona como elemento fundamental para atingir uma nova competência e experiência. Adquirir independência será um objetivo em todos os projetos, como preparação para o último ano e para uma carreira na indústria.

Os alunos podem achar que as críticas são duras, mas acho possível que eles nunca tenham recebido críticas antes. Meu trabalho é dizer quando algo foi malfeito ou quando não há ponto de vista. Para construir uma marca, você precisa ter algo em você. Se não for personalidade, que seja algum processo mental. Eu tenho quarenta anos, então são eles que devem me informar. Eles deveriam estar me trazendo um livro ou algo que nunca vi, não um livro de cânticos obscuros dos monges dominicanos, mas uma imagem da forma como eles veem o mundo.

Louise Wilson, OBE, coordenadora do programa de mestrado em Moda, Central Saint Martins College of Art and Design (Londres)

Os projetos de primeiro ano têm como objetivo dar aos alunos uma introdução ampla a práticas como design e pesquisa, ilustração de moda, modelagem e confecção de peças reais. Isso expõe o aluno aos conceitos de silhueta, proporção, cor e tecido, bem como sua relação com o design de moda.

A maioria dos cursos inclui projetos de moda feminina, moda masculina e tecnologia têxtil; isso ajuda o aluno a decidir em que área gostaria de se especializar. Os estudos contextuais desempenham um papel importante em todos os cursos, abordando história da moda e da arte, teoria da moda e como a moda pode ser inserida em um contexto cultural. No fim do segundo ano, os alunos já terão começado a escrever sua dissertação.

O segundo ano é mais desafiador; há uma ênfase maior na indústria e nas práticas profissionais. Os projetos são, em geral, mais longos e contam com mais direção, o que permite ao aluno explorar o design, a pesquisa e a apresentação com maior profundidade. Os alunos são incentivados a participar de competições nacionais e internacionais. Alguns projetos são propostos por designers, grandes empresas de design ou lojas. Essa é uma excelente oportunidade para o aluno se envolver com a indústria, professores especializados e designers.

A experiência de trabalho ou estágio é uma característica primordial de qualquer curso, pois possibilita ao aluno ter contato direto com a indústria como ela é, além de dar a ele chance de considerar trabalhar no exterior. Isso tudo geralmente acontece até o fim do segundo ano. O período de trabalho na indústria pode ser negociável; na maioria dos casos, varia de três a seis meses. Essa exposição é útil para fazer contatos e associações com empresas, e também para identificar e avaliar seus próprios pontos fortes e fracos. O estágio voluntário geralmente culmina em um relatório de estágio por escrito.

O último ano termina com a produção de uma coleção de formatura, composta por seis a oito modelos. Esse projeto tem um briefing aberto e dá ao aluno controle total sobre o resultado: ele é responsável pela direção do design, pela pesquisa, pela gestão, pela análise e pelas traduções.

Provas e sessões de avaliação com professores especialistas ajudam o aluno a manter-se focado e a atingir seus objetivos e metas. Assim, o terceiro ano é voltado para a preparação do aluno para o ingresso na indústria como profissional. Há uma maior ênfase no desenvolvimento de uma estética individual e na formulação de um portfólio de trabalhos empolgantes e originais.

Não se deve subestimar a criatividade ou pensar em compartimentos estanques. Você precisa saber costurar, mas também precisa conhecer história da arte e da arquitetura. As roupas são o resultado das coisas que acontecem ao redor delas.

Maria Luisa Frisa, diretora do curso de Moda do IUAV (Veneza)

Página ao lado: Semana de Moda Universitária
Alunos do último ano do Ravensbourne College (Inglaterra) apresentam suas notáveis coleções na Semana de Moda Universitária em Londres. Essa exposição dá aos alunos a oportunidade de exibir suas habilidades para a imprensa nacional e internacional e, principalmente, para possíveis empregadores das maiores casas de moda.

O ano termina com um desfile de moda. Essa é uma excelente oportunidade para os alunos exibirem seus talentos para a indústria e para empregadores em potencial, e uma chance de ganhar prêmios e, talvez, alguma cobertura da imprensa nacional ou até internacional. Muitos designers famosos lançaram suas carreiras nesses eventos de final de ano, entre eles John Galliano, Alexander McQueen, Stella McCartney, Marc Jacobs e Bernhard Willhelm.

Os alunos precisam ser indivíduos. Se você não tiver sua própria visão, não pode fazer coleções. As roupas podem ser profundas porque são uma expressão da pessoa que as cria.

Linda Loppa, ex-diretora do curso na Royal Academy of Fine Arts (Antuérpia)

O portfólio de saída

Depois da graduação, seu portfólio de saída incluirá uma compilação de projetos e trabalhos de concursos. O objetivo desse portfólio é demonstrar suas habilidades, criatividade e capacidade de entregar um trabalho profissional e coerente. O portfólio deve ser apresentado de forma a promover sua identidade pessoal e atrair potenciais empregadores ou clientes.

O conteúdo e a ordem dos projetos é importante; um impacto instantâneo pode criar empolgação e interesse em seu trabalho. O primeiro projeto deve ser o melhor, e o portfólio deve terminar com seu segundo melhor trabalho. Entre esses dois, você deve incluir projetos que mostrem uma variedade de habilidades, como um bom domínio de cor, linha, senso espacial, estética pessoal e um conhecimento sólido sobre tecidos.

A apresentação geral deve ser clara, consistente, relevante e original.

A Internet pode ser uma ótima ferramenta promocional. Uma forma de você ser notado é tendo um site próprio; além disso, existem inúmeros sites de portfólios para os quais você pode enviar seus trabalhos. Os empregadores também têm usado, cada vez mais, o Facebook como forma de recrutar funcionários em potencial.

Prepare-se para entrevistas com empresas ou designers, pesquisando e compreendendo sua estética e camada de mercado. Não tenha medo de editar ou acrescentar projetos que pareçam se adequar ao trabalho desses contatos prospectivos. Depois da entrevista, sempre deixe algo para que o entrevistador lembre de você e do seu trabalho – pode ser um pequeno pacote criativo, postal, CD ou DVD, ou simplesmente um currículo e um cartão de visitas.

Vida depois da graduação

Todo ano, milhares de alunos se formam em cursos relacionados à moda, mas há um número limitado de vagas disponíveis. Com faculdades de moda em todas as principais cidades do planeta, o número de egressos dos cursos de moda pode triplicar com facilidade.

Essa perspectiva pode parecer assustadora, por isso, depois da graduação, você deve estar aberto para todas as possibilidades. Pergunte a si mesmo: onde eu me encaixo? Para quem quero trabalhar? Como posso abrir portas para essa oportunidade? Como posso atingir meus objetivos? Esteja preparado para transferir seus conhecimentos para outros setores

Todas as imagens: Arsida Smajili
As páginas do portfólio final desta designer mostram uma apresentação profissional e clara. A estética se mantém fiel à coleção da designer e à sua abordagem pessoal da moda.

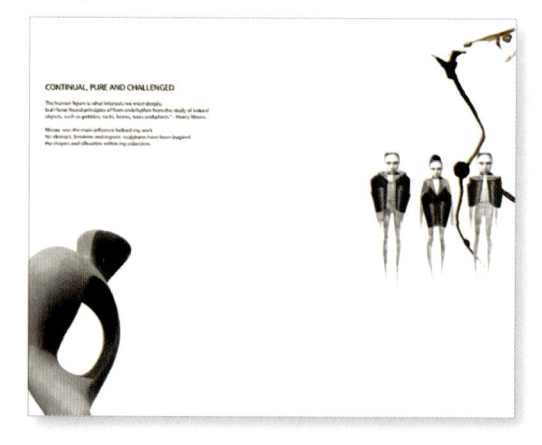

criativos, como design gráfico ou design de figurinos; isso será útil para ocupar seu tempo e aprimorar suas habilidades. Faça uma lista de suas habilidades. Seja honesto; pergunte a si mesmo: tenho dificuldades para atuar como designer? Sou melhor modelista que designer? Minha interpretação de cores e tecidos é boa ou ruim?

Esse exercício indicará as áreas nas quais você pode melhorar, ou fará você considerar empregos nos quais não havia pensado antes. Uma carreira como piloteira, por exemplo, não deve ser considerada inferior. Uma piloteira tecnicamente superior vale seu peso em ouro. Dentro da indústria, sua fama se espalha como um incêndio, e eles tornam-se lendas. Sua capacidade de solucionar questões técnicas e de design economiza tempo e dinheiro para o designer, fazendo dele um membro valiosíssimo da equipe.

Assim como na maioria dos empregos criativos, a forma de entrar é, muitas vezes, conseguindo um estágio ou estágio voluntário. A maioria das empresas aceita contratar egressos de cursos de moda por períodos que variam entre três meses e um ano. Essa é uma experiência valiosa, que ajudará a reafirmar suas habilidades e seu desejo de fazer parte da indústria, além de oferecer a oportunidade de adquirir novas habilidades, encarar novos desafios e impressionar um empregador ou designer com vistas a um emprego permanente e remunerado.

Criando uma grife independente

Muitos egressos decidem trabalhar de forma independente, atuando como *freelancers* para várias empresas ou criando sua própria grife. A atividade de *freelancer* tem suas vantagens: oferece independência, na maioria dos casos é possível trabalhar em casa, você trabalha em uma variedade de projetos (em vez de trabalhar constantemente para a mesma empresa) e o trabalho pode ser bem pago. No entanto, também há as desvantagens de procurar clientes e garantir trabalho suficiente para o ano inteiro para que a empreitada valha a pena. Em algum momento, você precisará conduzir dois ou três projetos ao mesmo tempo – fica difícil dizer não ou escolher os trabalhos.

Além disso, as chances de a renda ser instável são grandes; você pode receber por dois projetos em um mês e depois não ter projeto algum pelos próximos seis meses. Por tanto, contatos, autopromoção e um bom gerenciamento do tempo são essenciais para o sucesso.

Criar uma grife de moda independente não é para qualquer um. Antes de se deixar levar pelo glamour de ter a sua própria grife, você precisa perguntar a si mesmo por que quer fazer isso.

Você é capaz de oferecer algo novo ao mercado? Tem como custear a produção independente? Se a resposta for sim, então pergunte a si mesmo: tenho o desejo, a autoconfiança, o tino comercial e as habilidades necessárias? Estou preparado para trabalhar muitas horas por dia? Viver com a insegurança financeira ao menos durante os primeiros anos? E, principalmente, tenho a vontade de vencer não importando o que aconteça?

Ter a sua própria grife permite explorar e produzir suas ideias, com controle total sobre a direção criativa. Designers como John Galliano, Alexander McQueen e Marios Schwab, apenas para citar alguns, usaram suas grifes como base de lançamento para atrair empregos cobiçados no mundo da moda – Galliano na Dior, McQueen na Givenchy e Marios Schwab no relançamento da grife norte-americana Halston. Outros designers, como Jonathan Saunders, criaram linhas para lojas do mercado de massa ou emprestaram suas habilidades a diversas empresas ou conglomerados como consultores ou diretores criativos. Assim é possível gerar rendimentos para manter a grife independente.

As desvantagens da independência são muitas, entre elas os horários cansativos, constantes pressões financeiras e o tempo gasto correndo atrás dos pagamentos. As tensões contínuas de se gerenciar um estúdio podem afetar o moral e a natureza criativa do negócio. Se a grife tiver apoio financeiro, sua independência pode ficar comprometida. Na pior das hipóteses, se ela não conseguir gerar lucros ou entregar os pedidos, os investidores podem retirar seu apoio financeiro, levando-a à falência. Foi o que aconteceu com a designer Luella Bartley em 2009: sua grife não conseguiu entregar os pedidos para a primavera/verão 2010 devido a problemas de produção, o que fez seus patrocinadores retirarem o apoio financeiro, deixando a designer sem opção a não ser fechar o negócio.

Se você resolver trabalhar de forma independente, o apoio financeiro é essencial. Os custos de abertura e operação de um estúdio, o processo de fabricação, a contratação de uma equipe de especialistas, como modelistas e piloteiras, e a promoção de um desfile a cada temporada são extremamente caros. Os investidores precisarão de um plano de negócios detalhado antes de assumirem compromissos financeiros. Considere cuidadosamente todas as possibilidades e implicações financeiras, mas antes pergunte a si mesmo: tenho a força mental e física para conseguir?

Esteja preparado para os percalços. Seja realista e honesto em relação aos seus objetivos, continue atualizando seu portfólio, identifique suas fraquezas e faça algo positivo para continuar melhorando. Acima de tudo, nunca deixe de acreditar em sua capacidade!

Opções de empregos em moda
- Assistente de design
- Designer
- Comprador
- Analista de tendências de moda
- Ilustrador de moda
- Jornalista de moda
- Empresário de moda
- Fotógrafo de moda
- Relações Públicas
- Produtor ou organizador de desfile de moda
- Designer de tricôs
- Curador de museu
- Modelista/modelista criativo
- Designer de estampas
- Gerente de produção
- Piloteira
- Stylist
- Alfaiate
- Planejador visual

Amus Leung
Os pacotes criativos de Amus Leung incluem cartão de visitas, currículo, *release* de imprensa, ilustrações e um encarte contendo o look book de sua coleção. Um pacote criativo é uma ótima forma de gerar interesse em seu trabalho e lembrar empregadores em potencial de suas credenciais criativas.

Portfólios

Dos amalucados desfiles e das glamourosas revistas de moda às marcas comerciais nos shopping centers, a moda como indústria tornou-se uma incrível força criativa internacional. O poder da moda em todos os seus aspectos teve um importante papel na formação da cultura moderna e, de uma forma ou de outra, ele afeta a todos nós em um nível pessoal, consciente ou inconscientemente.

Alguns designers trabalharam com o simples objetivo de oferecer roupas como uma necessidade. Outros trataram de desafiar todas as noções convencionais relacionadas ao vestuário, questionando identidade, beleza, artifício e gênero. Esse *mix* de ideias intelectuais e comerciais, combinado aos debates filosóficos conduzidos por meio do design, criou profissionais de moda com muitos talentos idiossincráticos.

Esta seção de portfólios destaca alguns dos designers mais influentes e criativos do mundo, em atividade hoje. Cada um possui um método individual de trabalhar e expressar sua estética de design. Alguns tornaram-se marcas globais, enquanto outros mantiveram-se independentes, resistindo aos encantos da comercialização global e permanecendo fiéis às suas crenças criativas.

Espera-se que a experiência de cada portfólio inspire o leitor a buscar um contato direto com a indústria da moda.

Marc Jacobs
Um dos maiores designers de moda do mundo, Marc Jacobs é dono de sua própria grife de sucesso, além de ocupar o cargo de diretor criativo da Louis Vuitton.

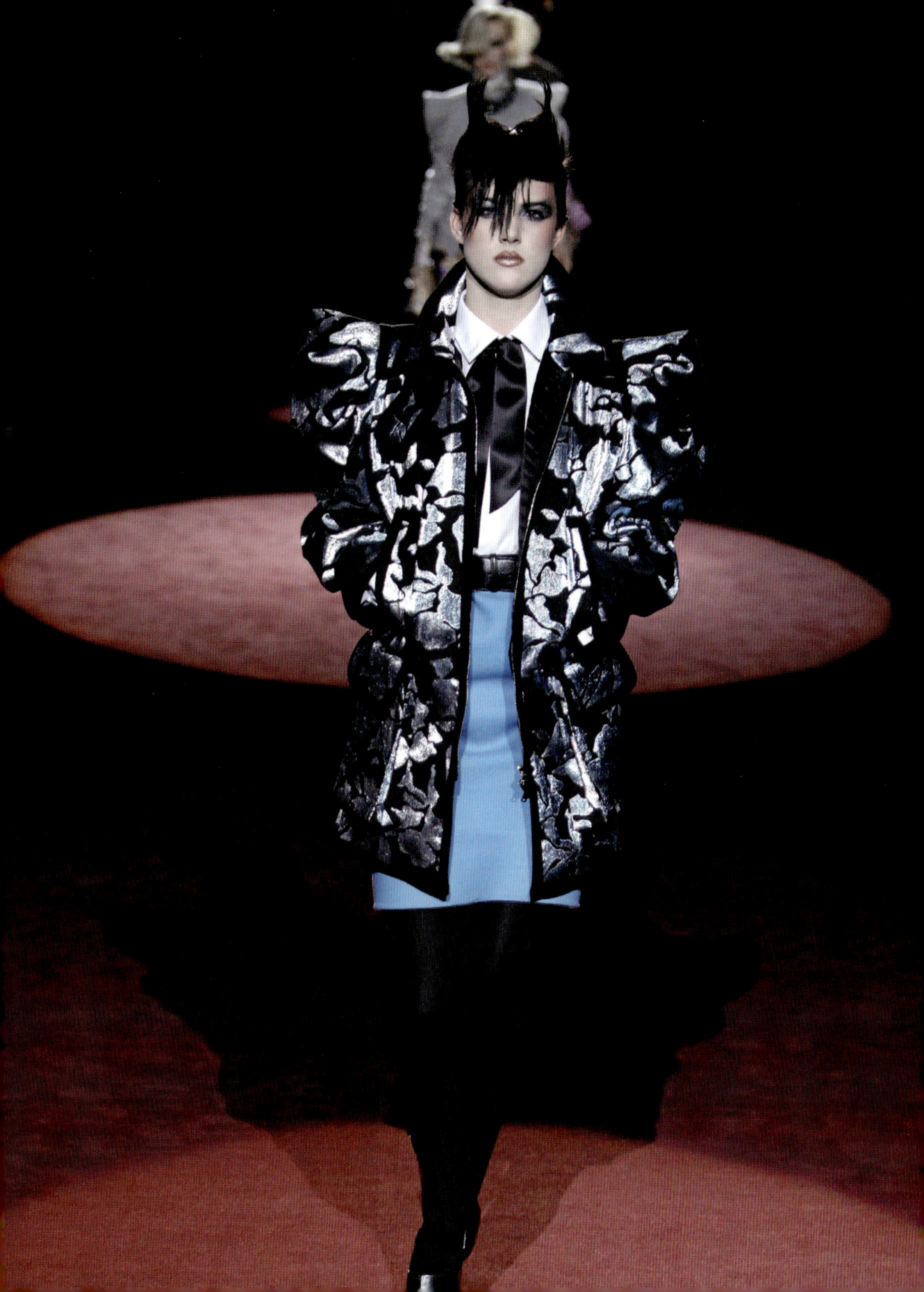

Viktor & Rolf

"Não somos inspirados diretamente pelos tecidos ou materiais; somos mais conceituais. Gostamos de contar uma história, tentamos pensar no que queremos dizer neste momento, comentar sobre como nos sentimos, neste ponto do tempo. Nesse sentido, trata-se muito mais de uma história ou anedota ou atmosfera."

Extremamente criativos e conceituais, os designers holandeses Viktor Horsting e Rolf Snoeren são tidos como uma dupla de mestres-estrategistas da narrativa semiótica na moda. Imagem e apresentação são fundamentais em sua obra. "A moda não precisa ser algo que as pessoas vestem", dizem eles, "a moda é também uma imagem". Ao contrário da Comme des Garçons ou de Martin Margiela, cuja estética de vanguarda é baseada na desconstrução, Viktor & Rolf criam uma arena lúdica de fantasia e conto de fadas. Desde suas primeiras coleções de alta-costura, eles desenvolveram um formalismo refinado e uma abordagem referencial. Detalhes decorativos e clichês da moda parisiense, como rufos e laçarotes, hoje fazem parte de todas as coleções, acompanhados de uma brincadeira com o clássico smoking e camisa branca.

Assim como os artistas plásticos britânicos Gilbert e George, Viktor & Rolf têm a mesma aparência, vestem-se da mesma forma e apresentam-se como uma unidade. Os dois formaram parceria enquanto estudavam moda na Arnhem Academy of Art and Design, na Holanda. Depois de sua graduação, em 1992, mudaram-se imediatamente para Paris a fim de construir uma carreira na mais prestigiosa capital da moda. Enquanto trabalhavam em seus próprios designs, os dois também estagiaram em grifes consagradas, como Maison Martin Margiela e Jean Colonna.

Trabalhando de seu minúsculo apartamento em Paris, em 1993, Viktor & Rolf criaram e produziram sua primeira coleção, baseada em sua experiência pessoal com a sensação de isolamento em uma cidade estrangeira. Eles criaram uma coleção de dez looks examinando a reconstrução a partir de silhuetas extremas e da aplicação de múltiplas camadas de camisas velhas e ternos picotados que diminuíam o corpo. Em uma abordagem que tinha mais em comum com a *performance art* do que com a moda, eles produziam uma roupa e depois a submetiam a experimentos destrutivos: a peça era esmagada em uma porta, cortada, queimada. Suas ideais conceituais de distorção, proporções exageradas e apresentação única de moda e forma rendeu à dupla três primeiros prêmios no Salon Europeen des Jeunes Stylistes do Festival International de Mode et de Photographie, na França. Pelos cinco anos seguintes, Viktor & Rolf continuaram a apresentar sua moda experimental e artística em exposições e instalações.

Black Hole, coleção prêt-à-porter, outono/inverno 2001/02
Inspirada nas sombras, esta coleção foi inteiramente criada em preto. Os modelos tiveram o rosto pintado de preto, dando destaque à silhueta modelada e aos detalhes exagerados.

Viktor & Rolf 131

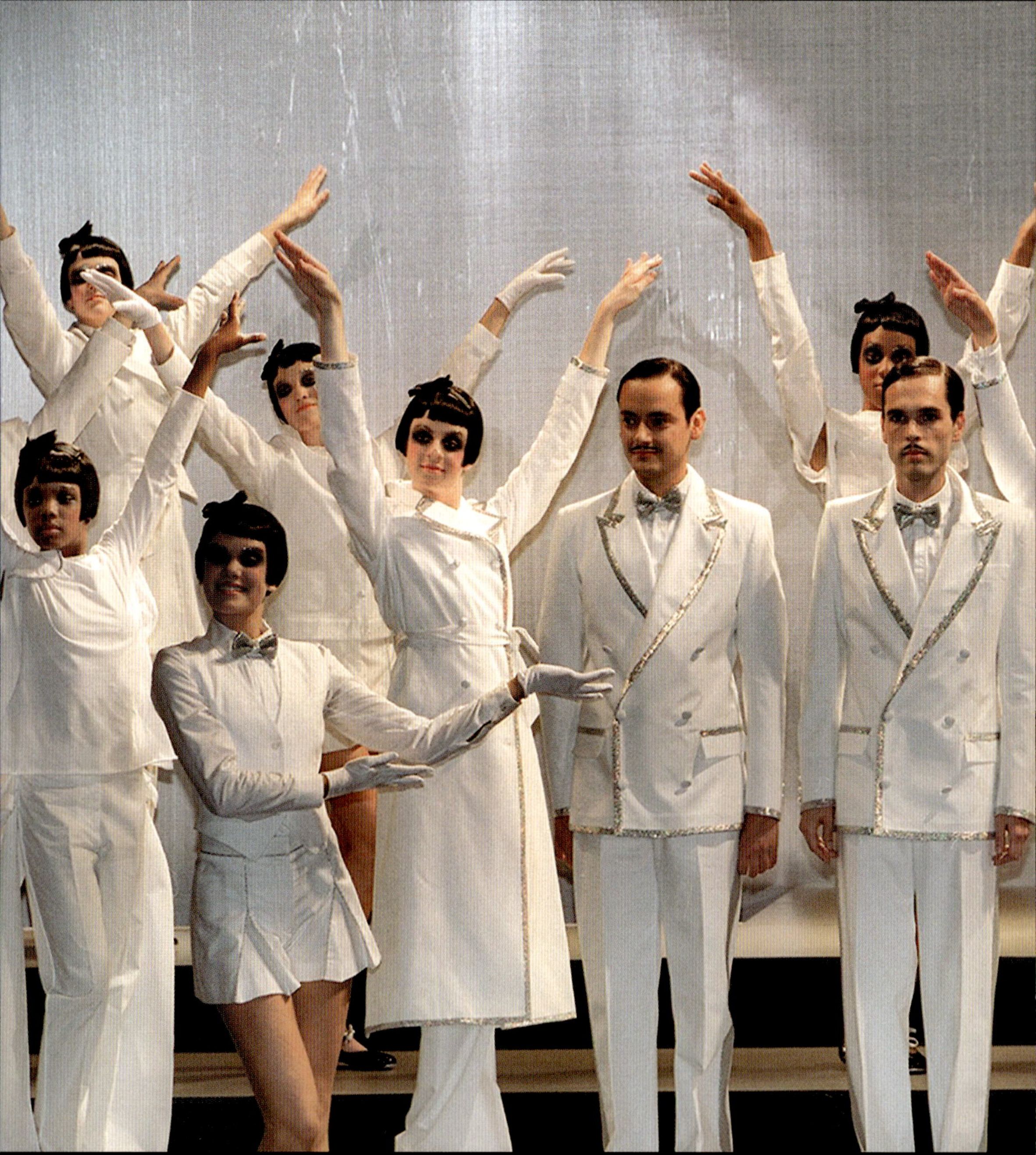

Esquerda: There's No Business Like Show Business, coleção prêt-à-porter, primavera/verão 2001
Baseado no sportswear norte-americano e jogando com modelagens masculinas e femininas, este desfile foi apresentado como uma performance musical, com formações que remetiam ao coreógrafo e cineasta Busby Berkeley. Viktor & Rolf juntaram-se às modelos para o número final de sapateado.

Acima: Harlequin, coleção prêt-à-porter, primavera/verão 2008
Nesta apresentação, as modelos surgiam de dentro da boca aberta de uma imensa fotografia em preto e branco da célebre modelo Shalom Harlow.

Durante a Segunda Guerra Mundial, os *couturiers* parisienses que passavam por sérias dificuldades financeiras sob a ocupação alemã tomaram medidas inovadoras para manter seus negócios: eles criavam coleções em miniatura, que eram apresentadas em bonecas. Essas bonecas viajavam o mundo para mostrar suas últimas criações a clientes em potencial. Viktor & Rolf inspiraram-se nessa tradição em 1996 quando, sem dinheiro e de volta à Holanda, trabalhando e vivendo em Amsterdã, apresentaram sua coleção Launch em bonecas, na Torch Gallery. A instalação incluía miniaturas de um estúdio de design, passarela, sessão de fotos, butique e do atual símbolo de toda grife de moda bem-sucedida – um perfume em edição limitada. Embora o perfume fosse totalmente fictício, Viktor & Rolf simularam um anúncio promocional real, com fotografia de Wendelien Daan, que acabou sendo publicado na revista *V*. Mais tarde, a dupla comentou: "era possível apenas imaginar o efeito intoxicante da fragrância". Launch substanciava a visão, sonhos e aspirações da dupla para o futuro, mas, principalmente, foi uma oportunidade para testar a autopromoção provocante e a manipulação de sua visão satírica da moda e da imagem.

Esquerda: Monsieur, linha de moda masculina, primavera/verão 2008
A linha de moda masculina de Viktor & Rolf replica a própria imagem da dupla. Este modelo veste um terno de alfaiataria estampado em degradê e acessorizado por óculos de armação preta, em estilo *nerd*, semelhante aos óculos que a dupla de designers usa.

Em 1998, a Launch virou realidade. Victor & Rolf tornaram-se os primeiros holandeses a serem membros convidados da Chambre Syndicale de la Couture Parisienne para exibir sua coleção como parte da semana de alta-costura de Paris. A coleção primavera/verão era um estudo reflexivo e uma homenagem à alta-costura. Elementos de luxo associados à alta-costura, como tecidos, cores, bordados, acessórios, ornamentos e peças trabalhadas, serviram de base para sua primeira coleção conceitual. A coleção se manteve fiel à estética pouco ortodoxa e invertida da dupla; um vestido-casaco em seda luxuosa, por exemplo, incorporava um tradicional bastidor para bordado, criando uma silhueta escultural e exibindo um ornamento requintado ainda inacabado, celebrando assim a destreza da alta-costura.

O desfile também deu a Viktor & Rolf uma oportunidade de explorar a *performance* como veículo para apresentar moda na passarela. Com uma trilha sonora de fundo que repetia "Viktor & Rolf" em diferentes vozes, cada modelo ficava imóvel sobre um pedestal para refletir a importância histórica da alta-costura, funcionando como um testemunho do *status* de superioridade da alta-costura dentro da moda.

Direita: Harlequin, coleção prêt-à-porter, primavera/verão 2008
Inspirados pela fotografia surrealista *Ingres's Violin*, de Man Ray, Viktor & Rolf apresentam um casaco trespassado em organza de seda cor-de-rosa adornada por um corsage em forma de rosa, em organza de seda branca. Violinos de cetim em fúcsia aparecem por entre os rufos *oversized* que são marca registrada da dupla.

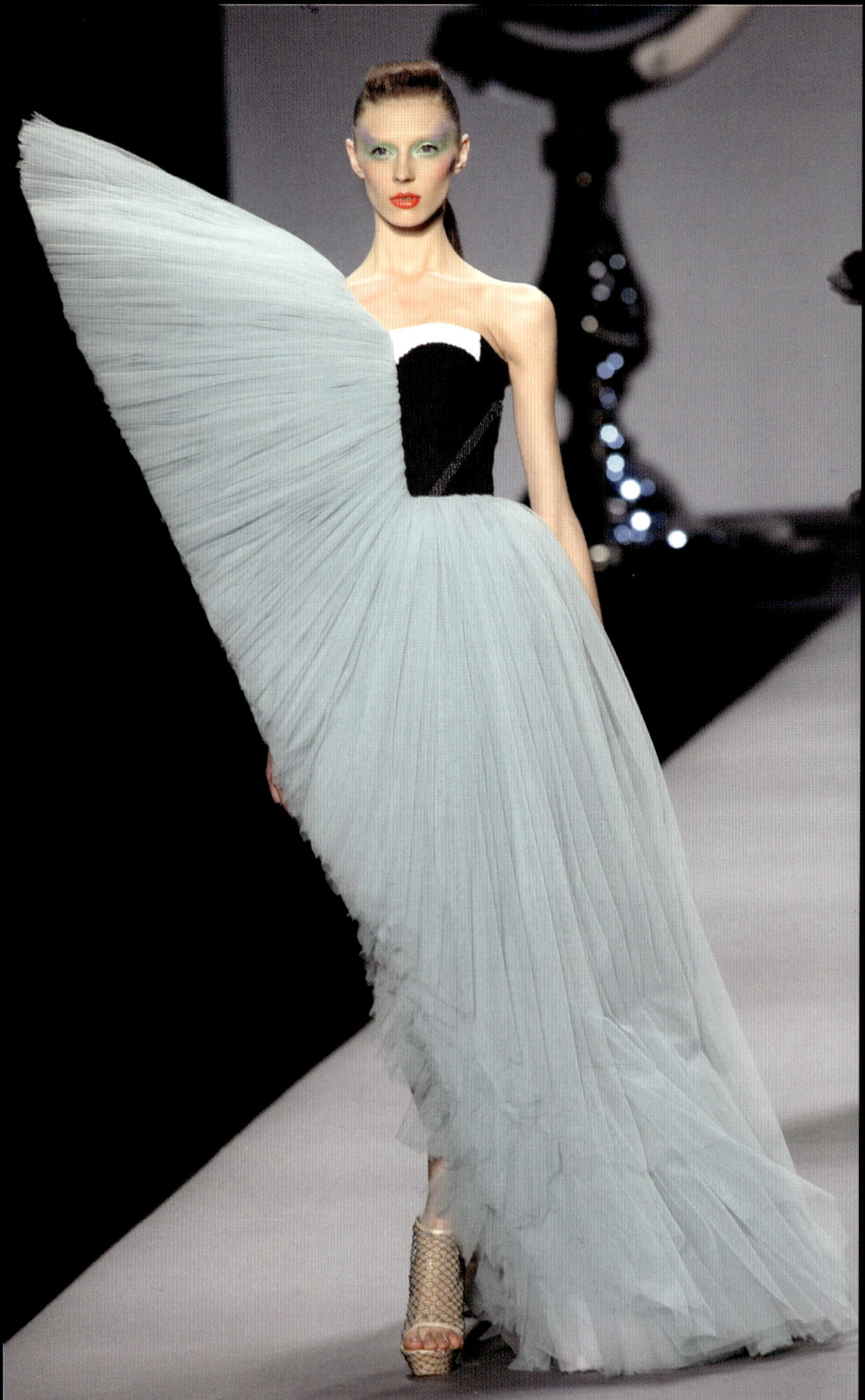

"Fomos atraídos pela alta-costura e por sua função simbólica. Na moda, ela representa o topo da pirâmide, o *ne plus ultra* do luxo. Além disso, funciona como um laboratório sem limitações comerciais. A alta-costura é como um reino sagrado fora da realidade – uma ideia que é bastante inspiradora para nós."

A segunda coleção de alta-costura de Viktor & Rolf, AtomicBomb, para a temporada outono/inverno 1998/99, foi muito aclamada por sua apresentação espetacular e teatral e pela belíssima sensibilidade de drapeados e volumes. Baseadas na silhueta da nuvem de cogumelo criada pela bomba atômica, as peças eram enchidas com balões ou forradas de seda e então mostradas novamente sem os implantes exagerados que criavam uma nova silhueta. Assim como seus primeiros projetos conceituais, as coleções de alta-costura subsequentes da dupla, Black Light (primavera/verão 1999), Russian Doll (outono/inverno 1999/2000) e Bells (outono/inverno 2000/01) foram arenas para a experimentação. Com muito pouco sucesso comercial, essas peças tornaram-se obras-primas artísticas que foram aclamadas por diversos comentaristas de moda, e ocuparam posição de destaque em inúmeras exposições no mundo inteiro.

Motivados por um desejo de reconhecimento como marca global, Viktor & Rolf apresentaram sua primeira coleção prêt-à-porter para a temporada outono/inverno de 2000 na Semana de Moda de Paris com o apoio de um financiador japonês. Stars & Stripes inspirava-se na bandeira norte-americana como símbolo de dominação global, e o jogo de apresentações semióticas da dupla estava contido em ternos femininos e casacos modelados.

À esquerda e acima: Shears the Sheers, coleção prêt-à-porter, primavera/verão 2010; visão de frente e de costas
Inspirados na crise do crédito e na necessidade de cortar tudo o que não é essencial, Viktor & Rolf literalmente passaram a tesoura nos vestidos de baile em tule, criando lindos vestidos esculpidos.

Viktor & Rolf continuaram a surpreender o mundo da moda com sua visão surreal. Coleções prêt-à-porter como Black Hole (outono/inverno 2001/02), Long Live the Immaterial (outono/inverno 2002), One Woman Show (outono/inverno 2003/04), Bedtime Story (outono/inverno 2005/06) e The Fashion Show (outono/inverno 2007/08) ajudaram a romper barreiras e tornaram-se momentos inspiradores na moda contemporânea.

Eles também contribuíram para a revolução da moda masculina, lançando, em 2003, sua linha de menswear. Batizada de Monsieur, ela é um reflexo da própria imagem da dupla – clássica, mas com uma pitada de humor.

O ano de 2005 foi um dos períodos mais importantes na carreira de Viktor & Rolf. Junto com sua coleção primavera/verão, Flowerbomb, eles lançaram seu primeiro perfume "real", também chamado Flowerbomb, em colaboração com a L'Oréal. Em abril de 2005, a dupla abriu sua primeira butique independente, na Via Sant'Andrea de Milão. Com design do arquiteto Siebe Tettero, a loja é inspirada em uma butique francesa clássica. A opulenta decoração neoclássica acompanha a marca registrada das *performances* de Viktor & Rolf; todos os móveis e provadores estão pendurados de cabeça para baixo.

Viktor & Rolf continuam sua jornada criativa, experimentando e apresentando moda e produtos de moda dentro de uma atmosfera decididamente excêntrica, mas visualmente belíssima, intelectual e sedutora. Embora sejam inspirados por uma abordagem radical em termos de escala e apresentem uma fuga da realidade, sua pesquisa sempre toma o classicismo como ponto de partida. A partir do que já existe, eles distorcem e remodelam seu produto de moda dentro do mundo de fantasia próprio de Viktor & Rolf.

O apelo de Viktor & Rolf para com o grande público foi impulsionado por importantes colaborações: com a Samsonite, para uma linha de malas; com a Shu Uemura, para uma linha de cílios postiços de alta-costura; e com a H&M, em uma coleção comercial altamente divulgada.

The Fashion Show, coleção prêt-à-porter, outono/inverno 2007/08
Viktor & Rolf usaram a ideia do desfile de moda e sua parafernália como ponto de partida conceitual para esta coleção. Cada modelo e look é um desfile de moda autossuficiente, com sistemas de luz e som suspensos em suas próprias estruturas de andaime.

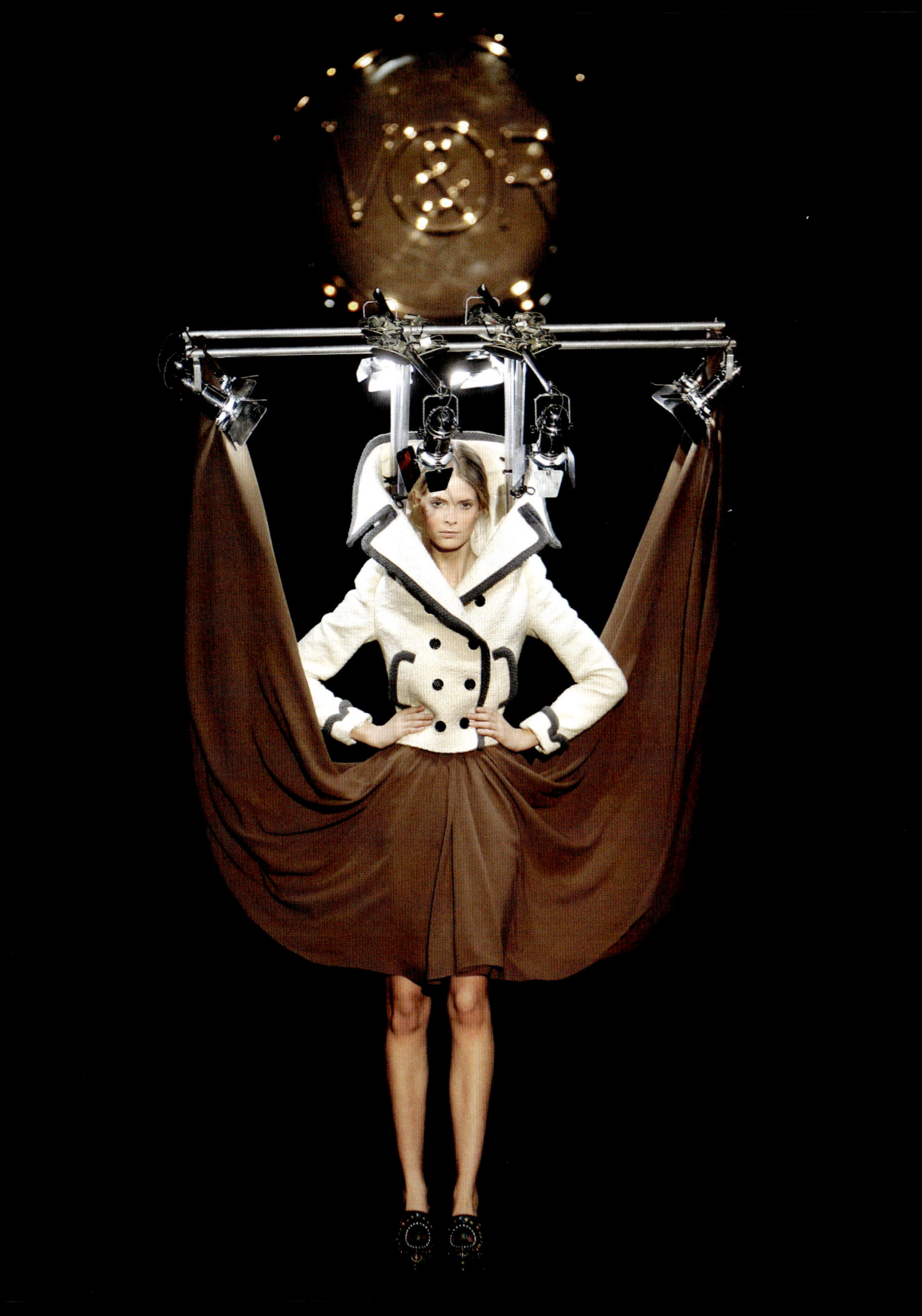

Boudicca

"Nossa filosofia de vida sempre foi: a forma segue a emoção."

A grife inglesa Boudicca é produto da parceria de design entre Zowie Broach e Brian Kirkby. O nome e a inspiração para a grife vêm da rainha dos Iceni, que mostrou força em face da adversidade e liderou sua tribo contra as forças imperiais romanas que ocupavam a Grã-Bretanha no ano 60 d.C. A grife herdou da rainha as ideias sanguinárias e a paixão intransigente. A moda da Boudicca é impecavelmente confeccionada com atenção e destreza; cada emenda, cada detalhe é meticulosamente inspecionado antes de deixar o estúdio.

Formada em 1997, a Boudicca apresenta coleções que desafiam os limites da moda e provocam novas emoções em quem as veste. Devido a muitas limitações financeiras e à impossibilidade de competir na mesma plataforma de outras grifes estabelecidas, eles passaram anos na semiobscuridade. Seu trabalho era mostrado em galerias de arte e outros espaços de exposição durante os primeiros quatro anos, até que o British Fashion Council convidou a dupla para fazer um desfile na Semana de Moda de Londres em 2001.

The Tornado Dress, outubro de 2009
Cena de *The Tornado Dress*, um curta-metragem da Boudicca, dirigido por Ben Bannister.

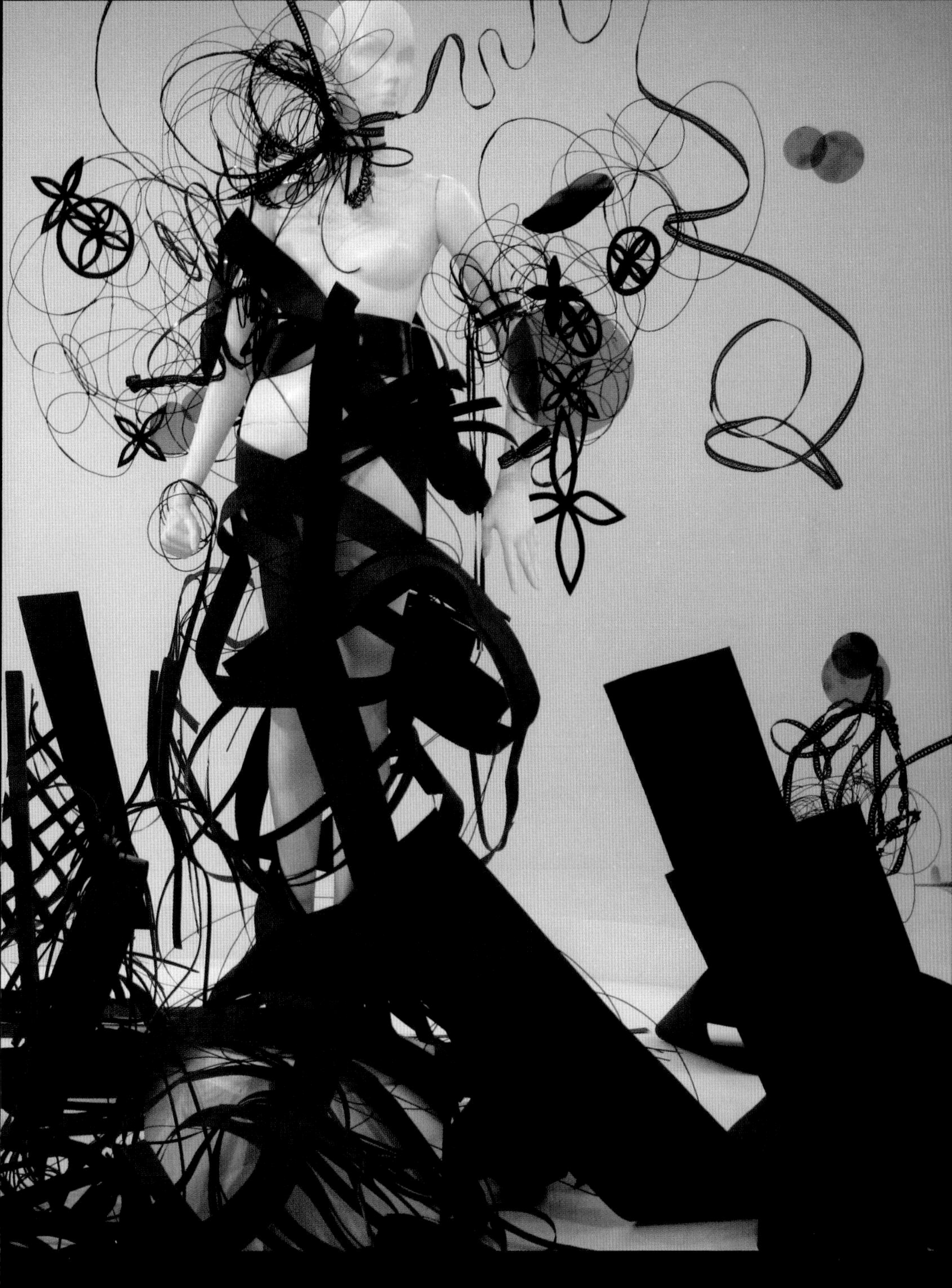

"A Boudicca representa algo raro na moda: integridade e inteligência. Uma geometria complexa que criou um design enxuto, incorporando elementos de decoração, da superfície de lustro no couro aos zíperes atravessados."
Suzy Menkes, *International Herald Tribune*, 2003

Inicialmente, a grife recebeu diversas críticas do mundo *fashion*, mas o impacto de sua coleção outono/inverno em 2003 mostrou a que veio. Cada peça era cortada e modelada com precisão em luxuosas sedas, lãs e couro. A imprensa de moda aplaudiu e ordenou a Boudicca como nova vanguarda da moda britânica. A grife embarcou em uma nova jornada depois de receber o mais sério prêmio da moda britânica: um acordo de patrocínio de seis dígitos da American Express. A única pessoa a receber esse prêmio antes havia sido Alexander McQueen.

Depois de exibir suas coleções em Nova York por três temporadas, um convite da Chambre Syndicale para realizar um desfile na semana de alta-costura de Paris em janeiro de 2007 deu à grife uma oportunidade de expressar sua intenção de pureza de corte e linha em um novo patamar. A coleção, batizada de Forever—A Dream Sequence, incorporava as facetas mais fortes da grife. A coleção trazia longos vestidos escuros e cintilantes de modelagem impecável, com cintos largos e correntes que faziam referência à própria rainha guerreira. A Boudicca foi a primeira casa de moda independente britânica a tornar-se membro convidado da Chambre Syndicale.

A pesquisa profunda e ocasionalmente espantosa da grife captura referências que vão do surreal ao político. Suas roupas e apresentações de passarela são fortemente carregadas de realismo cinematográfico. A Boudicca apresenta cenas e sequências, panorâmicas e objetivas, nítidas e fora de foco. O título de cada coleção, que pode ser facilmente atribuído a um livro ou filme, tem um intenso significado emotivo e, assim como qualquer boa história, sua obra tem início, meio e um fim provocante.

A busca da Boudicca por questionamento, expansão e expressão lhe permite perseguir novos desafios. Isso dá a ela tempo para respirar e desopilar da monotonia das demandas cotidianas da moda. Ela testa sua criatividade participando de exposições de arte como a Arnhem Mode Biennale e de projetos colaborativos. Em um desses projetos, organizado pela *Vogue* britânica em 2004, a Boudicca criou um vestido em parceria com o arquiteto britânico David Adjaye, combinando assim a estética e as práticas da arquitetura e da alta-costura. Em outra colaboração, o cineasta britânico indicado ao Oscar Mike Figgis fotografou a primeira coleção de alta-costura da Boudicca. As imagens resultantes foram expostas na galeria Picture House Film, Art and Design Gallery, no Reino Unido, em 2007.

Wode
Anúncio promocional para a primeira fragrância "de arte" da Boudicca, lançada em setembro de 2008.

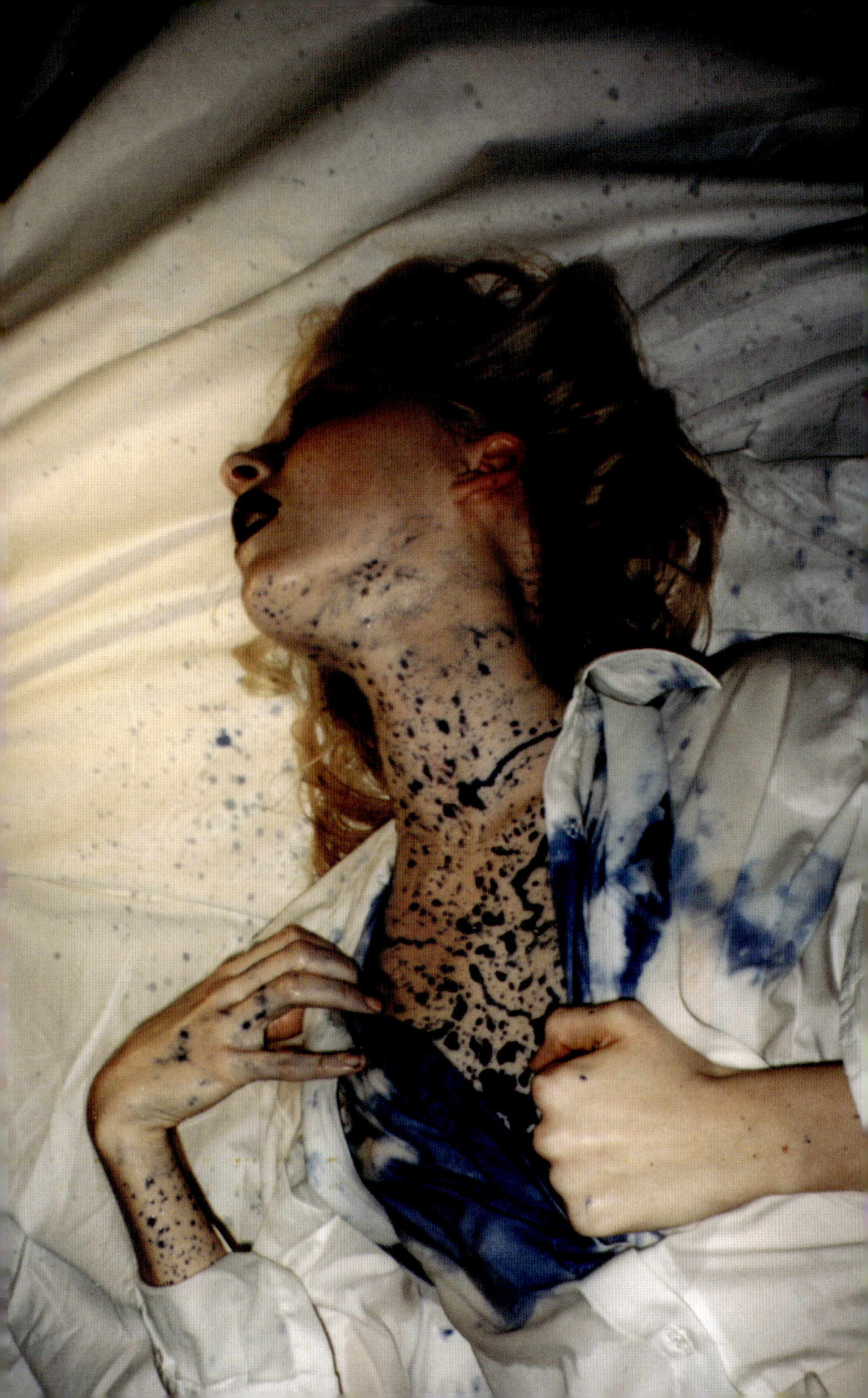

Do experimentalismo de Londres até Nova York, capital da moda comercial, chegando à arena máxima da alta-costura parisiense, a jornada da Boudicca vem se mostrando repleta de descobertas e desafios, sem jamais comprometer sua visão. A grife continua sua experimentação com Wode, a revolucionária fragrância de arte que passara anos em desenvolvimento. O perfume vem em uma lata de tinta spray; quando é borrifado, uma bruma em azul-cobalto vibrante adere sobre a pele e a roupa, e desaparece em segundos, deixando para trás apenas a fragrância. Reza a lenda que a Rainha Boudicca e seus soldados pintavam o rosto e corpo com anil, um corante azul-cobalto, para intimidar o inimigo antes do ataque.

Combinando tecnologia e uma abordagem artesanal, a dupla de designers por trás da Boudicca coloca questões sobre identidade e sobre a relação entre o real e o virtual. Por meio de suas respostas, eles lutam para continuar rompendo com os limites da moda. A Boudicca é, ainda hoje, uma grife para iniciados, e não para as massas.

The Beautiful and the Insane, coleção prêt-à-porter, primavera/ verão 2005
Um capacete de batalha serve de inspiração para este belíssimo arranjo de cabeça que se mantém fiel à imagem de guerreira da Rainha Boudicca.

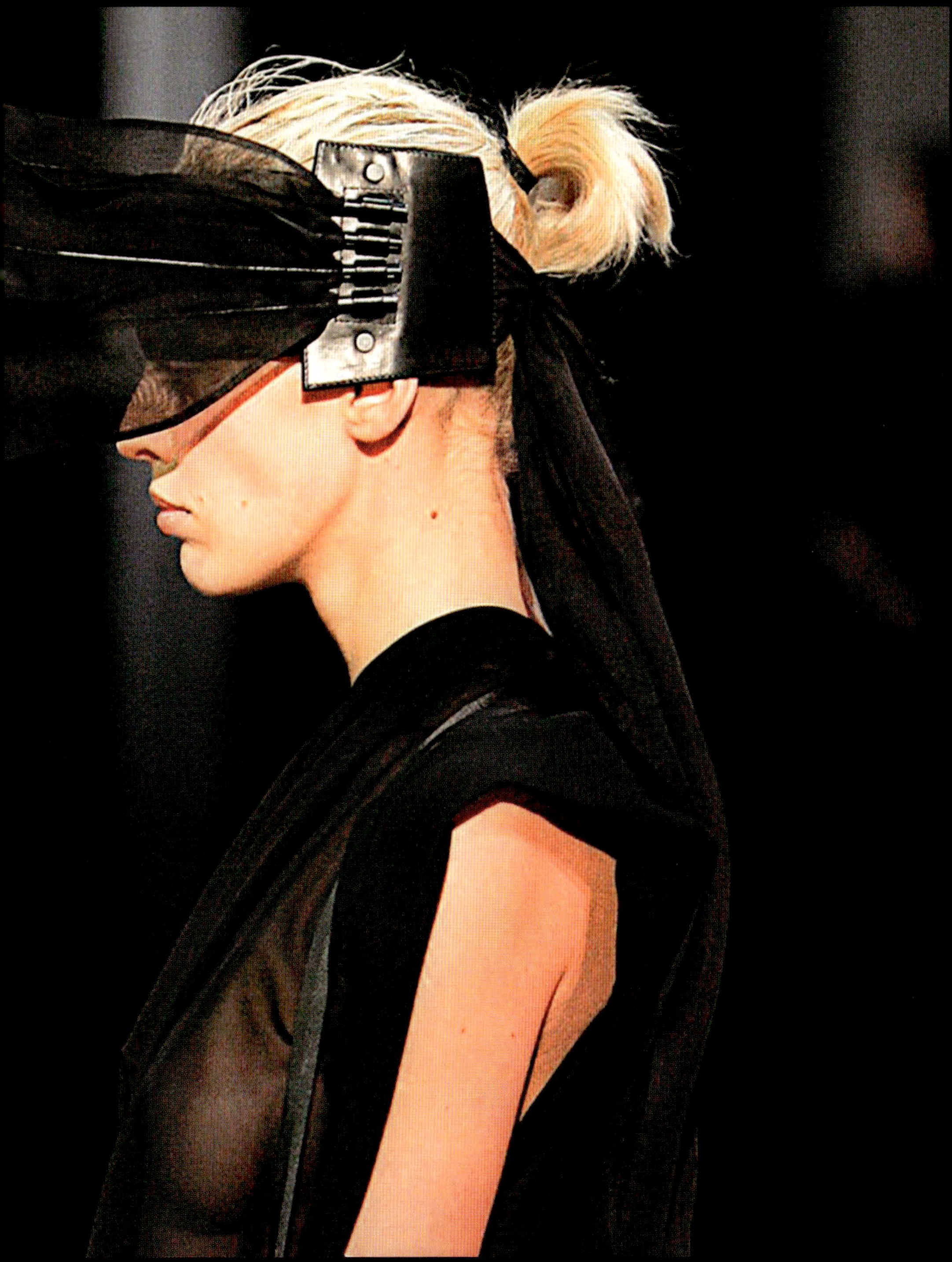

Direita: Forever–A Dream Sequence, coleção alta-costura, primavera/verão 2007
A Boudicca apresenta sua primeira coleção de alta-costura em Paris. Conservando sua estética pessoal, este vestido em renda e o acessório drapeado no ombro mostram qualidades associadas à alta-costura.

Página ao lado: Still, coleção alta-costura, primavera/verão 2008
A Boudicca deixa de lado o ideal glamouroso da alta-costura e propõe sua própria visão, moderna e vigorosa, para um vestido de noite preto.

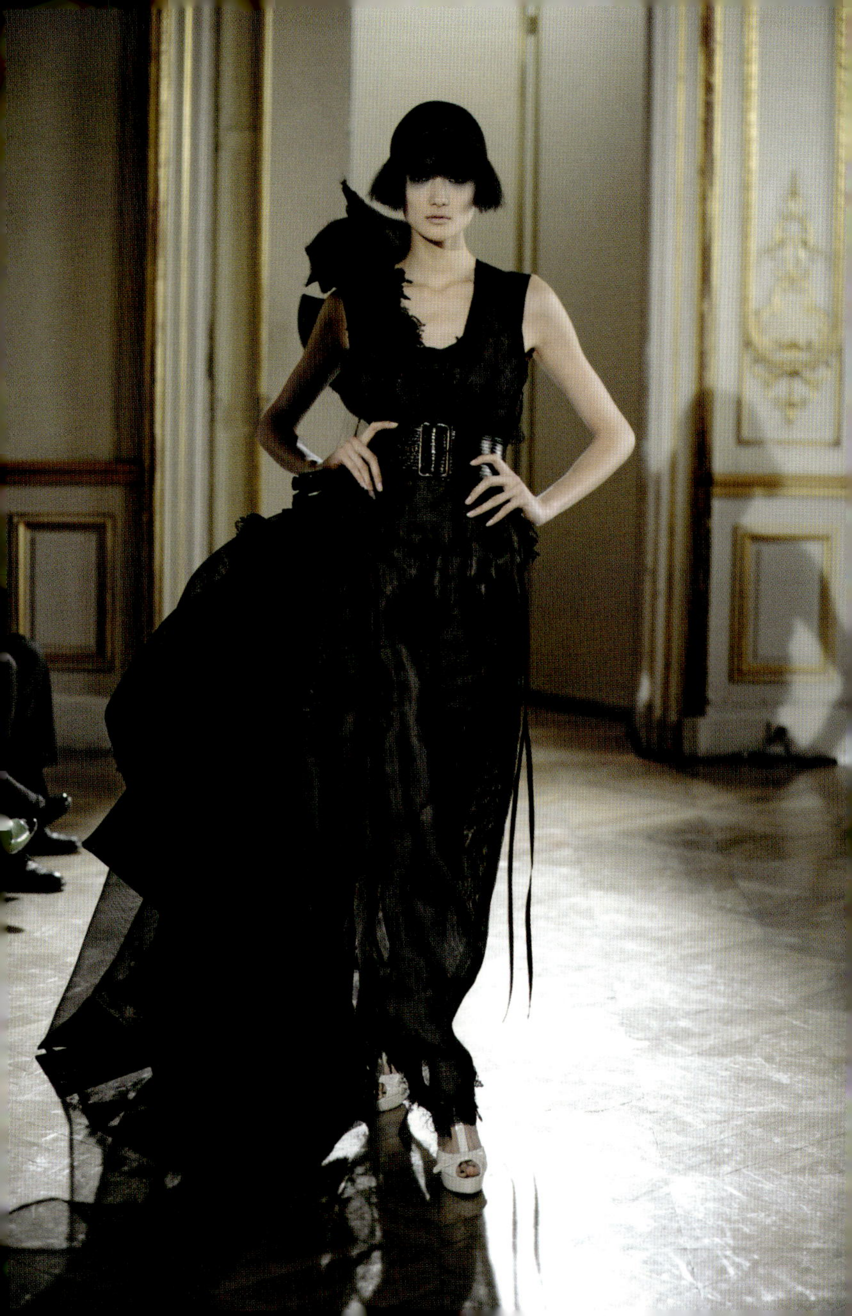

Rei Kawakubo (Comme des Garçons)

"Se meu objetivo essencial fosse atingir sucesso financeiro, eu teria feito as coisas de uma forma diferente, mas o que eu quero é criar algo novo. Quero sugerir estéticas e valores diferentes para as pessoas. Quero questionar seu ser".

Sem qualquer formação em moda, mas aclamada como uma das designers mais influentes de nosso tempo, Rei Kawakubo cria roupas originais e futuristas em todos os sentidos. Sua abordagem não ortodoxa ao corpo, tecido, textura, cor e silhueta, tanto na moda feminina quanto na masculina, faz de suas roupas a escolha preferida de quem deseja ter uma aparência independente e fazer um *statement* radical.

Formada em belas-artes e literatura, Kawakubo ostenta, em sua abordagem vanguardista e perspicaz, as marcas de uma formação intelectual. Depois de trabalhar por um breve período na indústria têxtil e como stylist, Kawakubo começou a criar roupas com sua grife Comme des Garçons em 1969. O próprio nome, que significa "Como os Meninos", é enigmático. Comentaristas e teóricos da moda já especularam sobre as características políticas e sexuais do nome, que, no entanto, foi escolhido simplesmente porque Kawakubo gostou de como ele soava. Da mesma forma, suas roupas são frequentemente contextualizadas e associadas à arte moderna e à arquitetura, mas quando é chamada de artista, ela nega essas conexões: "Minha abordagem é simples", ela diz; "o resultado é algo que os outros decidem."

Em 1981, Kawakubo ganhou as passarelas do mundo com uma moda dramática. Ela e seu conterrâneo, o designer Yohji Yamamoto, foram os primeiros designers estrangeiros convidados a mostrar suas coleções em Paris. O desfile de Kawakubo apresentava silhuetas *oversized*, bordas puídas, peças superiores tricotadas e perfuradas de maneira aleatória e uma paleta de cores rígida com apenas preto, sendo um divisor de águas na história da moda, que chocou o sistema parisiense. Acostumados à dieta de criações burguesas de Chanel e Dior, os críticos tiveram dificuldade em entender e contextualizar o conceito. Para o desgosto de Kawakubo, a coleção foi rotulada de "Hiroshima Chic" e "look mendiga japonesa". No entanto, já em meados dos anos 1980, a maioria das principais butiques europeias ofereciam suas coleções. Como a *Vogue* observou, "enquanto o crítico europeu teve problemas com o look, o consumidor europeu não teve". Uma década depois, o mesmo look andrógino e surrado foi o instigador da moda grunge, que se manifestava no prêt-à-porter e na alta-costura. A essa altura, Kawakubo já havia evoluído criativamente.

Coleção prêt-à-porter, outono/inverno 2008/09
Hexágonos de diversos tamanhos são combinados para criar uma silhueta volumosa e desestruturada. O extravagante arranjo de cabeça serve não apenas para compor a cena, mas também para ajudar a alongar e exagerar a imagem do corpo.

Rei Kawakubo

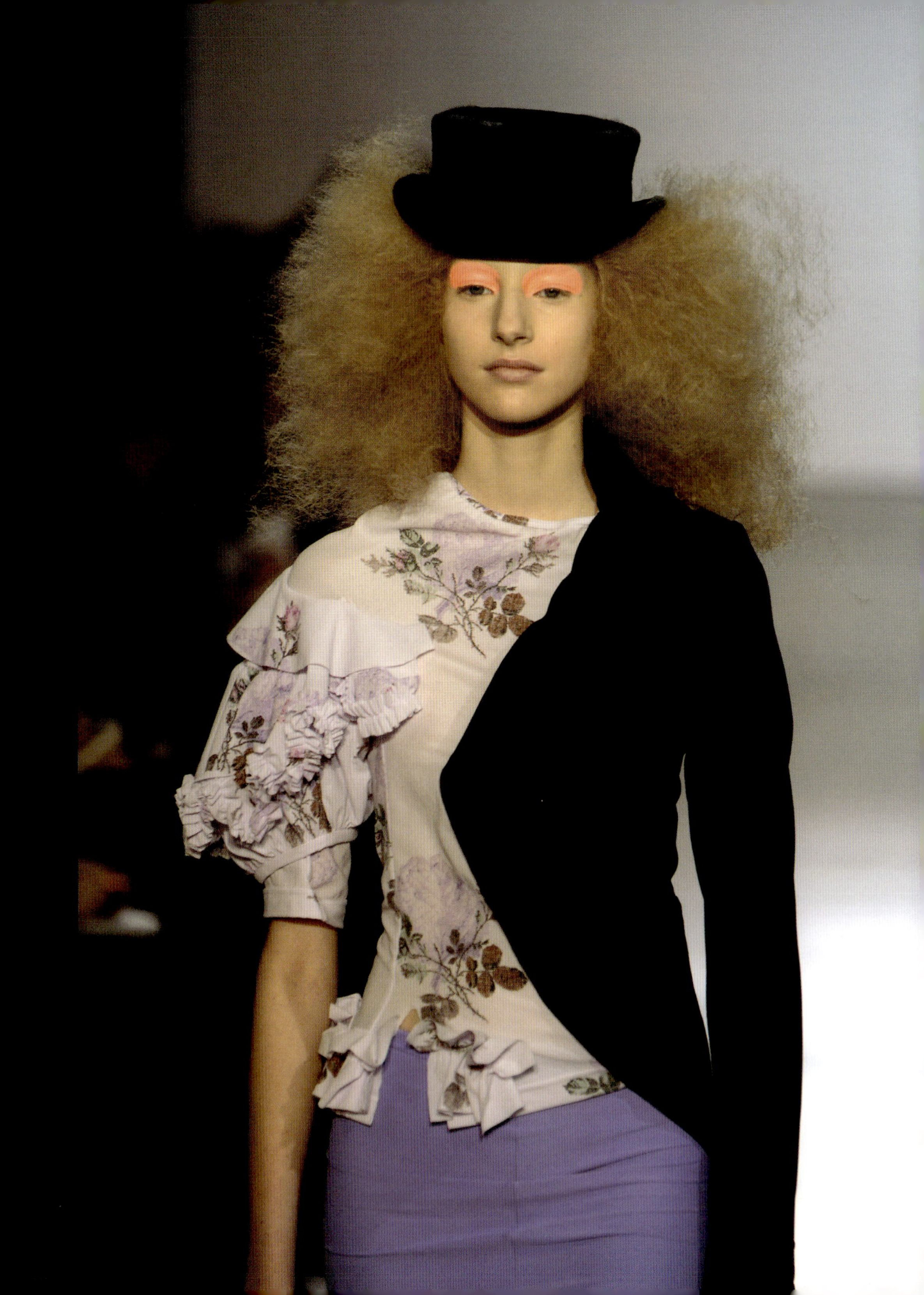

O processo criativo de Kawakubo é centrado no conceito de forma e beleza. Por meio da justaposição de elementos de decadência urbana, luxúria e tradição, ela consegue atingir uma desconstrução da norma, uma nova categoria na qual, em suas palavras, "o corpo torna-se roupa torna-se corpo". Dessa forma, as proporções e configurações convencionais de aberturas, bolsos, colarinhos, mangas e acabamentos assumem um novo caráter e estética de design que questiona o papel do corpo e as noções ocidentais de beleza adornada. Certa vez, ela criou um vestido sem qualquer abertura, o que tornava-o impossível de colocar. Kawakubo insistiu que ele podia ser vestido, declarando que podia ser amarrado ao corpo como um avental. A famigerada coleção Bump, de 1997, delineava sua fascinação pela forma. Partes do corpo feminino, como cintura, barriga e nádegas, eram manipuladas com enchimentos, esculpindo novas formas, exageradas, sobre o corpo existente, e desmantelando a visão tradicional do espectador sobre a imagem feminina.

Coleção prêt-à-porter, outono/inverno 2008
A engenhosidade lúdica e infantil de Kawakubo compõe um look que apresenta uma justaposição entre elementos da moda masculina tradicional e referências inocentes e infantis de estampas florais e cores.

A abordagem radical de Kawakubo se estende à sua organização empresarial, que explora novas ideias, estratégias de varejo e colaborações inovadoras. Recrutando designers como Junya Watanabe, Tao Kurihara e Ganryu, ela criou sua própria usina de ideias Comme des Garçons. Cada colaborador cria linhas próprias para a grife e recebe apoio para criar suas próprias coleções independentes. Além disso, a grife já realizou colaborações notáveis com Levi's, Lacoste, Fred Perry, H&M e Speedo.

As lojas Comme des Garçons são tão revolucionárias em conceito e execução quanto suas coleções. Elas variam entre *guerrilla stores* e *black stores*, com duração e destinos limitados, até uma loja própria no Dover Street Market, de Londres, que abriga peças selecionadas de outras grifes ao lado da marca Comme des Garçons.

Depois de quarenta anos, Rei Kawakubo continua a influenciar não apenas o mundo da moda em geral, mas também designers famosos como Martin Margiela e Ann Demeulemeester. Ela apresenta suas coleções em Paris quatro vezes por ano e ainda consegue chocar, deixando a imprensa de moda boquiaberta e, quem sabe, um pouco confusa.

À direita: Coleção prêt-à-porter, primavera/verão 2008
No mundo de Rei Kawakubo, um casaco modelado pode tornar-se parte de uma saia, acrescentando uma nova dimensão de complexidade ao que poderia ser uma saia comum.

Página ao lado: Coleção prêt-à-porter, primavera/verão 2008
"Aglomerações", "aleatoriedade" e "cacofonia" são as palavras que Rei Kawakubo usa para explicar sua inspiração. Aqui, o rosto da modelo é maquiado para lembrar o de um palhaço e o vestido lembra uma silhueta *naïve*, recortada do caderno de uma criança.

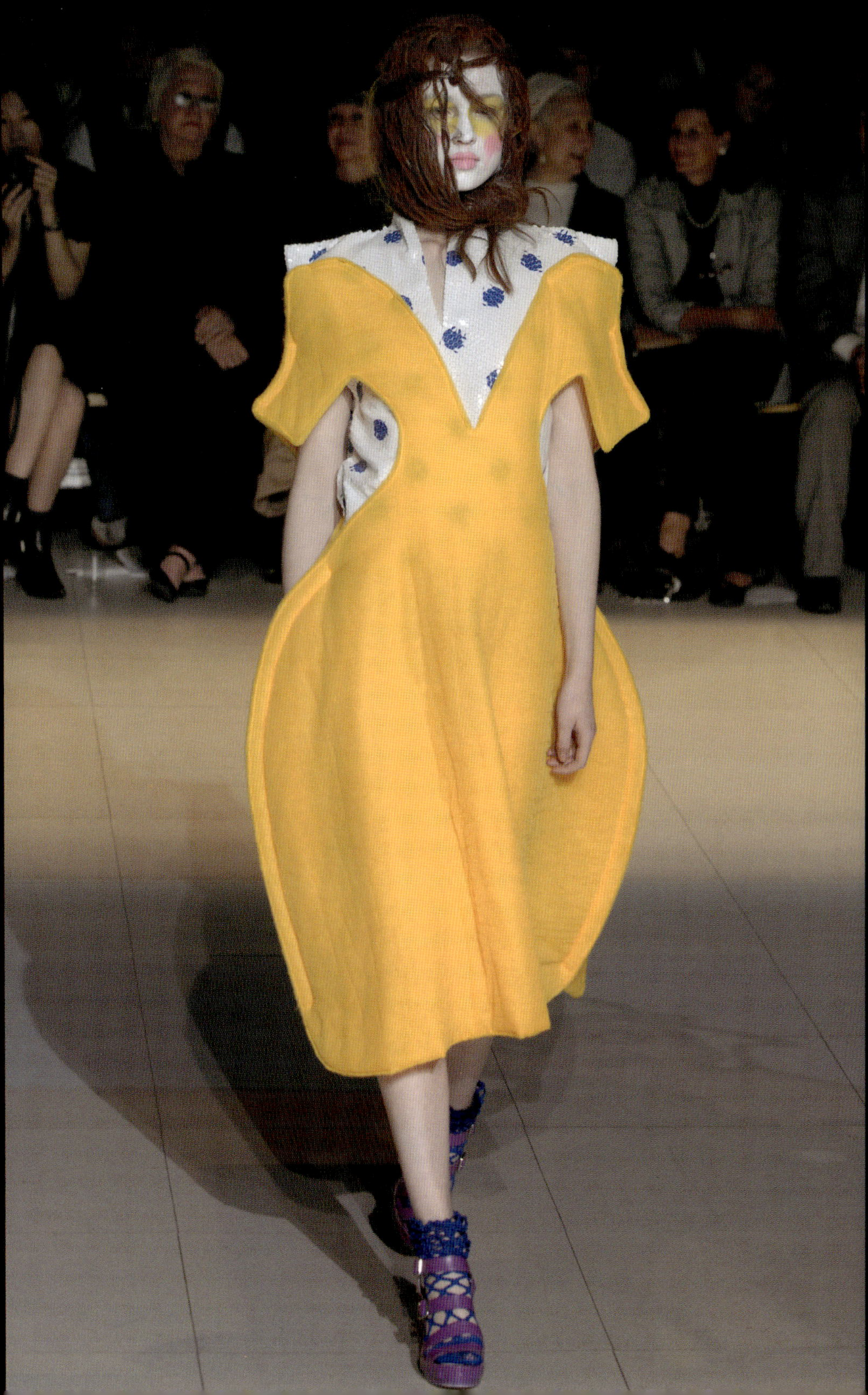

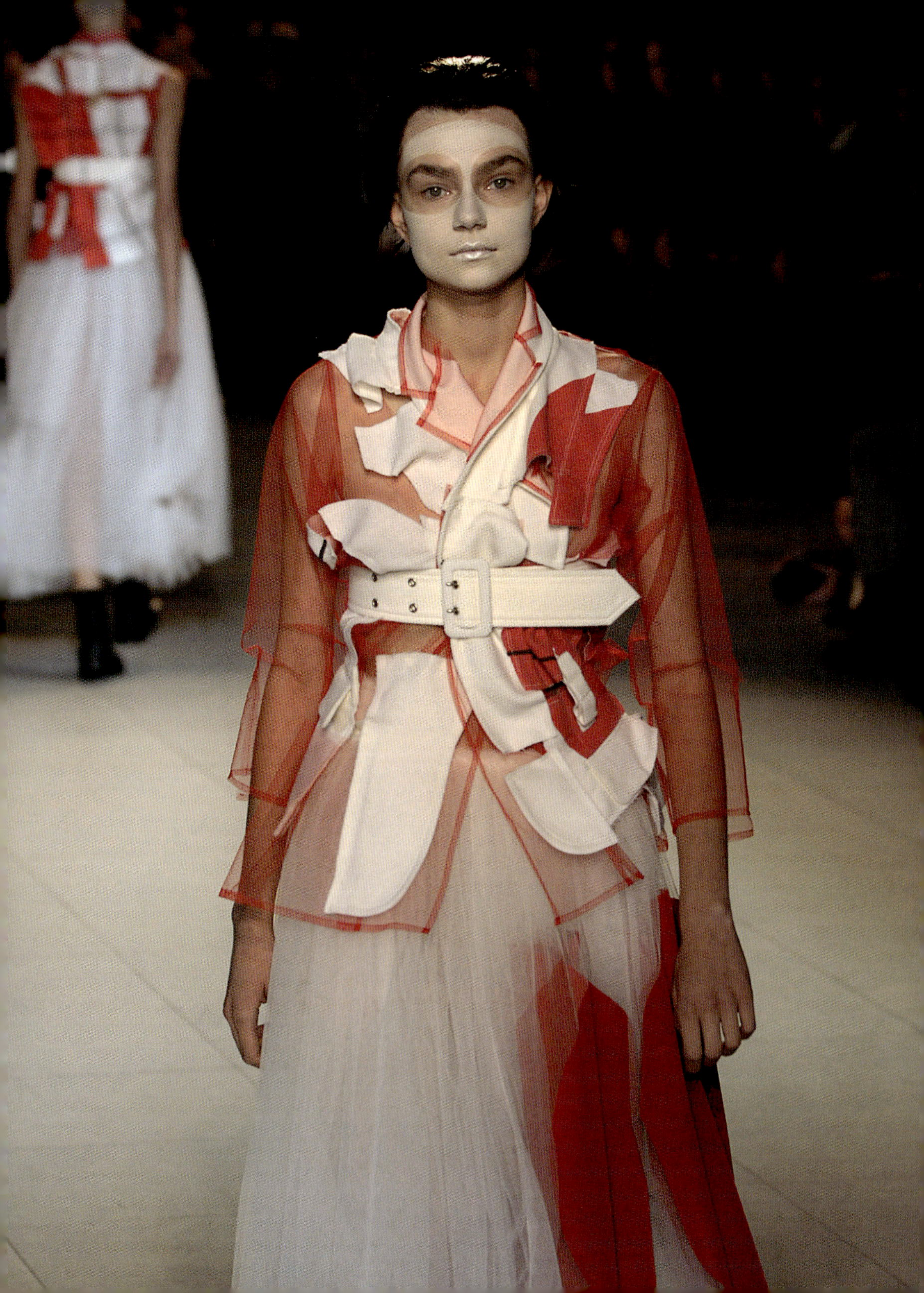

Coleção prêt-à-porter, primavera/verão 2007
Este casaco desconstruído de cintura alta é reconectado com tule de seda, sobreposições de organza e plástico branco. A saia de bailarina ostenta um disco em vermelho japonês, uma referência cultural à terra natal de Kawakubo, mas que também significa a pureza do ponto vermelho.

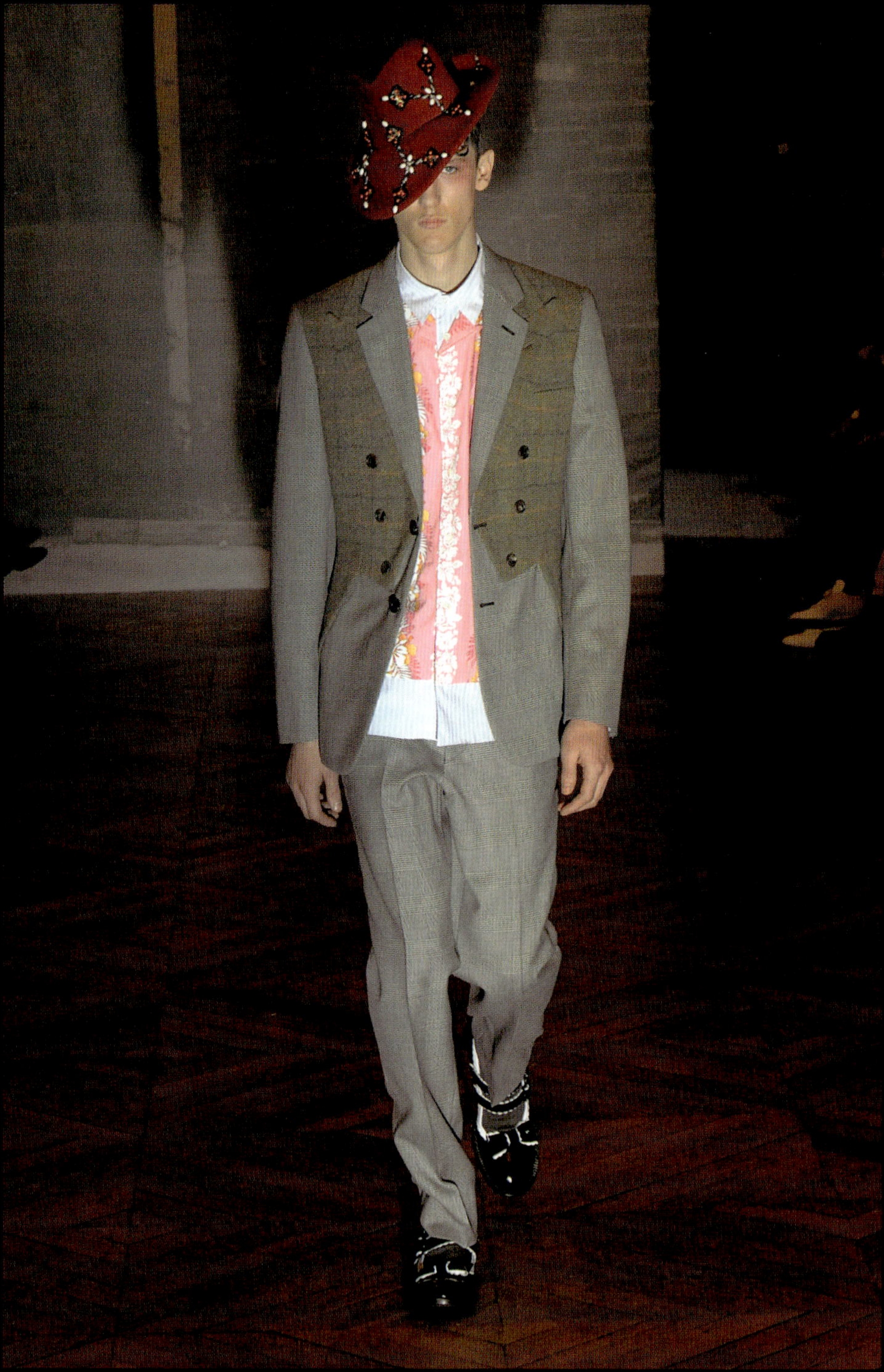

Página ao lado: Homme Plus, coleção de moda masculina, outono/inverno 2009/10
A visão de Kawakubo para a moda masculina é uma mistura excêntrica inspirada pela moda masculina tradicional e inglesa.

À esquerda: Homme Plus, coleção de moda masculina, primavera/verão 2010
Aqui, a gravata tradicional assume uma nova *persona*; em vez de ser amarrada ao redor do pescoço, diversas gravatas formam a fachada frontal de um paletó. Com a sugestão de uma saia sobre as calças, o terno é transformado, questionando a identidade masculina.

Rei Kawakubo 157

Esquerda: Junya Watanabe para Comme des Garçons, coleção prêt-à-porter, outono/inverno 2006/07
Este designer se mantém fiel ao look Comme des Garçons mas acrescenta seu próprio tempero à coleção.

Direita: Coleção prêt-à-porter, outono/inverno 2009/10
A silhueta desconstruída e os questionamentos sobre beleza e identidade são marcas registradas da estética desafiadora de Rei Kawakubo.

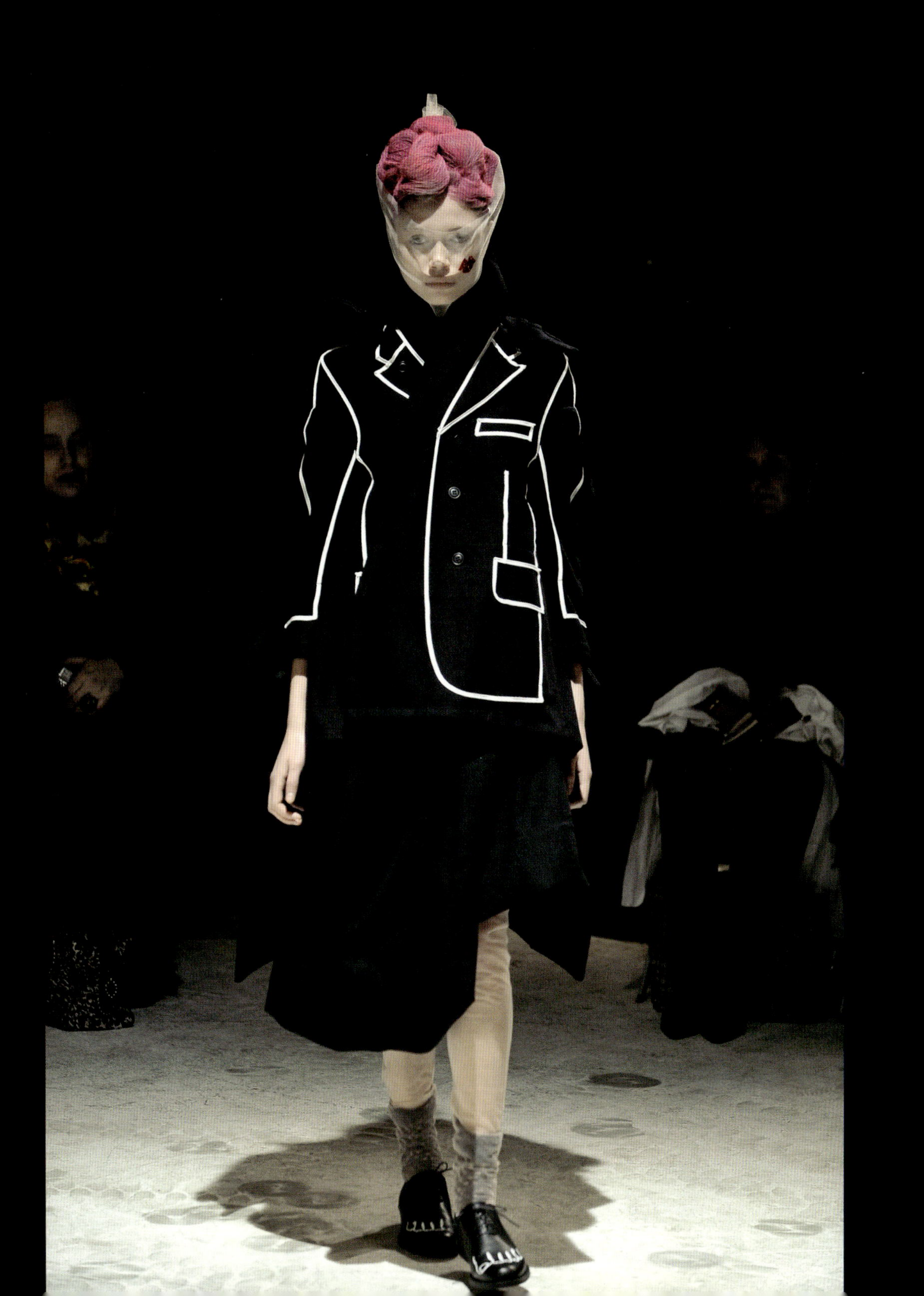

Walter Van Beirendonck

"Tenho uma relação de amor e ódio com a moda, porque não sou muito fã da superficialidade. Para mim, é muito importante sempre haver conteúdo, algo que precise ser dito."

Aluno de moda da renomada Royal Academy of Fine Arts de Antuérpia, na Bélgica, Walter Van Beirendonck formou-se junto com o enigmático Martin Margiela em 1980. Entre os formandos do ano seguinte estavam Dries Van Noten, Ann Demeulemeester, Dirk Bikkembergs, Dirk Van Saene e Marina Yee. Mesmo enquanto ainda era estudante, a postura particular de Van Beirendonck em relação à moda chamava atenção. Enquanto seus contemporâneos estavam preocupados em criar uma nova estética desconstruída, ele estava mais interessado em cartelas de cores bizarras, extravagantes e futuristas, e em silhuetas masculinas que lembravam super-heróis dos quadrinhos.

Van Beirendonck lançou a primeira linha com sua assinatura em 1983, mas foi apenas em 1987, no British Designer Show em Londres, que o designer flamengo teve sua grande chance. Como um dos "Seis de Antuérpia", ao lado de Van Noten, Demeulemeester, Bikkembergs, Van Saene e Yee, Van Beirendonck afirmou sua visão pessoal para a moda masculina diante de uma plateia internacional lotada de fashionistas.

Direita: Explicit, coleção primavera/verão 2009
O corpo, os músculos e partes do corpo masculino servem de inspiração para esta coleção, além dos conceitos de liberdade e natureza. Este modelo usa uma barba feita de folhas e um terno transparente que revela partes do corpo estampadas.

Abaixo: Explicit, coleção primavera/verão 2009
Tecidos que parecem plástico e plástico-bolha são, na verdade, materiais de alta qualidade, à base de seda. Detalhes infláveis ao redor dos ombros e braços acrescentam um elemento 3D ao conceito dos músculos.

À direita: Explicit, coleção primavera/verão 2009
O corpo natural é exposto em contraste com músculos sintéticos estampados.

À esquerda e abaixo: Explicit, coleção primavera/verão 2009
Pela justaposição de partes do corpo estampadas e sorrisos exagerados em looks de "super-herói cômico", Van Beirendonck demonstra seu senso de humor inteligente.

À direita: Explicit, coleção primavera/verão 2009
Dentro de uma coleção que traz diversas referências masculinas estereotipadas, Van Beirendonck também questiona a identidade masculina, criando um look que dialoga com a moda feminina.

De 1993 a 1999, além da coleção que leva sua assinatura, Van Beirendonck criou também uma linha mais acessível, a W.&L.T. (Wild & Lethal Trash), em colaboração com a empresa alemã Mustang. Ele explica o nome: "Wild (selvagem) é óbvio; lethal (letal) é algo que pode ser exagerado, como uma paixão letal. Trash (lixo) representa o ato de consumir e jogar fora."

As coleções W.&L.T eram, essencialmente, baseadas no streetwear e apresentadas em tecidos ultramodernos, cartela de cores berrantes ao estilo cyber-punk, estampas gráficas e slogans que abordavam política, sexo e natureza. As silhuetas e looks iam desde casacos e calças militares até *bodies* inteiriços em látex. Seu fascínio pela tecnologia cibernética levou o designer a lançar a W.&L.T. na Internet com um site próprio e um CD-ROM. Esse material trazia, além das coleções, informações e jogos interativos criados pelo designer. A W.&L.T. foi a primeira grife de moda on-line a testar essa nova experiência de mídia.

No verso: Explicit, coleção primavera/verão 2009
O *finale* reúne todos os diferentes elementos associados ao tema da coleção em uma única obra.

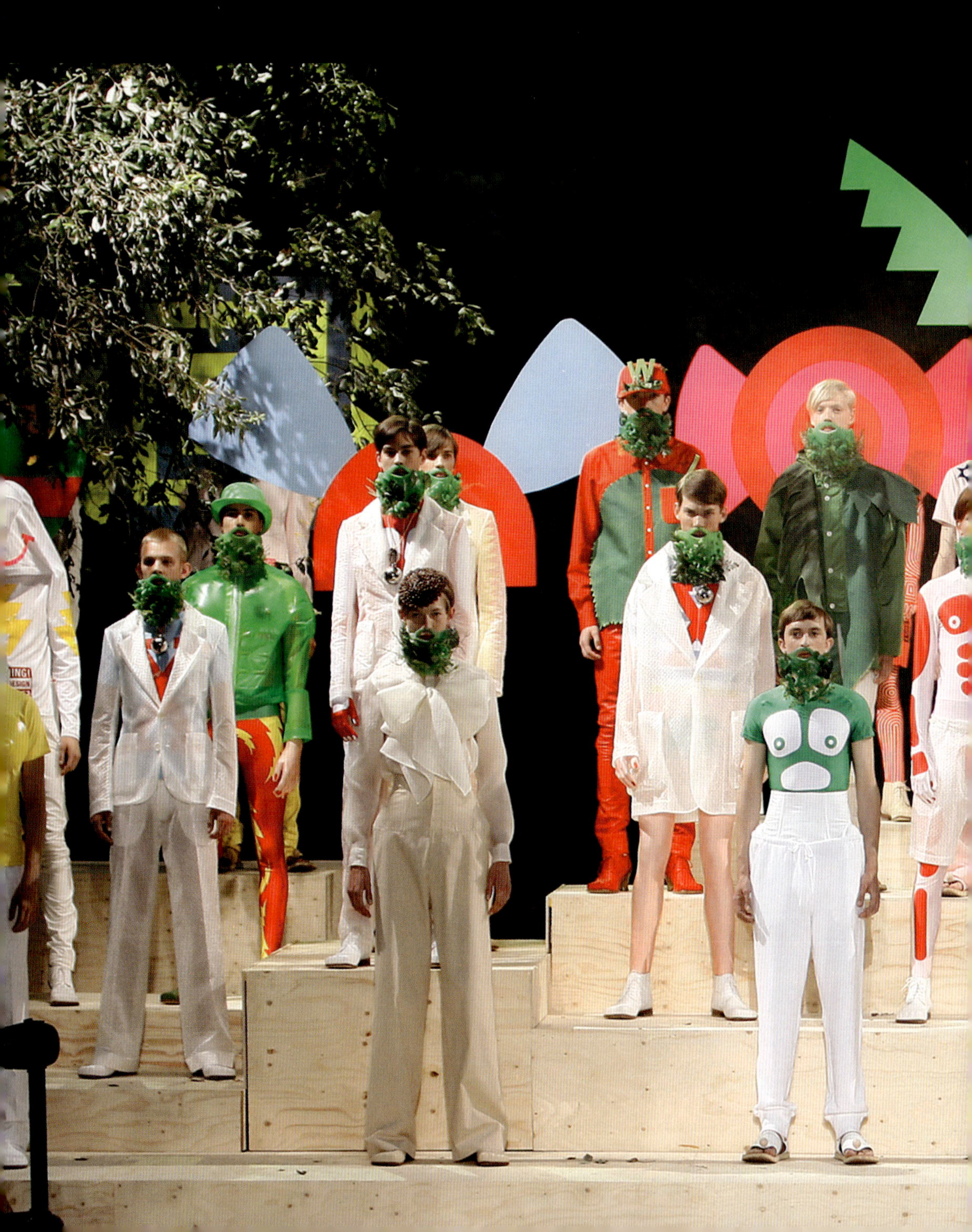

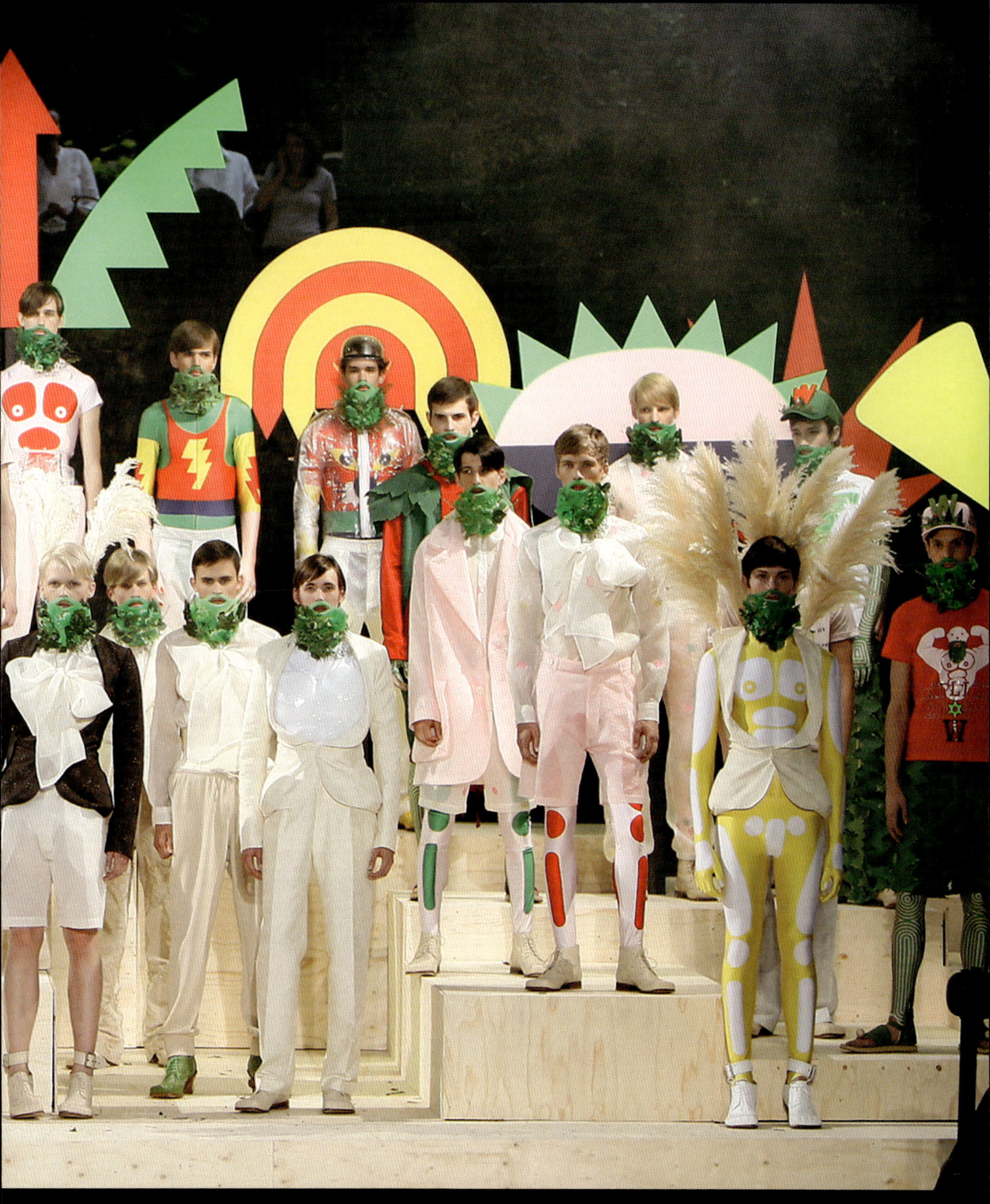

Van Beirendonck é inspirado por tudo ao seu redor. O designer tem paixão por adquirir conhecimento em diversas fontes, como navegando na web, visitando museus e galerias de arte, frequentando bibliotecas e lendo livros sobre assuntos diversos, de etnias tribais a debates de gênero. "Os temas das minhas coleções surgem de forma bem natural; não é porque eu de repente quero fazer algo. Estou sempre olhando ao meu redor e, ao mesmo tempo, pensando no que está acontecendo, e os temas que me interessam estão sempre surgindo e se transformando em tópicos. Nesse momento, decido que ideia é mais importante que as outras. Eu seleciono essa ideia e sigo em frente, e, por sorte, a cada temporada alguma coisa interessante acontece para se tornar o assunto de minha coleção".

Em 1999, Van Beirendonck lançou sua grife Aestheticterrorists. A linha foi um ataque aberto contra o comercial mundo da moda. Estampas impressionantes e slogans diretos, como "I Hate Fashion" e "Ban Fashion Nazis" (algo como "Eu Odeio a Moda" e "Abaixo os Nazistas da Moda"), expressavam com clareza suas opiniões sobre o sistema de marketing da moda. "Recuso-me a aceitar a ideia de que as coisas devam ser feitas apenas para vender. É realmente aqui [nas coleções] que eu vejo minha criatividade e é onde posso expressar minha criatividade 100%." Ele continua: "Sigo acreditando na criatividade. Acho que depois de anos em que o marketing foi muito dominante na moda, precisamos de uma injeção de criatividade. Tenho certeza de que essa criatividade vai fazer diferença no futuro."

Mais futuristas que contemporâneas, suas coleções estimulantes e visualmente bem-humoradas se mantêm como um dos pontos altos da Semana de Moda Masculina em Paris. Van Beirendonck continua a debater e apresentar sua visão de gênero e masculinidade à sua maneira única. Enquanto alguns admiram sua obra e estética criativa, outros acham que seu trabalho é uma piada, e há ainda aqueles que acham certos elementos de sua moda levemente perturbadores. "Cobri 120 homens em látex e coloquei as roupas por cima. Para mim, a ideia era um *statement* ecológico. Algumas pessoas viram aquilo como uma mensagem de sexo seguro. Outros viram como uma coisa S&M. Tantas interpretações – achei incrível!"

Todas as imagens: Take a W-Ride, coleção outono/inverno 2010/11
Esta coleção é dominada pelos elementos característicos de Walter Van Beirendonck: super-heróis, acessórios exagerados, cores agressivas, humor, moda masculina tradicional e sportswear.

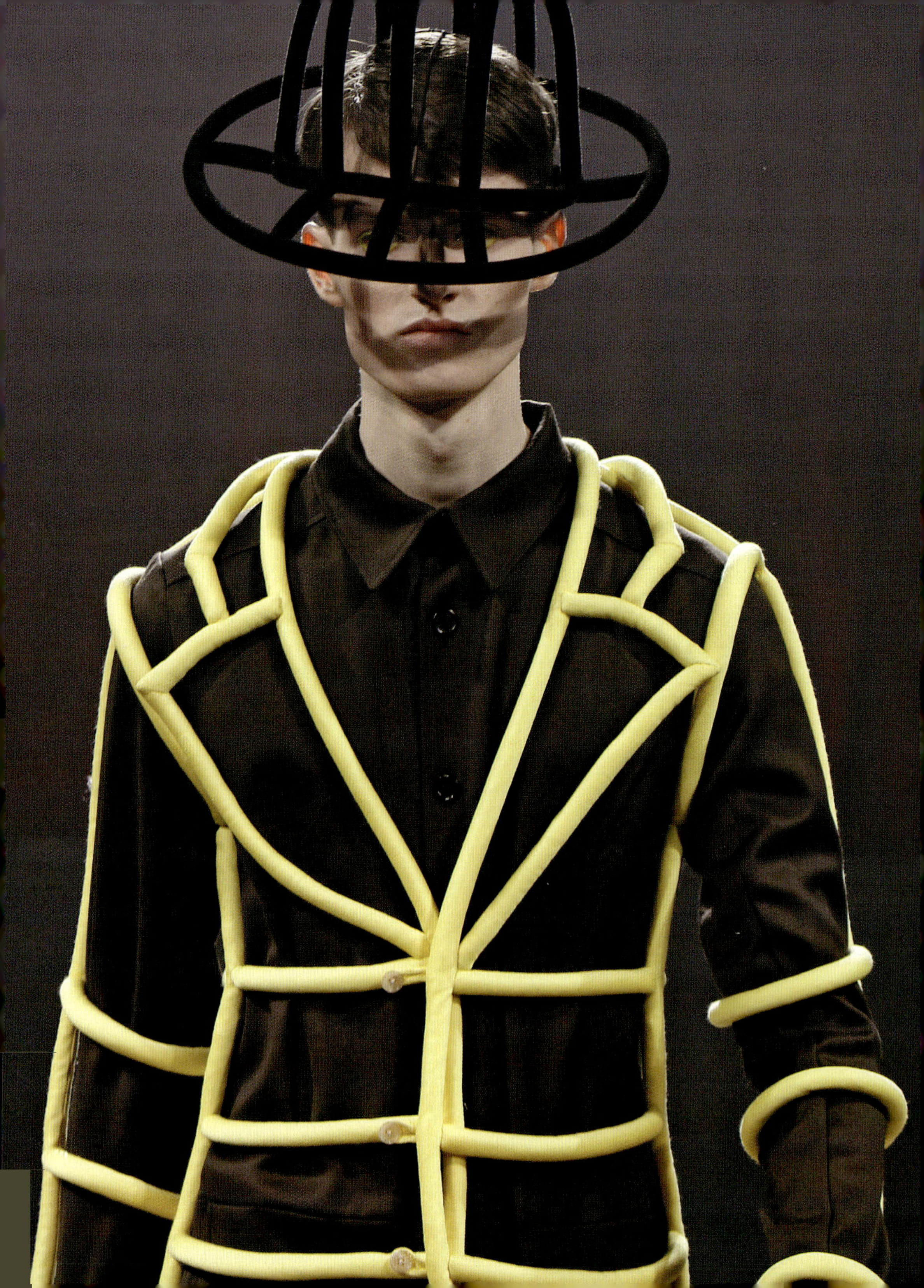

A grife que leva a sua assinatura, Walter Van Beirendonck, é vendida em lojas no mundo todo, mas suas coleções são vendidas essencialmente em sua loja própria em Antuérpia, chamada Walter. Projetada em parceria com o designer industrial australiano Marc Newson e com o escritório de arquitetura B-Architecten, a loja também abre espaço para outros designers, entre eles Dirk Van Saene, Bless e Vexed Generation. A loja conta também com um anexo, chamado Window: um espaço de galeria que abriga exposições de moda, fotografia e arte.

O espírito criativo entusiástico de Van Beirendonck continua em expansão, aventurando-se em outras arenas artísticas – ele já criou figurinos para teatro, cinema e balé. O designer não se limita ao mundo da moda: ele publica a revista *Wonder*, faz ilustrações e atua regularmente como curador de exposições.

Além de criador multifacetado, Walter Van Beirendonck é também um acadêmico respeitado. Como professor convidado da Royal Academy of Fine Arts, foi mentor de designers como Bernhard Willhelm e Stephan Schneider.

À esquerda: Glow, coleção outono/inverno 2009/10
Inspirados nos luminosos de neon, o tradicional paletó masculino e o chapéu-coco assumem uma nova perspectiva abstrata.

À direita: Glow, coleção outono/inverno 2009/10
O suéter em tricô é construído de forma complexa, de acordo com o tema dos luminosos de neon, revelando uma faceta que lembra a arte africana.

Todas as imagens: Take a W-Ride, coleção outono/inverno 2010/11
Proporções exageradas e um toque de humor inspirado em um tema equestre criam um momento surreal neste desfile.

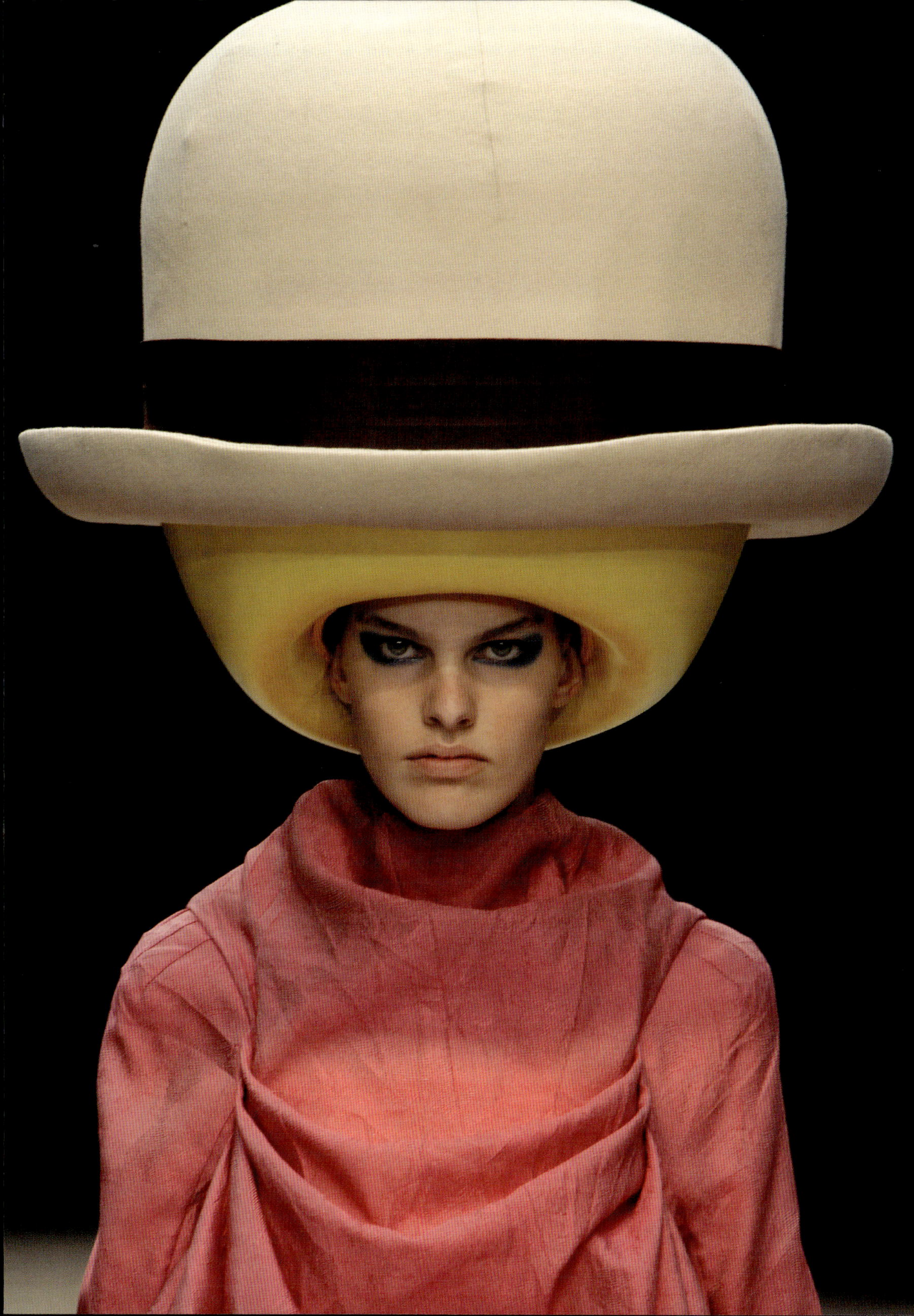

Hedi Slimane

"É muito importante tentar compreender a época em que você vive, fazer parte do presente. Sempre tento conhecer o espírito do tempo."

A moda masculina é previsivelmente construída ao redor de regras, limitações e tradições. No entanto, de tempos em tempos surge um talento especial que rompe com as regras para ecoar e capturar o momento. A indicação de Hedi Slimane como diretor criativo da Christian Dior Monsieur, em 2000, é tida como um momento decisivo na moda masculina contemporânea. Logo de início, ele se propôs a definir novas origens para a moda masculina da Dior, criando uma nova marca, a Dior Homme, que substituiu a Christian Dior Monsieur. Muitos comentaristas de moda e profissionais com postos criativos consideram Hedi o designer que conseguiu, sozinho, fazer uma revolução na moda masculina moderna. "Hedi tem a atitude certa, e tudo o que ele faz e desenha tem a ver com atitude. Para a sua geração, ele expressa a modernidade melhor que qualquer outro designer de moda masculina", diz Karl Lagerfeld.

Ao contrário da maioria dos jovens designers, Slimane não estudou moda na universidade, mas história da arte e ciência política na École du Louvre. Durante seus estudos e depois da graduação, em 1990, Slimane continuou a trabalhar com seu amigo, o designer de moda francês José Levy, de forma casual. Ele ajudava na direção de arte de desfiles, no styling e no recrutamento de modelos para os desfiles, principalmente nas ruas.

Foi nas ruas, em 1987, que Slimane encontrou um jovem punk francês chamado Jérome Le Chevalie. Ele imediatamente fotografou o jovem magro e colocou-o em um desfile de José Lévy. Jérome foi o primeiro modelo "*waif boy*", que surgiu no fim dos anos 1980 em completo contraste com os modelos da época, que faziam o tipo musculoso, com covinha no queixo.

Em seguida, Slimane passou a atuar como assistente de Jean-Jacques Picard, contribuindo de forma notável para a exposição do centenário monograma "LV" da Louis Vuitton, em 1996.

Em 1997, Pierre Bergé (CEO da Yves Saint Laurent) indicou Slimane como diretor de arte e de coleções para relançar a Yves Saint Laurent Rive Gauche Homme, mas foi apenas em 1999 que o cargo rendeu a Slimane seu primeiro momento de independência e autoridade criativa. Inspirado pelos influentes estilos característicos da Yves Saint Laurent durante o fim dos anos 1960 e nos 1970, as primeiras coleções de Slimane para a casa faziam referência ao Le Smoking, ao Left Bank e ao Safari Chic. Os elegantes smokings em preto, as camisas em couro com calças jeans e os casacos safári com camisas de frente rendada

Dior Homme, coleção outono/inverno 2006/07
A silhueta esguia e definida foi a marca registrada do design de Hedi Slimane para a moda masculina da Dior. A proposta era desafiar as convenções da moda masculina e apresentar um estilo andrógino moderno.

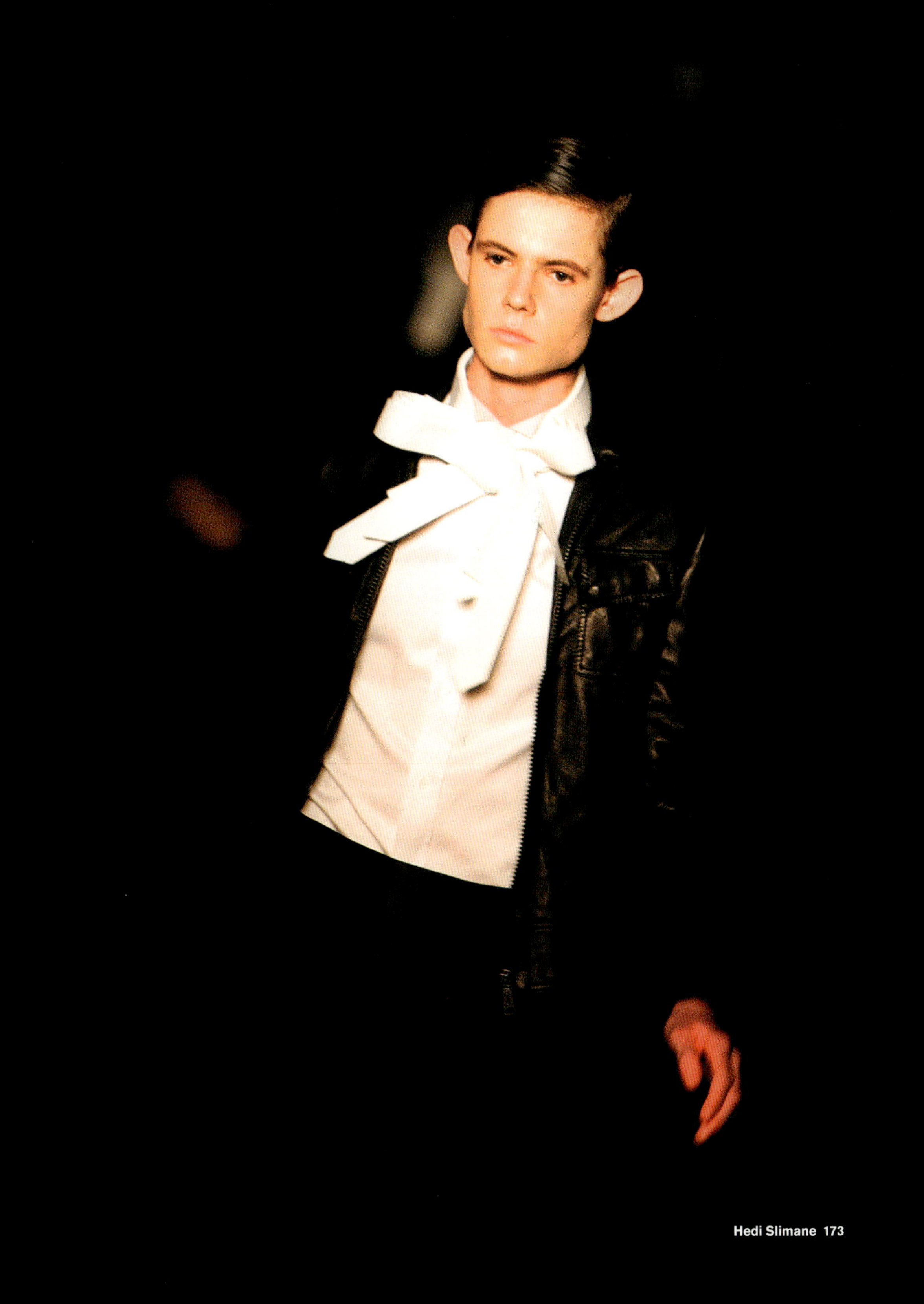

estavam longe do retrô, mas representavam uma nova interpretação da modernidade com um toque de androginia. "Acho que a Rive Gauche sempre teve uma certa mística", explica Slimane. "Parece-me que foi Monsieur Saint Laurent que estabeleceu em definitivo as bases do guarda-roupa moderno, no fim dos anos 1960. Gostaria que o que estou fazendo fosse um *mix* de Paris, alta-costura e elegância."

Durante seu período na YSL, Hedi Slimane atraiu a atenção do mundo da moda em geral. Ao sair da YSL, em 1999, Slimane foi abordado pelo Grupo Gucci, para financiar a sua própria marca, e também pelo Grupo Prada, para assumir as rédeas da Jil Sander, mas preferiu aceitar a oferta da LVMH, e tornou-se diretor criativo da Christian Dior Monsieur em 2000. A desgastada grife de moda masculina, cuja distribuição de mercado era limitada e que, anteriormente, concentrava-se em ternos e gravatas, passaria por uma renovação significativa. Continuando de onde havia parado na YSL, Slimane trouxe consigo sua silhueta andrógina, esguia e definida. Sua criação, a Dior Homme, seguia agora sua visão ultramoderna da moda masculina.

Em 2002, Slimane ganhou do Council of Fashion Designers of America (CFDA) o título de designer internacional do ano.

Entusiasmado com a ideia de fundir música, moda e fotografia, Slimane trabalhou com diversas bandas de rock britânicas, incluindo Franz Ferdinand, The Libertines e, em particular, Pete Doherty, atualmente na banda Babyshambles, com o objetivo de aperfeiçoar seu estilo para a Dior Homme.

O look Dior Homme
Modelos magros com ares de garoto são tipicamente os homens que Hedi Slimane usa para caracterizar o look da Dior Homme em campanhas promocionais e desfiles.

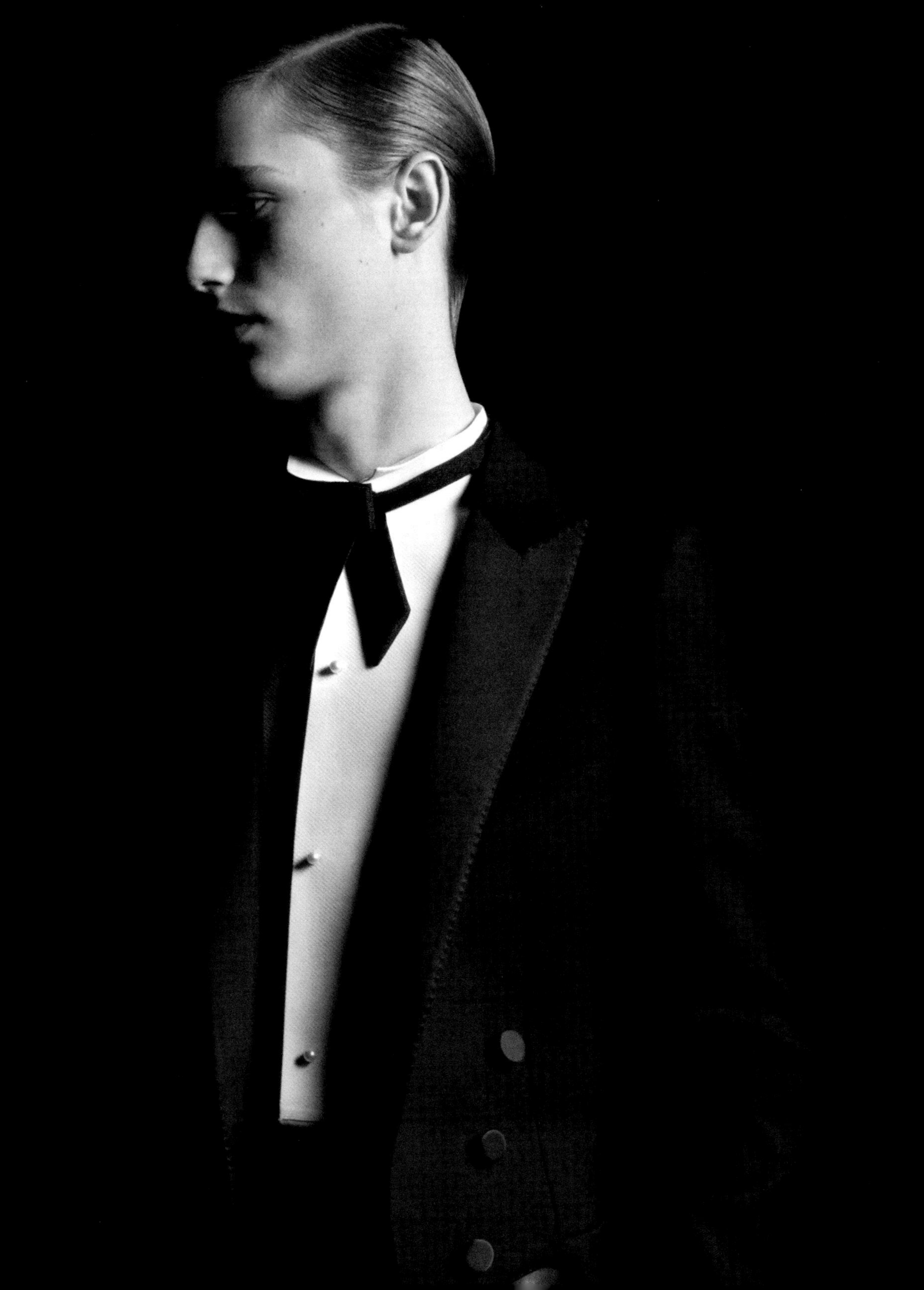

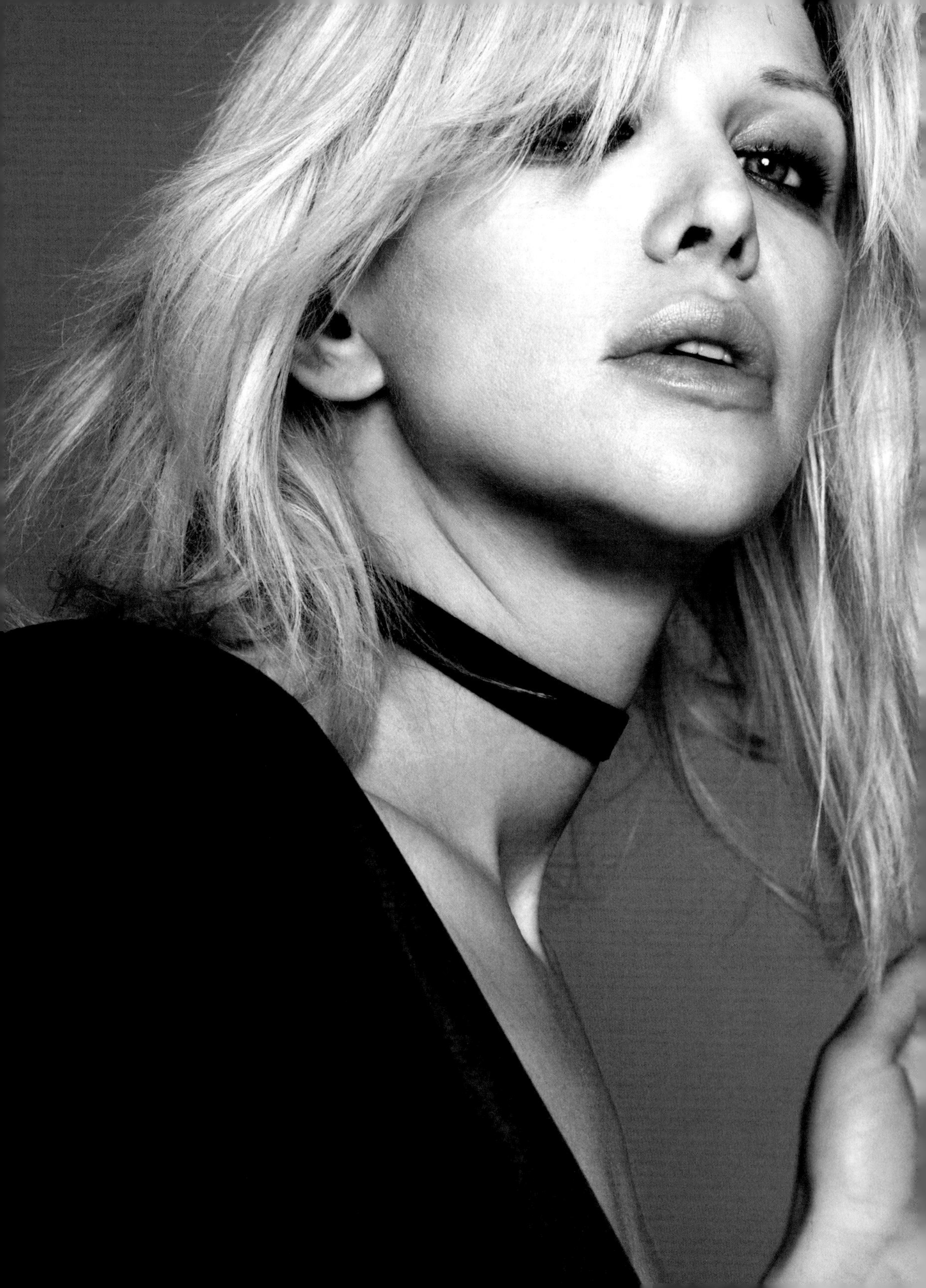

De 2000 a 2007, o look Dior era caracterizado por garotos jovens, altos, magros e de estilo punk, recrutados nas ruas de Berlin, Londres, Nova York e no Leste Europeu, vestindo paletós de smoking e calças *skinny*: um look esguio e superelegante. A paleta de cores monocromática – geralmente em preto – criou uma base para a atenção a detalhes e a organização minimalista de Slimane. O *rock chic* estilizado e sem gênero de Slimane foi criado com base na combinação de camisas em seda pura, gravata preta estreita e calças em couro ou jeans com camisetas surradas.

Graças a Slimane, a moda masculina da Dior ganhou reconhecimento internacional e, com isso, conquistou fãs entre as celebridades. David Bowie, Brad Pitt, Mick Jagger e estrelas como Madonna e Linda Evangelista são apaixonados por sua moda masculina sexy e misteriosa. Karl Lagerfeld perdeu peso especialmente para poder vestir apenas Dior.

Em 2007, Hedi Slimane, o arquiteto do *revival* da moda masculina da Dior, deixou a *maison* para dedicar-se a outros interesses. "Adoro trabalhar com projetos; não tenho qualquer intenção de parar de trabalhar com moda. Tenho verdadeiro amor pela coisa. Mas estar sempre concentrado em uma só coisa? Não estou certo de que isso é o que eu quero. Adoro criar coisas diferentes", disse ele.

Dior Homme for women
Courtney Love é apenas um dos nomes na longa lista de mulheres que vestem as criações de Hedi Slimane para a Dior Homme.

Rock Diary
A banda The Kills é uma das muitas bandas de rock que foram fotografadas por Hedi Slimane. Seu livro *Rock Diary* é uma compilação de belíssimas fotografias em preto e branco que retratam nomes como The Libertines, The Metros e These New Puritans.

A criatividade de Slimane é caracterizada por seu amor à fotografia, música e design. Ele publicou diversos livros, entre eles *London: Birth of a Cult* e *Stage*; criou capas de discos para o Daft Punk; foi curador de exposições; expôs sua própria obra, *Perfect Stranger*, em colaboração com o MUSAC Museum, na Galerie Almine Rech, em Paris; e projetou a mobília da loja-conceito de Rei Kawakubo no Dover Street Market, de Londres.

No fim dos anos 1980, a influente silhueta suave e desestruturada de Giorgio Armani ajudou a mudar a moda masculina contemporânea. Até o momento, o look rock 'n' roll superesguio de Hedi Slimane é a forma moderna da moda masculina para o novo milênio.

Seu estilo, além de ser visto em escolas secundárias do mundo inteiro, também foi imitado por grifes de moda. Um exemplo disso é a linha de moda feminina de Pierre Balmain, altamente influenciada pelas coleções *glam rock* de Slimane para a Dior Homme.

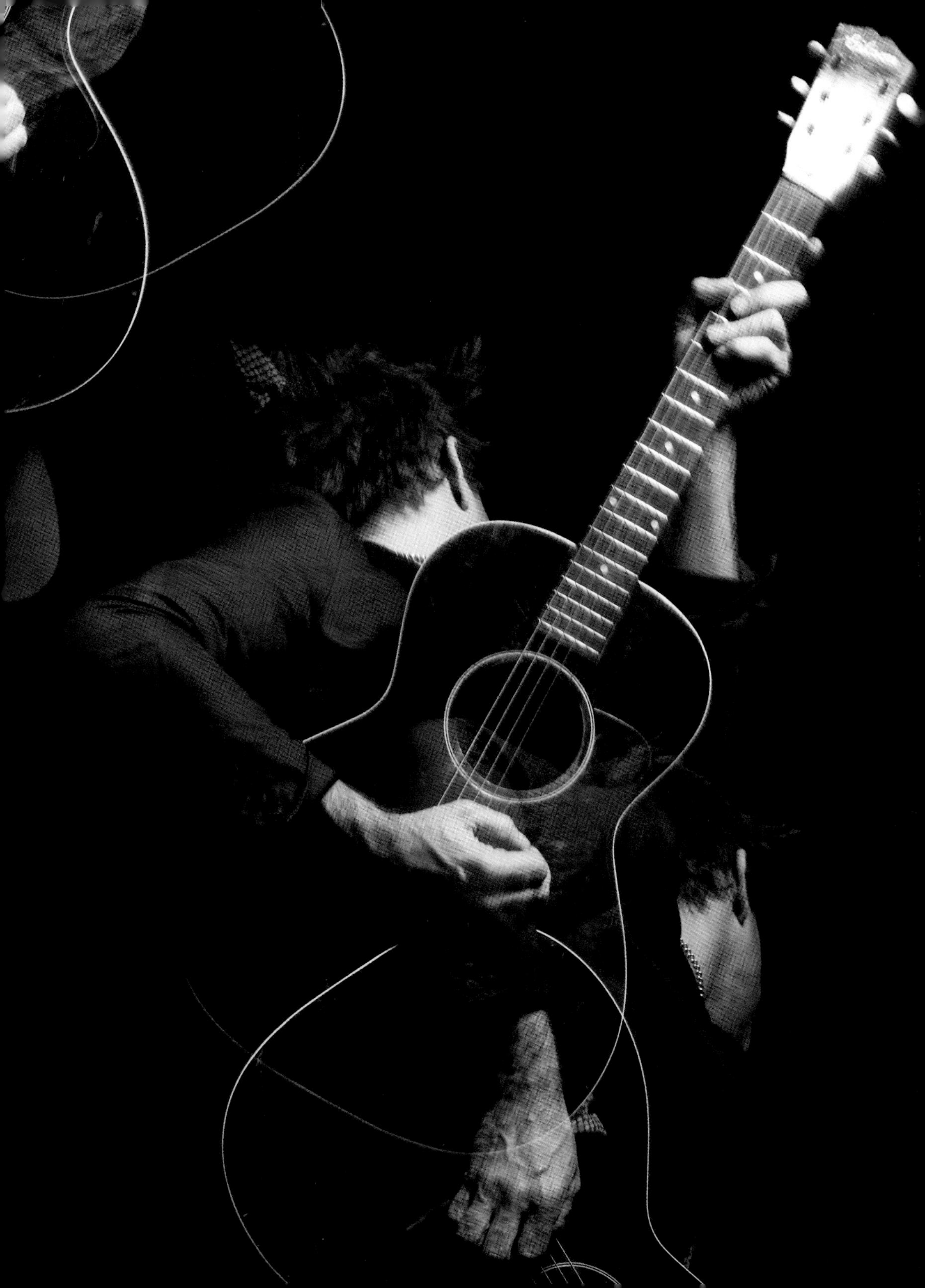

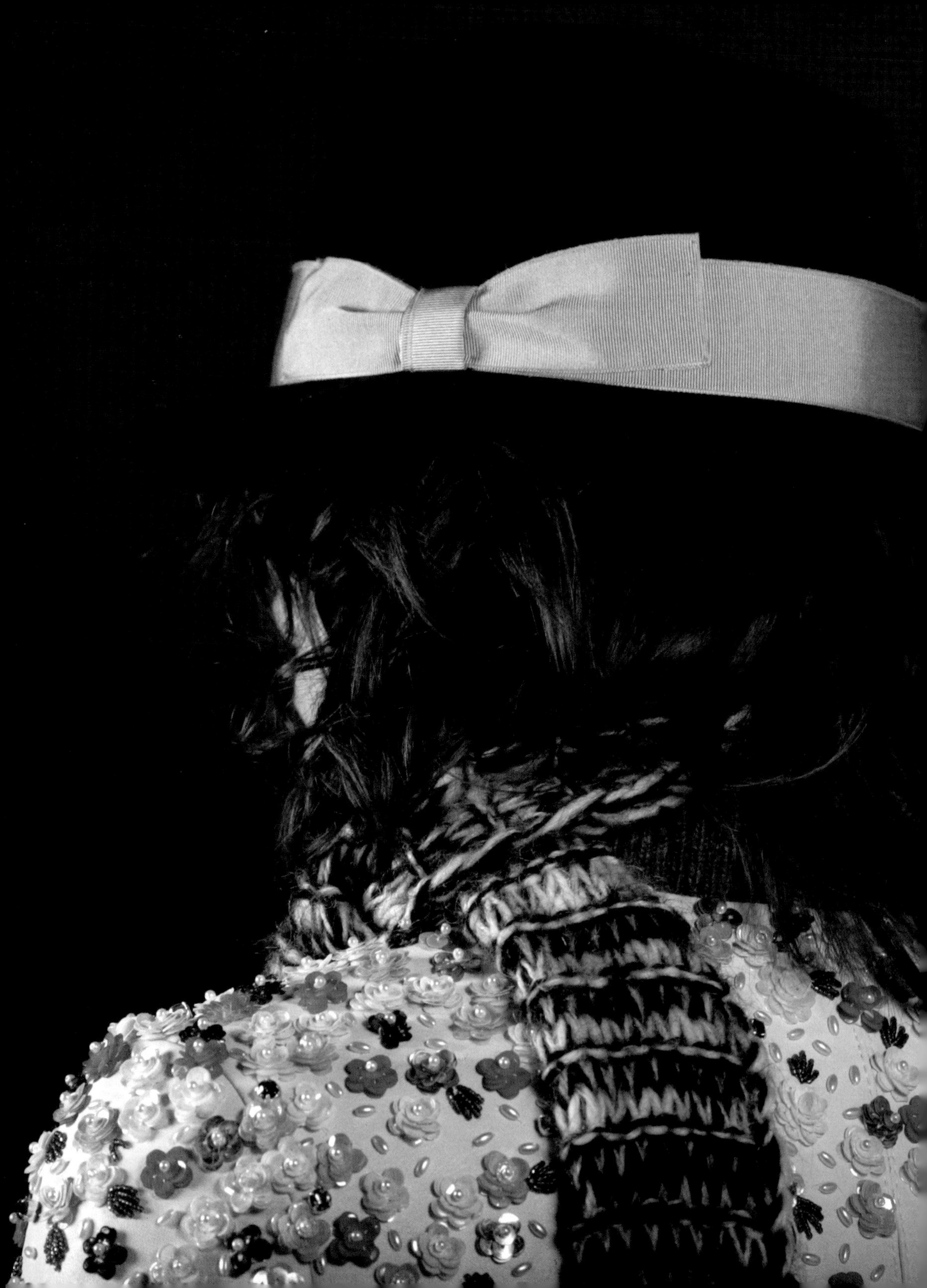

Coleção *Glam Rock* da Dior Homme, outono/inverno 2005/06
Inspirado em *glam rockers* como David Bowie, o look característico de Hedi, com microsmoking ou paletó justo paetizado (em uma cruza de rock and roll e uniforme), combinado com jeans *skinny* e cabelo desgrenhado, é imitado no mundo inteiro.

Zac Posen

"Começamos com um *hype* incrível por conta do reconhecimento de nome e de personalidade. Isso impulsionou o negócio, e as imagens de celebridades usando as roupas impulsionaram as roupas."

Zac Posen cresceu na comunidade boêmia do SoHo de Nova York, em meio a galerias de arte, butiques, restaurantes e ateliês da moda. Posen adquiriu naturalmente um senso de criatividade, e desde cedo mostrou ser uma promessa, conseguindo um estágio com Nicole Miller e um emprego de assistente de design na nova grife Tocca.

Buscando desenvolver seu amor pela moda, Posen trocou Nova York por Londres e matriculou-se no aclamado programa de moda e têxteis do prestigioso Central Saint Martins College of Art and Design. Ele brilhou dentro da atmosfera criativa, o que colocou a visão criativa independente e a integridade no centro de sua produção acadêmica.

Ainda como aluno, Posen expôs um vestido inspirado nas roupas íntimas do século XIX na exposição Curvaceous, realizada no Victoria and Albert Museum (V&A) de Londres em 2001 e 2002. Com referências à corseteria tradicional, ele criou seu vestido a partir de várias tiras longas de couro marrom, unidas apenas por ganchos e ilhóses para compor o resultado final. Essa primeira interpretação do vestido exemplificou sua capacidade técnica e abordagem atenta aos contornos do corpo feminino. O vestido, atualmente, é parte da coleção permanente do V&A.

Usando uma estratégia semelhante à de Paul Poiret, que utilizava o circuito social como forma de promover suas criações nas primeiras décadas do século XX, Posen retornou a Nova York e começou a aparecer no cenário das festas, onde modelos vestindo Zac Posen interagiam com as socialites que importavam. Desde o início, antes de lançar sua grife, Posen deixou clara sua intenção na moda: glamour e celebridade seriam elementos-chave em sua visão. Ele já havia conquistado uma lista de clientes que incluía nomes como Naomi Campbell, Jade Jagger e Sophie Dahl.

Coleção prêt-à-porter, primavera/verão 2010
Vestidos de baile glamourosos e vestidos sensuais para o tapete vermelho tornaram-se o look característico de Posen.

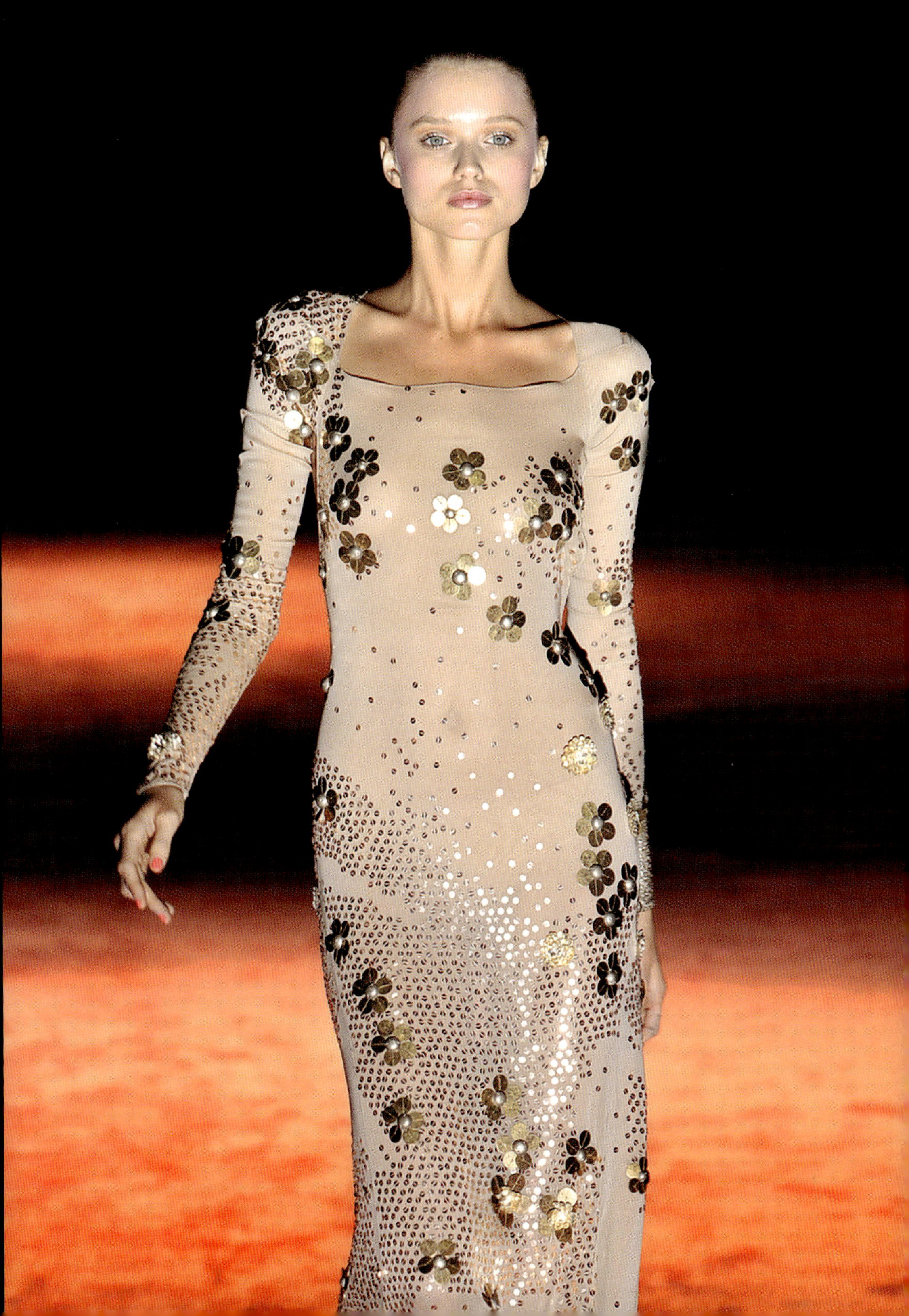

Um prêmio no valor de US$ 20 mil da Gen Art permitiu que Posen mostrasse sua primeira coleção na passarela da Semana de Moda de Nova York, em outubro de 2001. Posen era tido em alta conta pelo *establishment* da moda em virtude de suas excelentes credenciais, e no ano seguinte recebeu o prêmio da Ecco Domani Fashion Foundation, no valor de US$ 25 mil. Ele continuou a impressionar e a vestir as heroínas de Hollywood com suas silhuetas ultrafemininas, que lhe renderam o prêmio Swarovski Perry Ellis do Council of Fashion Designers of America na categoria Moda Feminina, em 2004. Embora os prêmios e reconhecimentos tenham sido importantes para consolidar seu negócio, Posen acredita que a atenção da imprensa que os prêmios atraíram foi o elemento mais poderoso e benéfico.

Citando a atriz do primeiro escalão Natalie Portman como sua musa, Zac Posen define sua estética: formas femininas superenxutas que acompanham o movimento do corpo, em tecidos maleáveis e cintilantes que dão um contexto moderno às influências da década de 1940. As barras são ocasionalmente adornadas com bordados e estampas gráficas, que acentuam os vestidos sereia evasê e os ousados vestidos-coquetel. Essas qualidades sensuais seduziram nomes como Kate Winslet, Cameron Diaz, Jennifer Lopez e muitas outras estrelas dos tapetes vermelhos.

Página ao lado: Coleção prêt-à-porter, primavera/verão 2010
O vestido-casaco em PVC cor-de-rosa sobre um vestido justo com estampa gráfica confere a esta coleção um ar jovial.

À direita: Coleção prêt-à-porter, primavera/verão 2010
O look para o dia conserva a preferência de Posen por sofisticação e glamour.

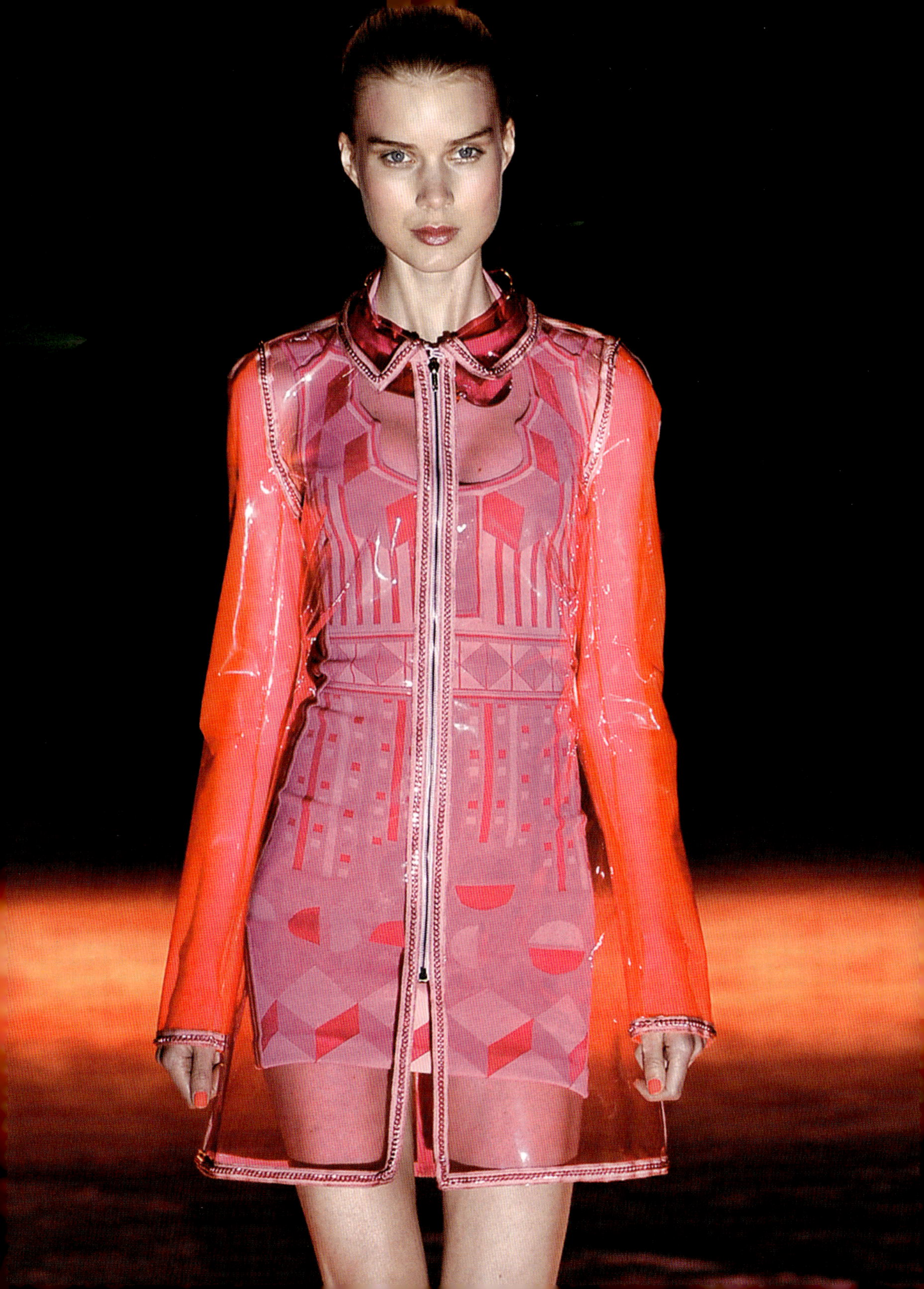

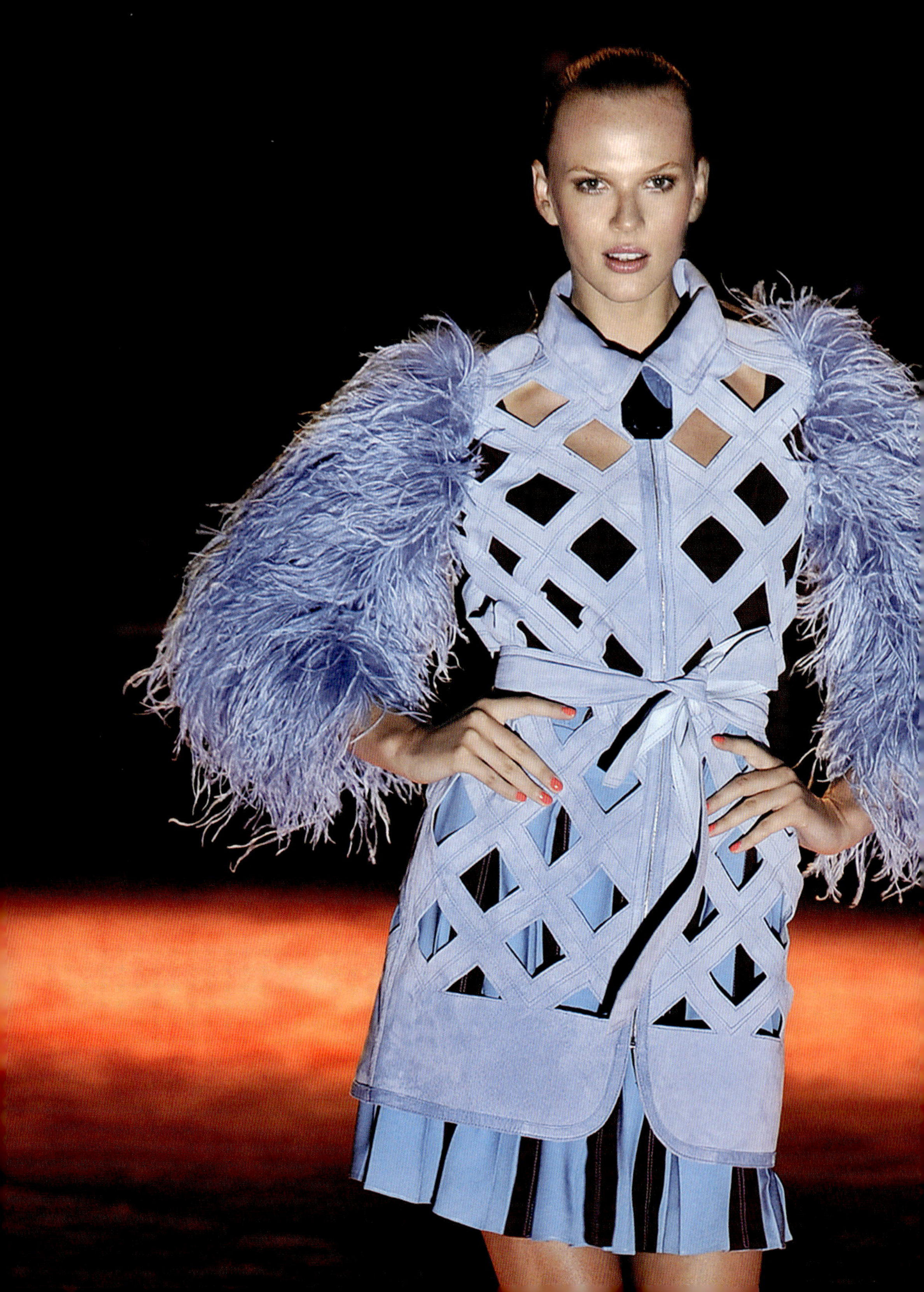

À esquerda: Coleção prêt-à-porter, primavera/verão 2010
Este vestido-casaco cortado a laser em camurça azul-pálido com mangas em pele sintética é um arriscado *statement rock chic* em meio a todos os modelos sofisticados e glamourosos.

Acima: Coleção prêt-à-porter, primavera/verão 2010
Posen cria este vestido de seda roxo-escuro tendo em mente o belo do corpo; o vestido é justo e tem proporções curtas. A estampa abstrata ajuda a destacar ainda mais a personalidade do modelo, que expressa uma atitude sexy e despreocupada.

Abaixo e no centro: Coleção prêt-à-porter, outono/inverno 2009
Inspirado pela silhueta dos anos 1940 e pela era Vitoriana, Posen cria paletós de ombros fortes e cintura ajustada, acentuada por cintos. Os rufos nas saias suavizam o look geral.

Canto superior direito: Coleção prêt-à-porter, outono/inverno 2009
Posen usa um decote profundo, tecido de jacquard cintilante e uma silhueta de corte justo para produzir um de seus sensuais vestidos para celebridades.

À direita: Coleção prêt-à-porter, primavera/verão 2010
Cor forte, estampa, textura e um drapeado inteligente ao redor dos quadris cria uma silhueta que é ao mesmo tempo sofisticada, jovem e moderna.

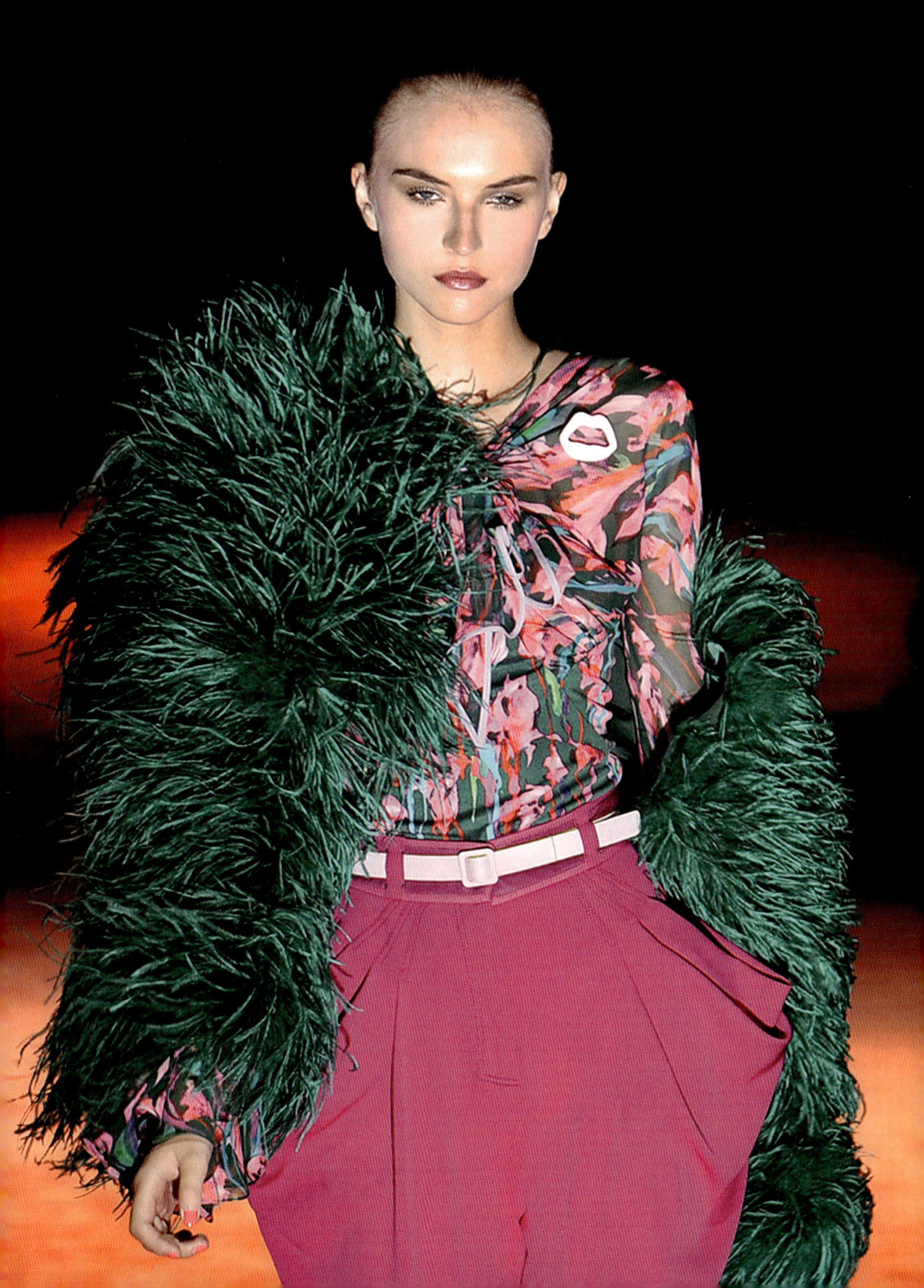

Esquerda: Coleção prêt-à-porter, primavera/verão 2010
Este paletó com mangas raglã verdes e painéis laterais triangulares em *off-white* cria um visual gráfico e esportivo.

Direita: Coleção prêt-à-porter, primavera/verão 2010
Uma enorme estampa de tigre desenhada pelo artista Rosson Crow parece estar prestes a saltar para fora deste vestido frente-única ultrassexy com corte enviesado, batizado de "man-eater".

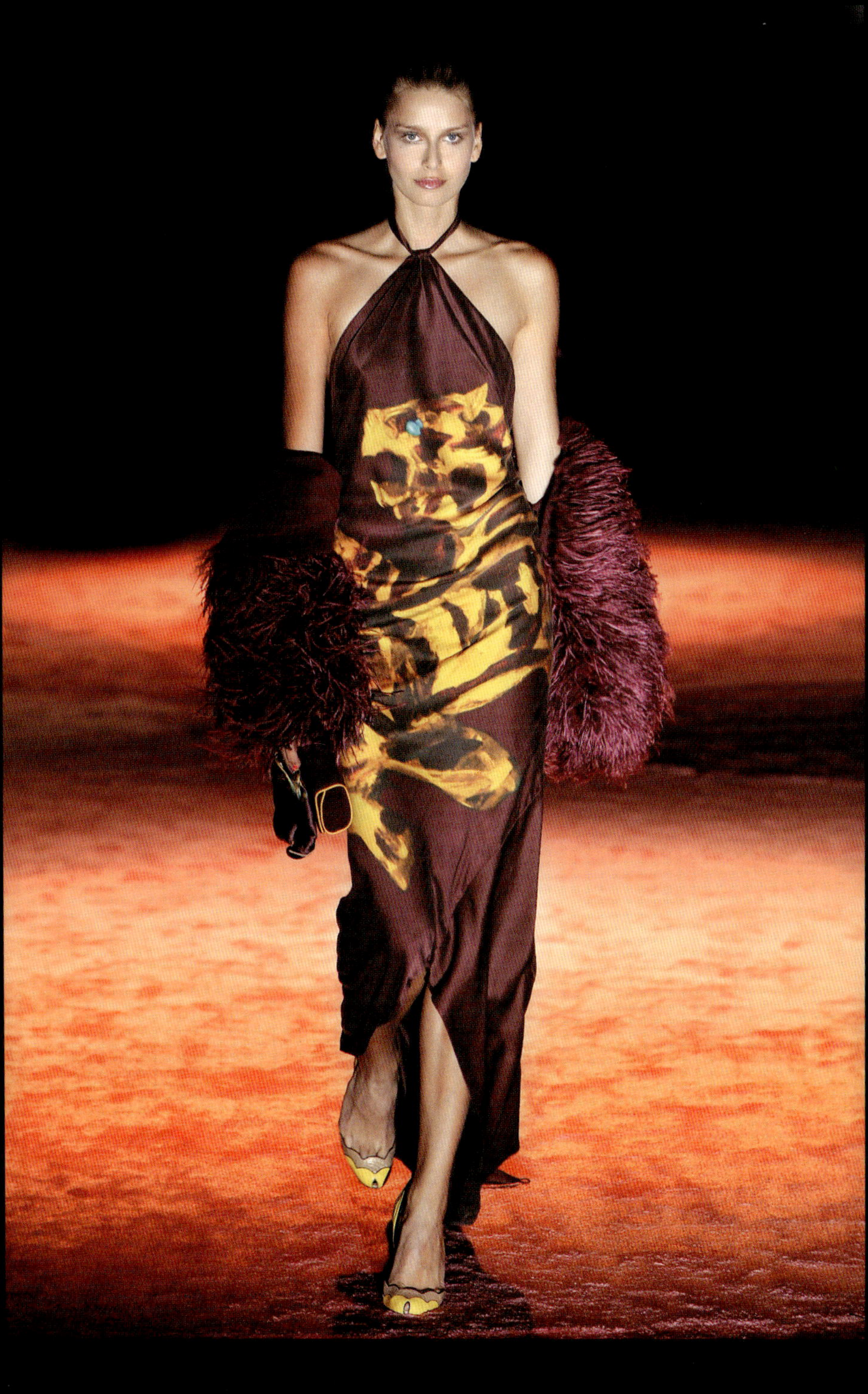

Marc Jacobs

"Eu realmente penso sobre as roupas e o corte das roupas, então tentamos levar a decoração para dentro das costuras. Acrescentamos debruns, roletes e mais pespontos – coisas que ajudam a dar dimensão para tecidos que, de outra forma, seriam planos."

Nascido e criado em Nova York, Marc Jacobs é um rebento da célebre Parsons School of Design. Ele se tornou o maior designer dos Estados Unidos e uma das marcas de moda internacionais mais reconhecidas do século XXI. Jacobs garantiu uma carreira de sucesso enquanto ainda aprendia seu ofício na Parsons. Além de seu sucesso ao criar e vender sua primeira coleção de suéteres tricotados a mão na notável butique nova-iorquina Charivari, ganhou diversos prêmios, entre eles o prêmio dedal de ouro Perry Ellis, o prêmio dedal de ouro Chester Weinberg e o prêmio Estudante de Design do Ano. Isso sinalizou claramente seu talento e capacidade de apropriação da moda dentro de um contexto contemporâneo.

Depois de se graduar, em 1981, Jacobs foi contratado pela Perry Ellis para trabalhar na linha de moda feminina, que precisava de novo fôlego e direção depois da morte de seu fundador. Marc Jacobs apresentou sua primeira coleção para a Perry Ellis em 1986, incorporando a filosofia de design da casa com um toque de seu brio moderno. Ele foi amplamente aclamado e, no ano seguinte, apresentou sua própria coleção com a grife Marc Jacobs. Em função disso, tornou-se o mais jovem ganhador da mais alta honraria da moda norte-americana, o prêmio Perry Ellis de Novo Talento da Moda, concedido pelo Council of Fashion Designers of America (CFDA).

Jacobs continuou a apropriar-se da cultura urbana moderna à sua maneira inconfundível, e sua célebre coleção Grunge para a Perry Ellis, em 1992, recebeu muita atenção da imprensa por sua visão pioneira. Influenciado pela música e pelo visual do Nirvana, banda-símbolo do grunge-rock, Jacobs traduziu as camisas xadrezes comuns em camisas de seda de US$ 1.000, impecavelmente confeccionadas na Itália; interpretou os humildes calçados Birkenstock em cetim; e transformou a bandeira norte-americana, símbolo máximo do dinheiro e do poder, em mantos de caxemira. Jacobs desencadeou uma tendência que acabaria sendo copiada por todos os segmentos da indústria da moda. No entanto, sua abordagem foi considerada radical demais para a grife Perry Ellis, e ele foi demitido de seu cargo. Ironicamente, Jacobs recebeu o prêmio de Designer de Moda Feminina do Ano do CFDA naquele mesmo ano.

Coleção prêt-à-porter, primavera/verão 2010
Roupas íntimas sugestivas vestidas por cima das peças levantam questões sobre o poder e a sexualidade da mulher.

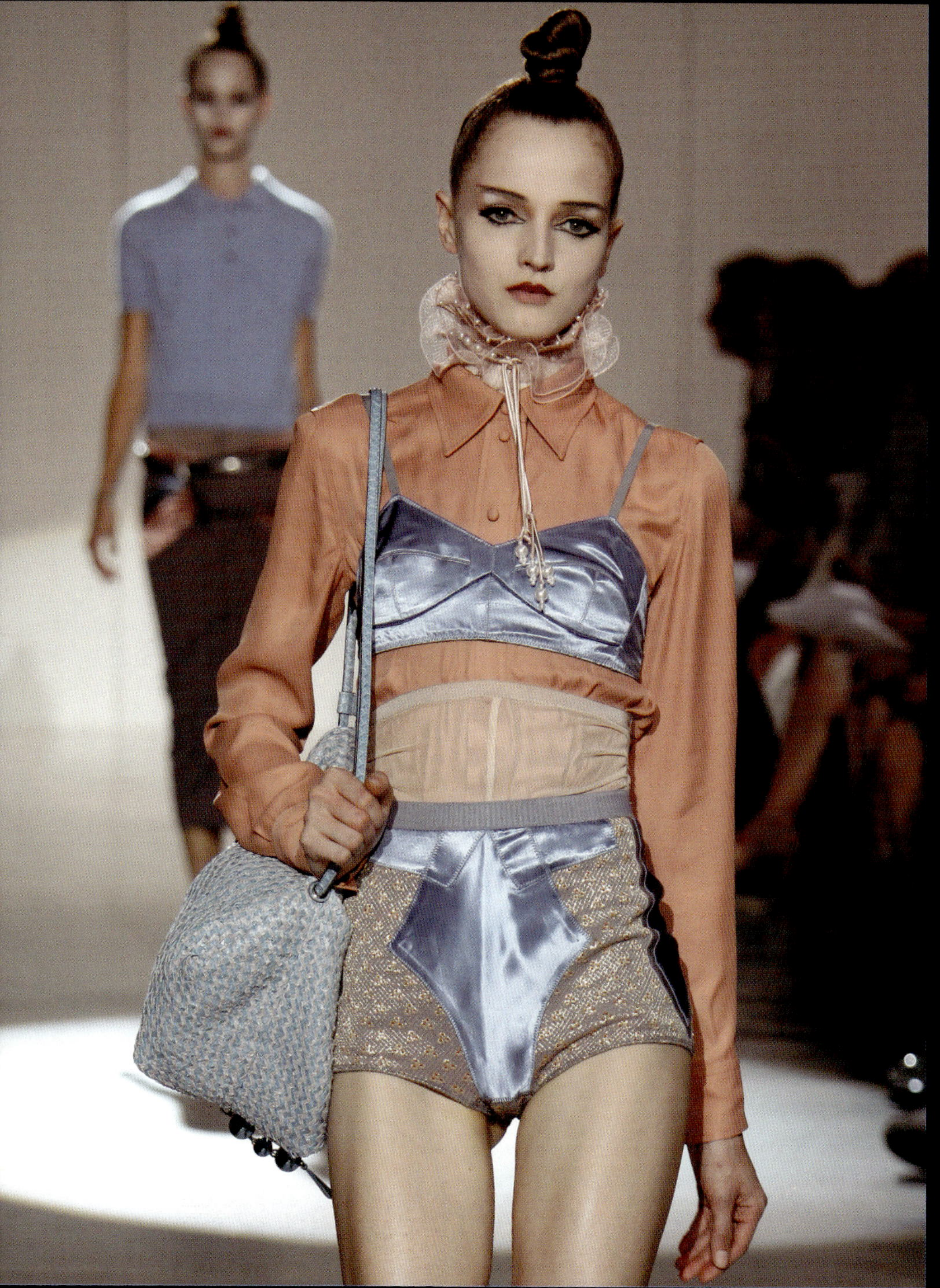

Jacobs não se deixou abater pela demissão e, incentivado por seu reconhecimento por parte do CFDA, criou coleções para a grife Marc Jacobs durante os anos 1990 que refletiam a atmosfera e a direção social de todas as formas possíveis. Inspirado pelos uniformes militares e por aspectos das silhuetas modeladas, criou um look minimalista em justaposição com elementos do período vitoriano inglês. Seu uso de cores e tecidos era um choque de lãs clássicas em tons naturais, que demonstravam uma sobriedade madura, com explosões de cores e padronagens vibrantes e joviais. Novamente, o look tornou-se uma tendência-chave, que foi difundida para outras camadas do mercado.

Culturalmente antenado e dotado de um olhar treinado para os detalhes, Jacobs inspira-se na moda das décadas anteriores e em suas experiências pessoais de moda. "Gosto de alusões românticas ao passado: o que minha babá vestia, o que a professora de arte vestia, o que eu vestia durante minha fase experimental na moda, quando frequentava o Mudd e queria ser New Wave ou punk mas na verdade não passava de um *poseur*".

A pesquisa ampla e variada de Jacobs permite que ele explore o passado e traduza uma visão estilística moderna para o "aqui e agora". Sem preocupações em ser conceitual, a marca Marc Jacobs é, acima de tudo, um negócio que oferece ao consumidor moda contemporânea e de bom gosto. No entanto, ele também acredita em assumir riscos e em romper com os ditames para criar algo novo: "Meu maior orgulho é a coleção da Perry Ellis chamada Grunge. Eu senti que era a coisa certa a fazer, mesmo que não fosse o que eu deveria fazer para a imagem da Perry Ellis, ela produziu uma obra que ainda ecoa, ou que significou algo em termos de moda."

Esquerda: Coleção prêt-à-porter, primavera/verão 2010
Aqui, Jacobs inspira-se nas gueixas japonesas para criar a maquiagem e os cabelos. Uma bolsa Marc Jacobs – acessório que é "objeto de desejo" – completa o look da temporada.

Direita: Coleção prêt-à-porter, primavera/verão 2010
A cinta alta no casaco trespassado de inspiração militar com seis botões cria proporções incomuns que equilibram a saia longa, larga e fluida.

Direita: Coleção prêt-à-porter, outono/inverno 2009
Todos os aspectos desta coleção inspirada pela cena das boates nova-iorquinas dos anos 1980 – cabelos frisados, maquiagem New Romantic, roupas, proporções e acessórios – contribuem como referência para completar o look.

Página ao lado (ambas as imagens): Coleção prêt-à-porter, outono/inverno 2009
As cores, os tecidos caros e luxuosos e os cabelos bufantes ajudam a criar uma interpretação sofisticada dos anos 1980.

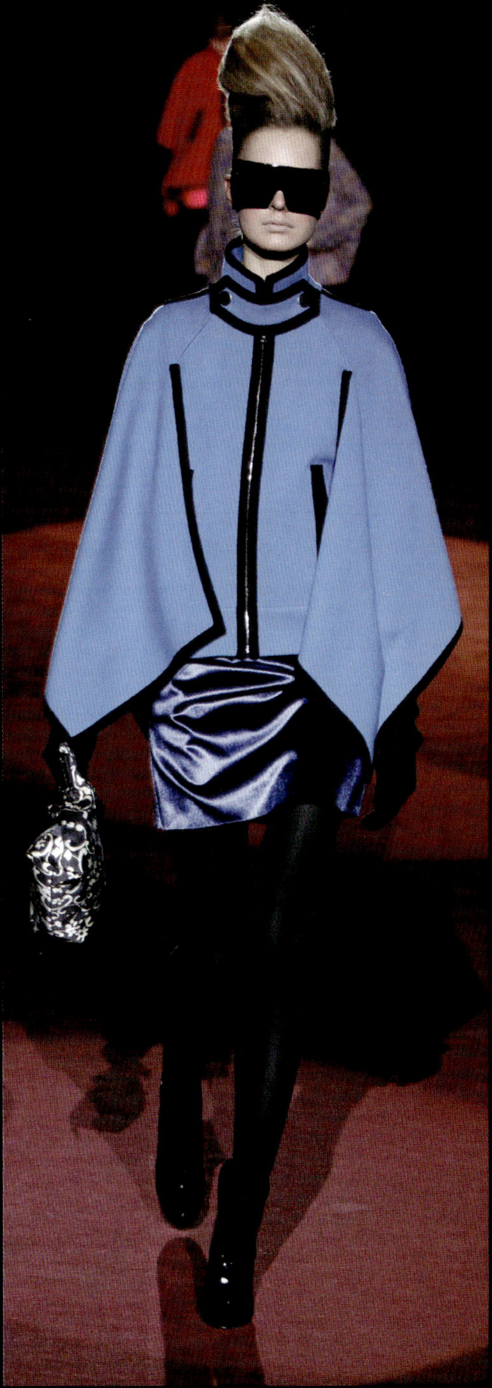

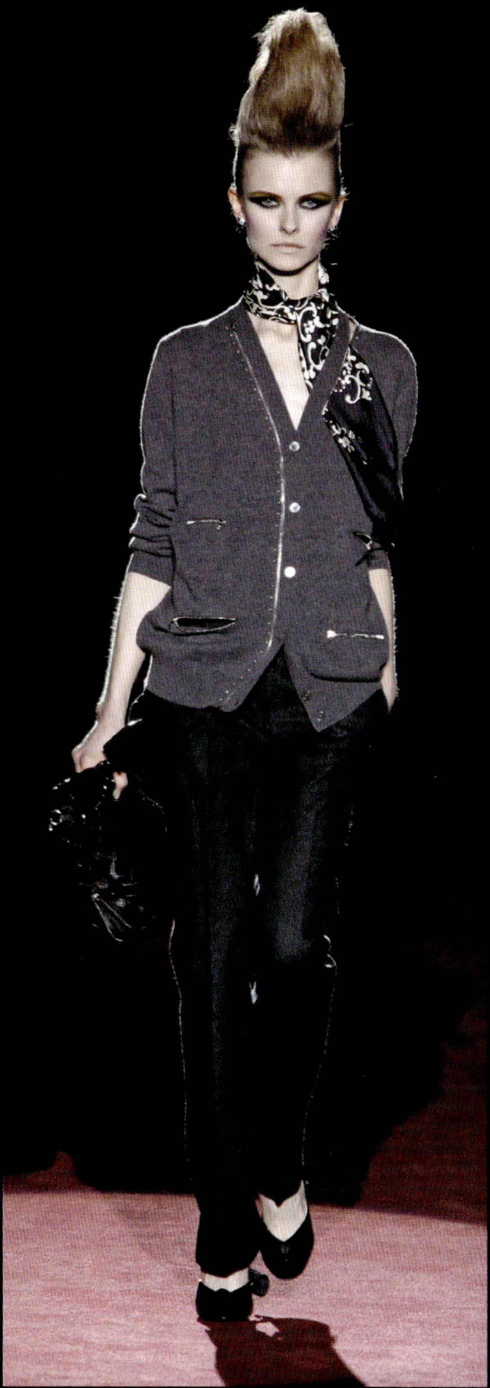

Direita: Coleção prêt-à-porter, outono/inverno 2009
Cor-de-rosa e verde são usados com eficácia como cores contrastantes, dando vida ao look.

198 Portfólios

Esquerda: Coleção prêt-à-porter, outono/inverno 2009
Esta camisa incorpora detalhes militares, como a cor, os botões e os bolsos, que são apresentados em justaposição com a luxuosa saia em veludo. As luvas e o cinto em couro preto, com a bolsa acolchoada, completam o look.

Marc Jacobs

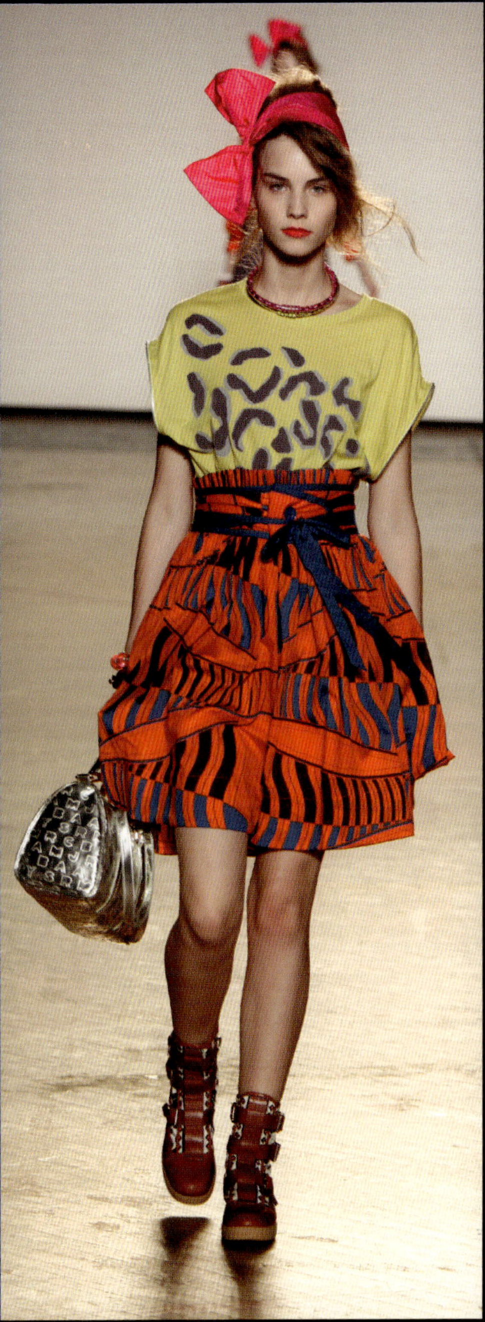

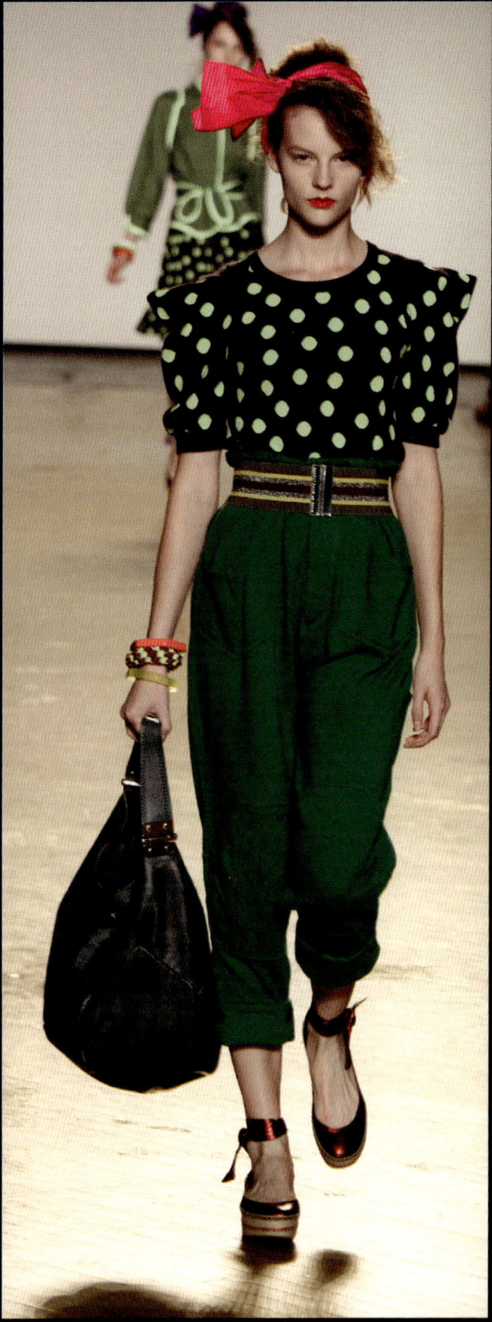

Todas as imagens: Marc by Marc Jacobs, coleção prêt-à-porter, primavera/ verão 2010

Ainda sobre o tema dos anos 1980, a linha de difusão Marc by Marc Jacobs inspira-se na mistura eclética de estampas, calças e camisetas que a rainha do pop Madonna vestia no início de sua carreira.

Marc Jacobs 201

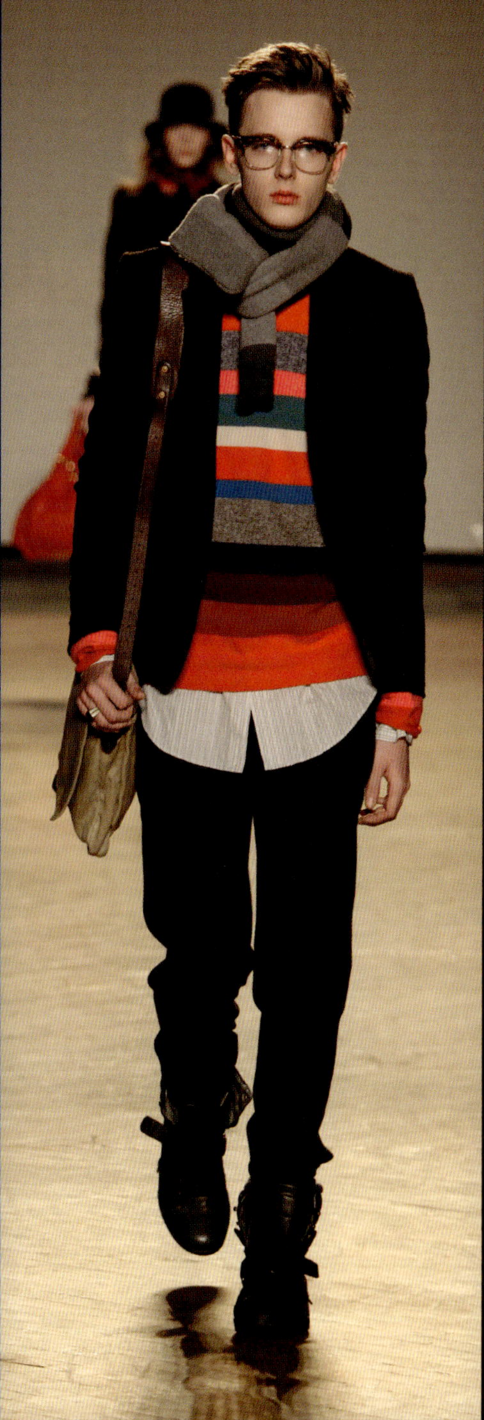

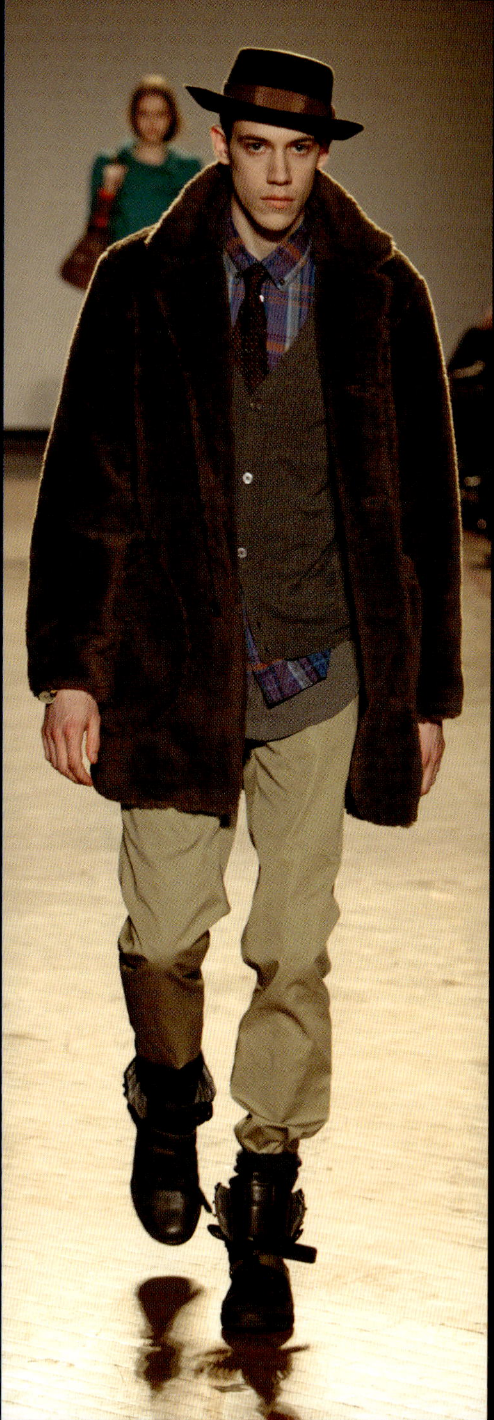

Página ao lado (ambas as imagens): Marc by Marc Jacobs, coleção prêt-à-porter, outono/inverno 2009
Na imagem da esquerda, as cores, camadas, proporções entre peças curtas e longas e styling criam o nerd universitário moderno. Na imagem da direita, diferentes texturas, cores, proporções, camadas e styling dão um fator *cool* a esse garoto universitário.

Esquerda: Marc by Marc Jacobs, coleção prêt-à-porter, outono/inverno 2009
A injeção de cor tem um papel importante na criação de um look boêmio jovem. O uso estratégico de vermelho no calçado, na meia-calça e no cinto define as proporções e o equilíbrio gerais.

Desde 1997, além de criar para sua própria grife, Marc Jacobs é diretor criativo da Louis Vuitton. Ele desenvolveu a primeira linha prêt-à-porter, que demonstra uma visão diferenciada e moderna sobre o referencial do estilo francês, e redefiniu radicalmente o célebre monograma e a tradicional bolsa da Louis Vuitton. Inspirado por sua obra de arte favorita, *L.H.O.O.Q.*, de Marcel Duchamp – a *Mona Lisa* com um bigodinho desenhado – Jacobs vem dando vazão a interpretações mais atuais e anárquicas. Isso levou o designer a embarcar em parcerias criativas com artistas como Stephen Sprouse, que criou bolsas grafitadas, e Takashi Murakami, que aplicou personagens cartunescos sobre um colorido monograma da LV. Inicialmente, essas novas bolsas, chaveiros, etc. eram destinados apenas para desfiles, mas depois que a empresa foi inundada por pedidos do público e por reações entusiasmadas por parte da imprensa, Jacobs finalmente persuadiu o conselho a colocar os novos produtos em produção. "Nossa parceria vem produzindo muitos trabalhos, e tem sido uma

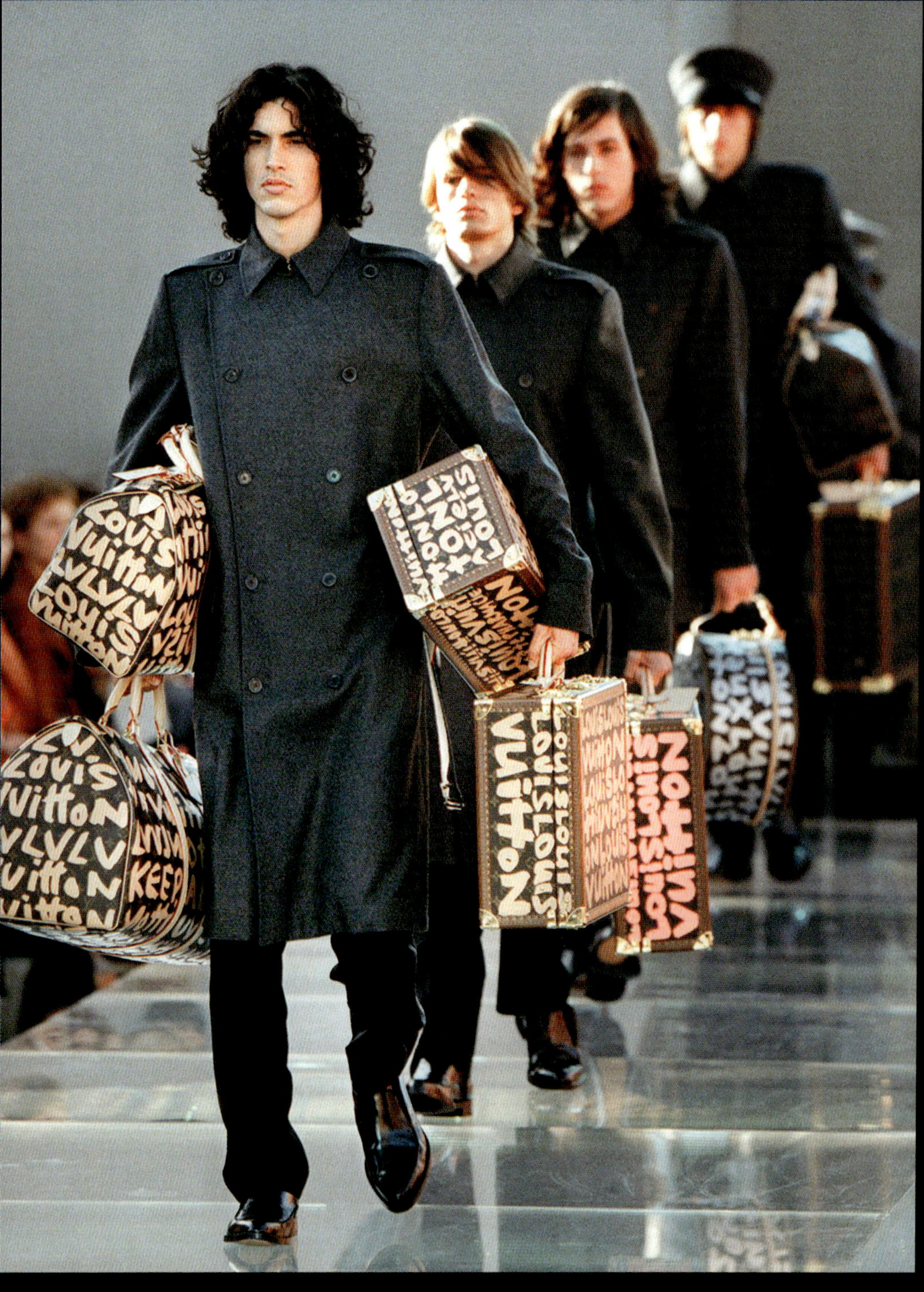
Louis
Vuitton

grande fonte de influência e inspiração para muitas pessoas. Vem sendo, e continua a ser, um casamento monumental entre arte e comércio. O cruzamento definitivo – aquele que entrará para os livros de história da moda e da arte", ele comenta.

Na época, a indicação de Jacobs para a Louis Vuitton foi vista como arriscada; a atitude descontraída e o *zeitgeist* instintivo do designer eram vistos como qualidades contrastes com uma empresa formal e tradicional cujo *éthos* e clientela eram caracterizados pela rigidez. No entanto, Jacobs consolidou a marca Louis Vuitton como uma das maiores marcas de moda de luxo, e introduziu relógios e joias para expandir o mercado de luxo da empresa.

A intuição criativa de Jacobs e a forma como ele continuamente regurgita uma moda *cool* e sem esforço foram de grande valia para o designer, e as comparações com a rainha global da moda de luxo, Miuccia Prada, são tão frequentes quanto as vendas das bolsas Marc Jacobs. Com a ajuda de seu sócio, braço direito e fiel confidente Robert Duffy, Jacobs construiu um império com várias lojas próprias no mundo inteiro, oferecendo uma gama de produtos que inclui perfumes, óculos, acessórios e os mais cobiçados sapatos do circuito *fashion*.

Página ao lado: Marc Jacobs para Louis Vuitton, coleção prêt-à-porter, outono/inverno 2001
Os modelos atuam como carregadores para apresentar a linha de malas da Louis Vuitton. Em colaboração com Steven Sprouse, Marc Jacobs recriou o tradicional monograma da LV, transformando-o em uma moderna estampa em estilo graffiti.

Esquerda: Marc Jacobs para Louis Vuitton, coleção prêt-à-porter, primavera/verão 2007
Este modelo chique em preto é acompanhado por uma bolsa Louis Vuitton em patchwork, em estilo grunge, conferindo um elemento urbano ao look. O conceito da bolsa foi uma colaboração entre Mark Jacobs e a ilustradora Julie Verhoeven.

Duckie Brown

"Não importa o que nós criemos, há sempre a sensibilidade de que seja algo totalmente fácil de vestir. Pode não ser para o gosto estético de todos os homens, porque os papéis são delineados de forma extremamente rígida e as fronteiras entre o que é aceitável ou não são absolutamente insanas. A essência da Duckie Brown é desafiar essas coisas."

Steven Cox e Daniel Silver são a dupla por trás da grife nova-iorquina de moda masculina Duckie Brown. Sua eclética mistura de alfaiataria clássica e uso excêntrico de cores e tecidos trouxe à tona uma nova perspectiva de moda masculina moderna que desafia o conservadorismo dominante e a orientação de moda esporte do mercado norte-americano.

A Duckie Brown apresentou sua primeira coleção em 2003, no evento anual da Gen Art, Fresh Faces, durante a Semana de Moda de Nova York. Não demorou para que a grife atraísse a atenção da influente loja de moda nova-iorquina Barneys, que deu à Duckie Brown a oportunidade de ter suas peças expostas para venda ao lado de grifes internacionais consagradas. O sistema da moda de Nova York, reconhecendo sua engenhosidade e abordagem individual, indicou a dupla para o prêmio Swarovski Perry Ellis de Moda Masculina, em 2003, e para o prêmio do Council of Fashion Designers of America (CFDA), em 2004 e 2007. Hoje, a grife autofinanciada pode ser encontrada em diversos pontos de venda não só nos Estados Unidos, mas também no Japão, em Londres e em Paris.

A dupla reuniu-se para formar a Duckie Brown em 2001. O inglês Stephen Cox, principal designer da grife, teve formação britânica e passou mais de quinze anos em Nova York criando designs para diversas grifes, entre elas Ralph Lauren e Tommy Hilfiger. Daniel Silver veio de Toronto, no Canadá. Sua primeira experiência no desenvolvimento de produto foi como designer de luvas durante os anos 1980. Mais tarde, obteve sucesso como produtor de televisão durante vários anos. Além de contribuir para a discussão criativa, Silver coordena o lado corporativo da grife.

A considerável diversidade de formação dos dois, além de seu riquíssimo *mix* de experiências, enfatiza o caráter de sua moda masculina. O nome Duckie Brown remete à infância de Cox, quando uma tia o chamava de "Duckie". A dupla acrescentou o "Brown" por tratar-se de um sobrenome inglês clássico.

Primavera/verão 2008
Um paletó em cetim de seda e uma camisa decotada, em um estilo normalmente associado à moda feminina, acrescenta qualidades femininas à silhueta masculina.

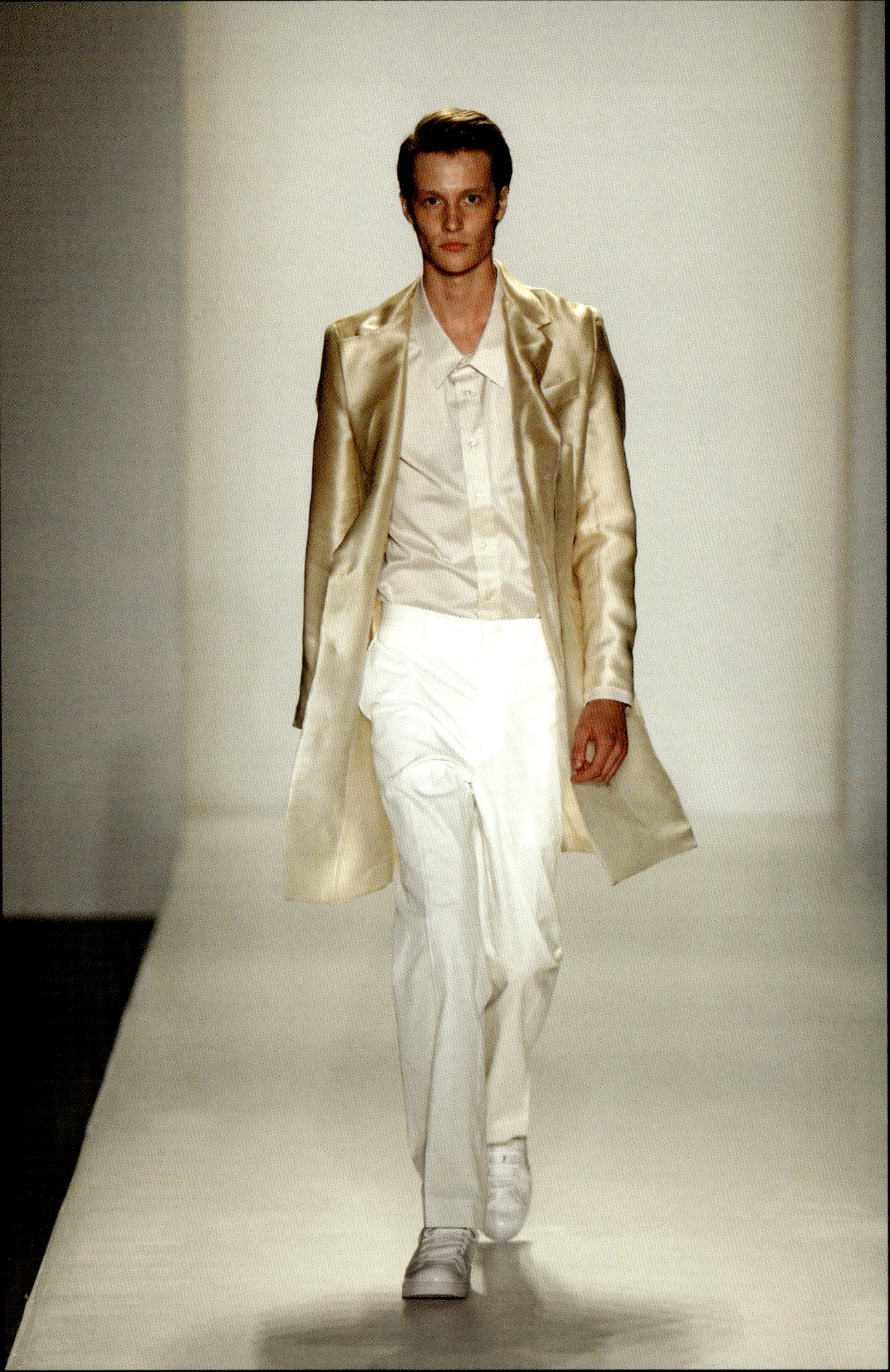

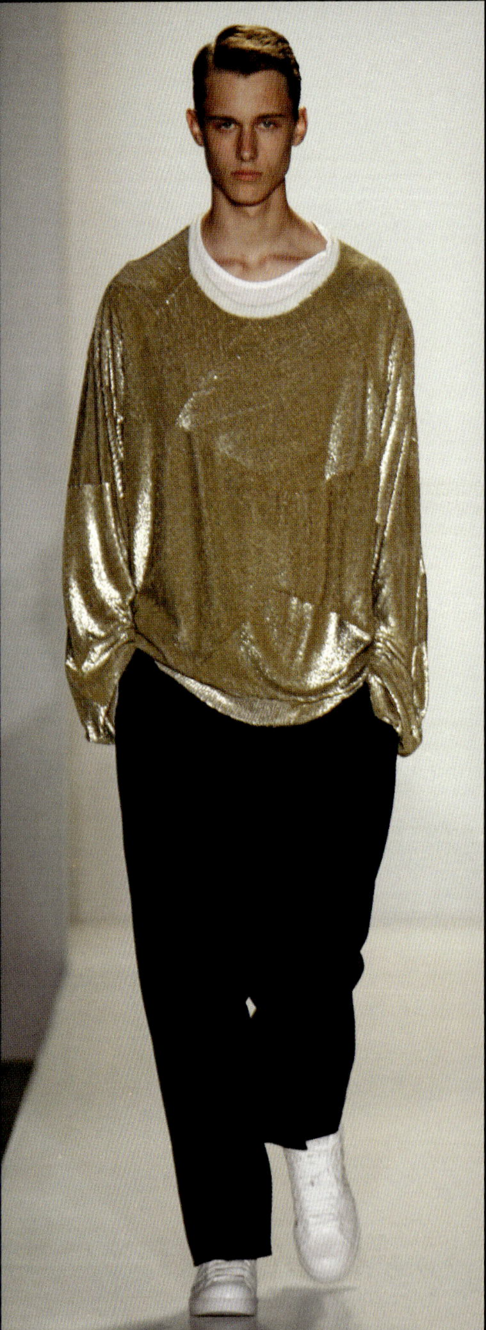

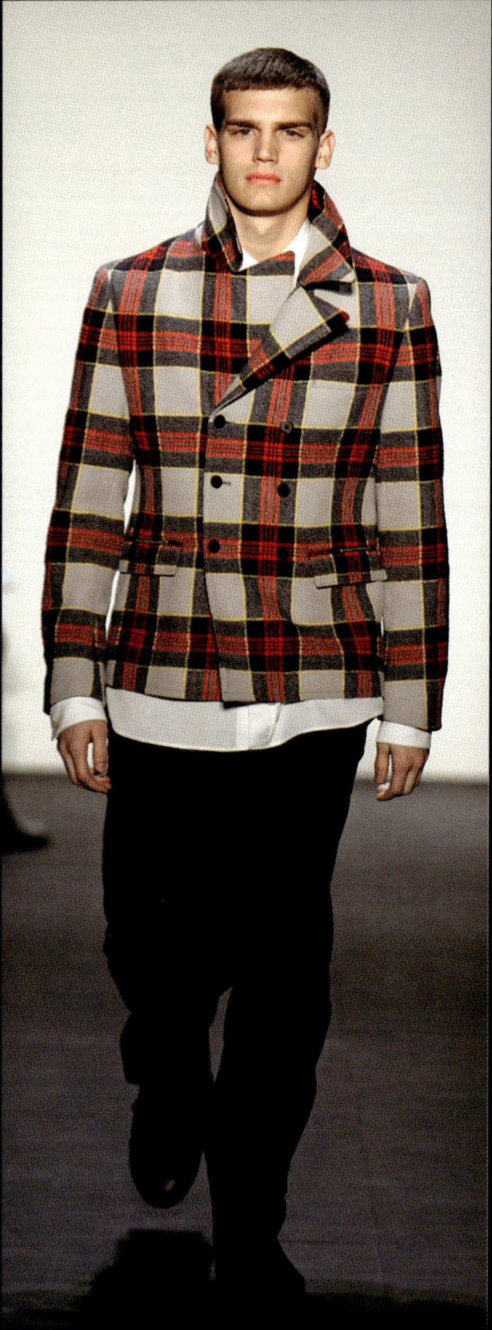

isso realça o objetivo da estética da grife – uma excêntrica distorção da moda masculina clássica baseada nas peças de alfaiataria inglesas, como ternos, paletós e calças.

No entanto, a estética da Duckie Brown vai além de uma simples adaptação da alfaiataria clássica. Cox inspira-se em todos os aspectos da cultura britânica; Silver inspira-se em suas experiências pessoais e na música. Acima de tudo, os dois buscam, constantemente, a originalidade por meio de suas interpretações da moda. Como mentores, eles citam nomes como Rei Kawakubo, Ralph Lauren, Karl Lagerfeld e Dries Van Noten.

Introduzindo uma infinidade de combinações diferentes de tecidos e cores, que ocasionalmente incluem ornamentos têxteis como apliques e miçangas, eles justapõem proporções *oversized* com camisas e tricôs – tudo isso dentro dos limites de uma silhueta arquetípica. Suas coleções claramente subvertem a noção de moda masculina clássica com um senso de humor subjacente. A comicidade de acessórios como ceroulas com luvas embutidas ou um kilt escocês que mais parece uma faixa beira o absurdo.

A dupla se descreve como uma empresa relativamente pequena, e mostra grande determinação em manter a independência da grife Duckie Brown, tanto em termos financeiros quanto criativos. Eles mantêm a produção em Nova York, garantindo assim o controle do processo do início ao fim. Utilizando a última alfaiataria artesanal de Nova York, conseguem garantir o alto nível de design, qualidade e acabamento que buscam.

A cuidadosa mistura de comercialismo e criatividade de Cox e Silver permitiu que a Duckie Brown crescesse sistematicamente. Além de um bando fiel de amantes da moda, sua visão estética e futurista para a moda masculina começou a atrair um consumidor mais exigente. A notável parceria com a centenária calçadista norte-americana Florsheim, em 2009, destaca ainda mais as credenciais da dulpa, enquanto criadores, e a admiração da Duckie Brown pela autenticidade, tradição e qualidade no design de moda.

Ao lado, esquerda: Primavera/verão 2008
O luxuoso veludo dourado transforma esta peça *oversized* em casual chic.

Ao lado, direita: Outono/inverno 2007
Os elementos britânicos tradicionais são aparentes neste blazer trespassado inspirado nos tartãs escoceses, confeccionado de forma impecável usando técnicas tradicionais. O meticuloso encaixe do xadrez é uma técnica empregada pelos renomados alfaiates da Savile Row, de Londres.

Esquerda: Primavera/verão 2007
Os designers subvertem o tradicional terno masculino, jogando com proporções *oversized* e detalhes do sportswear e colocando o colete por cima do paletó.

Direita: Primavera/verão 2007
A camisa branca masculina é *oversized* e alongada, criando uma silhueta esguia e contemporânea.

**À direita e ao centro:
Outono/inverno 2007
Página ao lado, direita:
Primavera/verão 2008**
Nestes três looks, uma explosão de cor transforma drasticamente a *persona* de peças relativamente triviais, tornando-as verdadeiros *fashion statements* da moda masculina moderna.

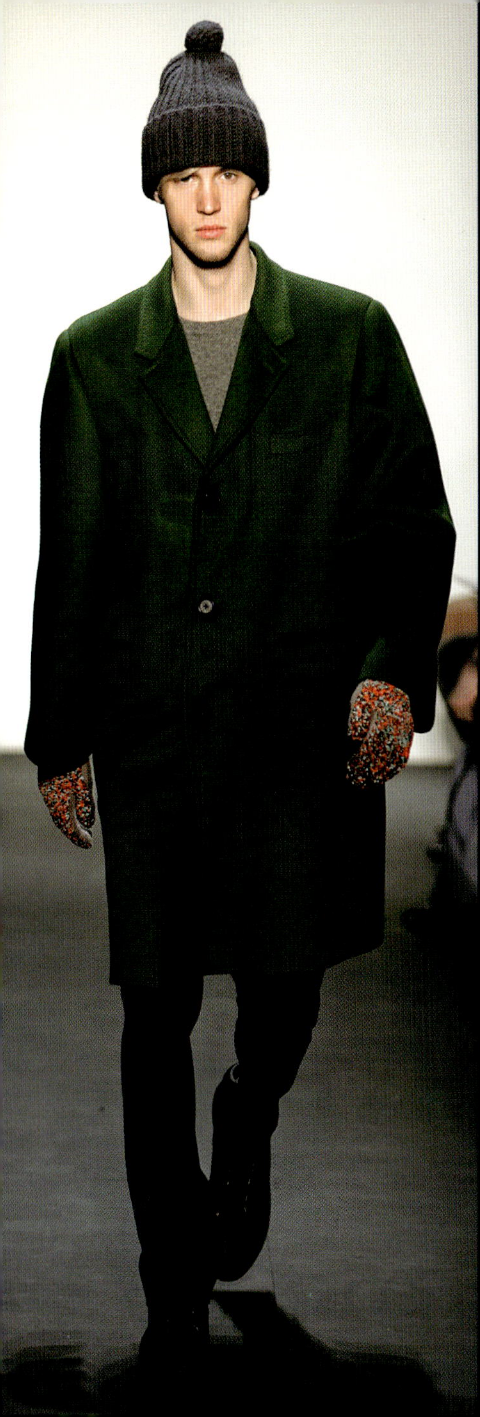
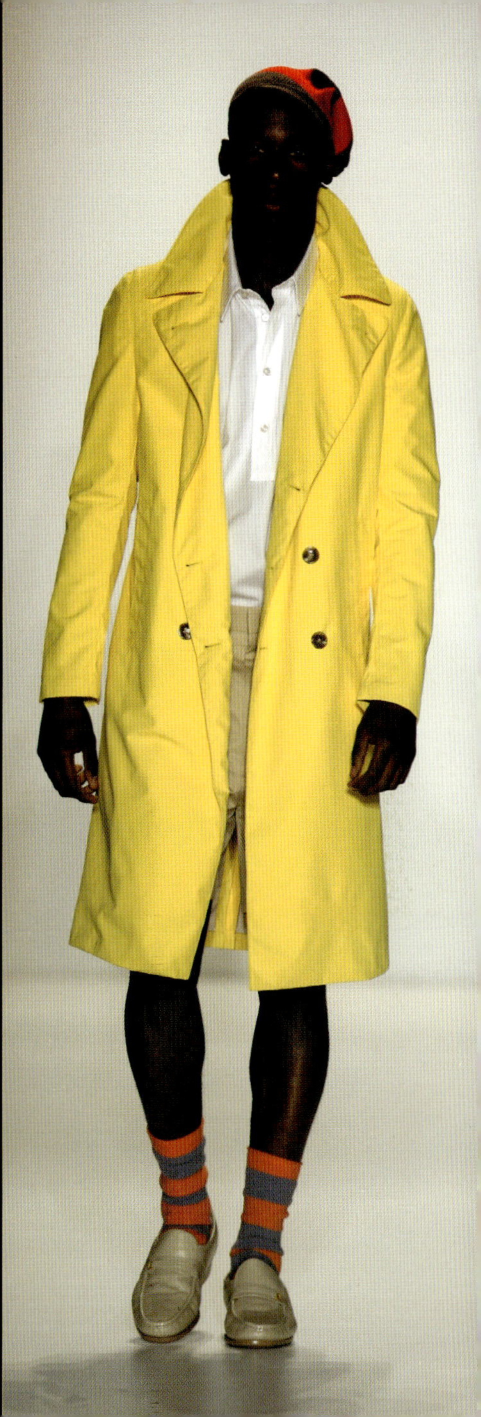

Direita: Outono/inverno 2004
Tradição e humor têm papel central na estética de design da Duckie Brown.

Página ao lado: Outono/ inverno 2004
O kilt escocês é drasticamente encurtado, tornando-se um *statement* cômico em vez de uma referência cultural literal.

Duckie Brown

Rick Owens

"Meu principal conceito é o de que não é preciso ser tão conceitual. Sou minimalista e direto."

Famoso por seu inspirado look rock gothic chic, com uma mistura altamente planejada de grunge e glamour, Rick Owens tornou-se uma das grifes mais badaladas da moda internacional. Sua carreira foi significativamente impulsionada em 2002, quando o designer recebeu o prêmio Perry Ellis de novo talento, concedido pelo Council of Fashion Designers of America (CFDA). Logo, uma empresa italiana passou a cuidar de sua produção e, como se tudo isso não fosse o suficiente, seu amor pelo trabalho com peles chamou a atenção da luxuosa grife francesa de peles Revillon, que o contratou como diretor criativo. A partir daí, o próximo passo lógico foi transferir seu estúdio de design de Los Angeles para Paris, onde passou a residir. Atualmente, ele tem lojas próprias em Paris, Londres, Nova York e Tóquio, além de ter seus produtos vendidos em várias lojas no mundo todo.

O atual sucesso de Owens está muito distante de suas origens humildes. Depois de abandonar a faculdade de belas-artes, ele se matriculou em um curso de modelagem em uma faculdade técnica da Los Angeles, onde ganhou reputação como modelista altamente criativo e talentoso.

Próximas páginas: Coleção prêt-à-porter, outono/inverno 2007/08
Esta coleção trabalha com um misterioso tema medieval. Volume, textura e formas são inspirados por caricaturas que retratam as mulheres de Paul Poiret (o *couturier* parisiense do início do século XX) como insetos, desenhados pelo cartunista francês Sem.

À direita: Coleção prêt-à-porter, primavera/verão 2007
As modelos aguardam nos bastidores para entrar na passarela. O designer e sua equipe passam vários dias combinando as modelos aos looks específicos e, em seguida, planejando a ordem de entrada de acordo com essas combinações.

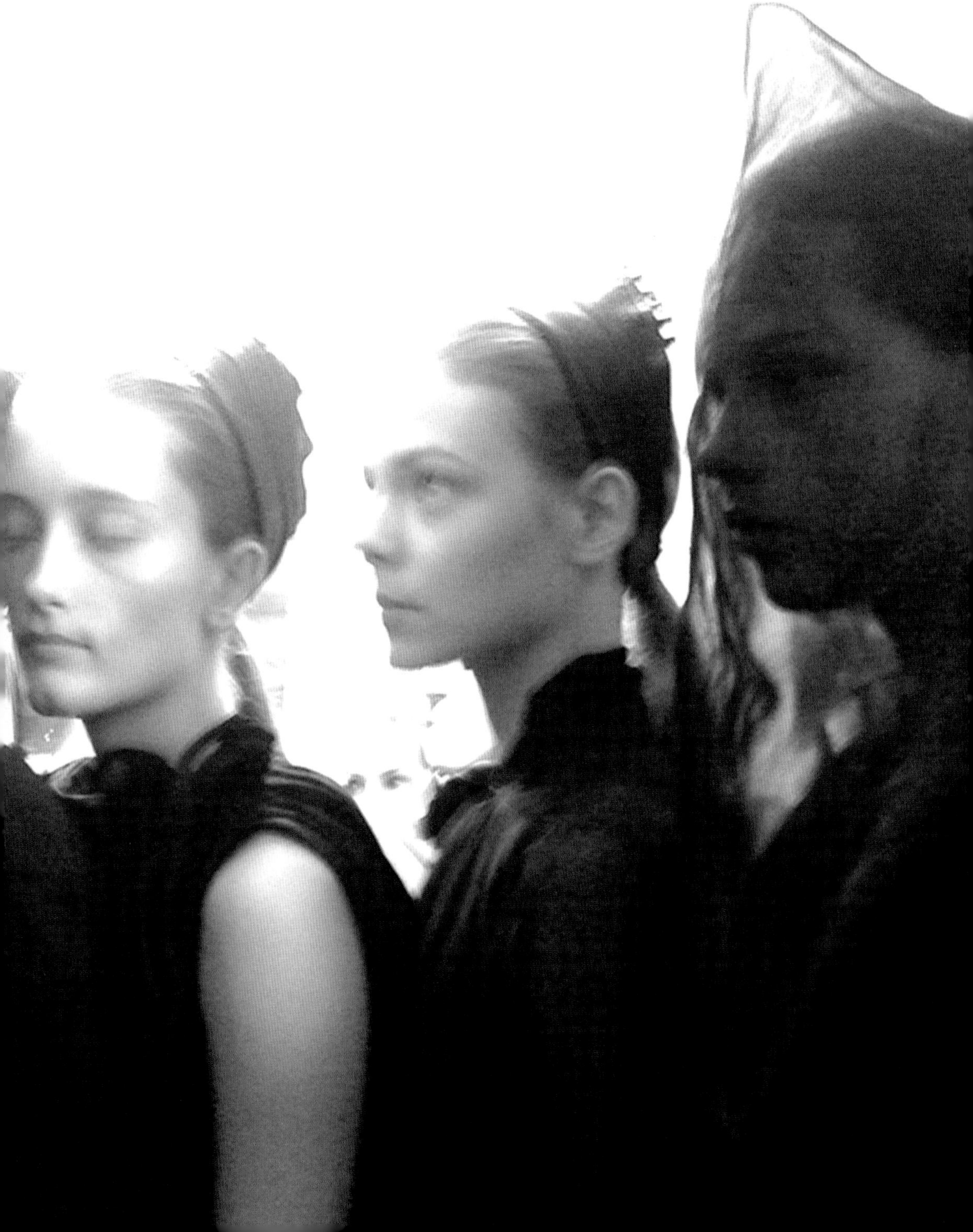

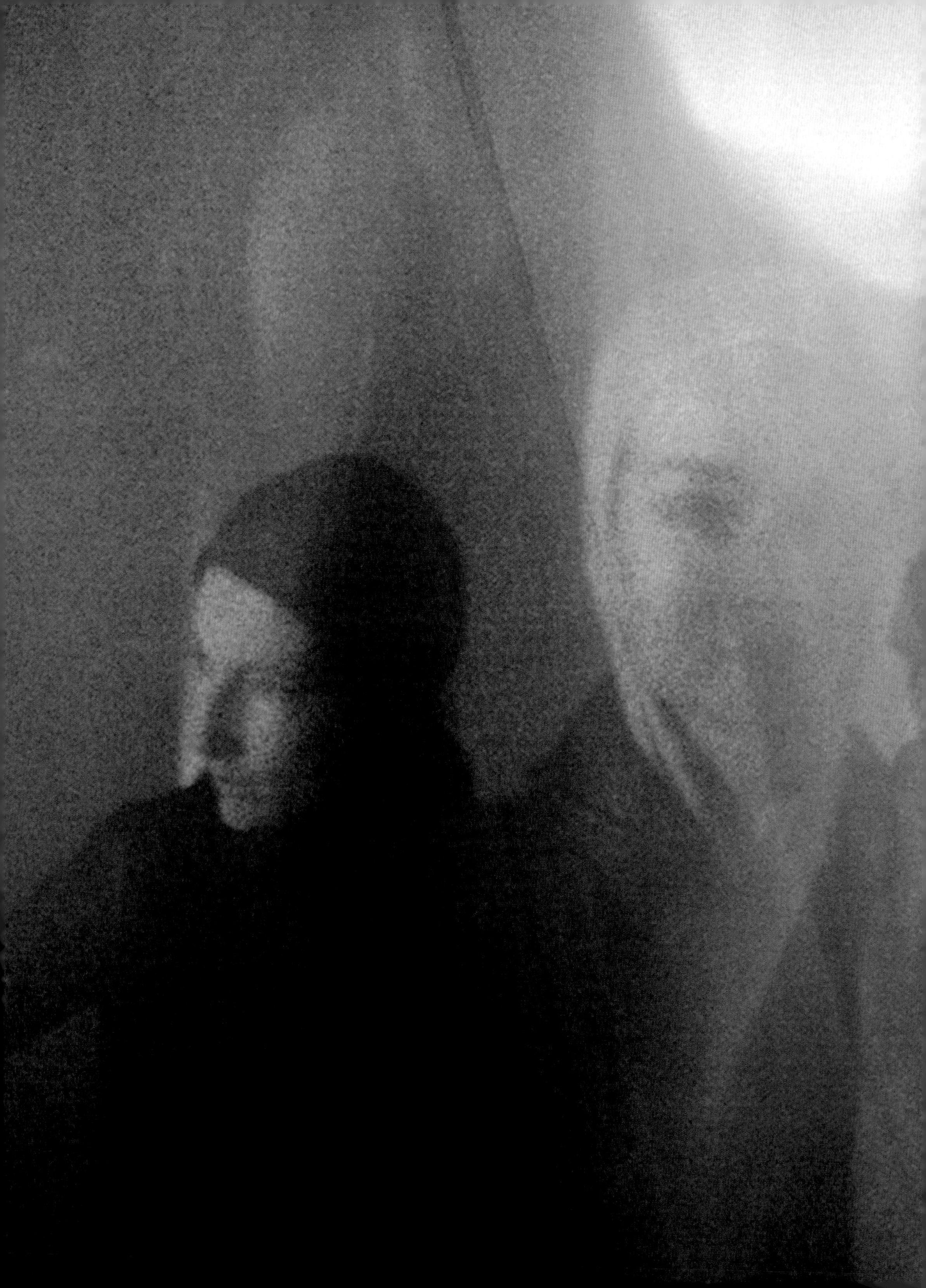

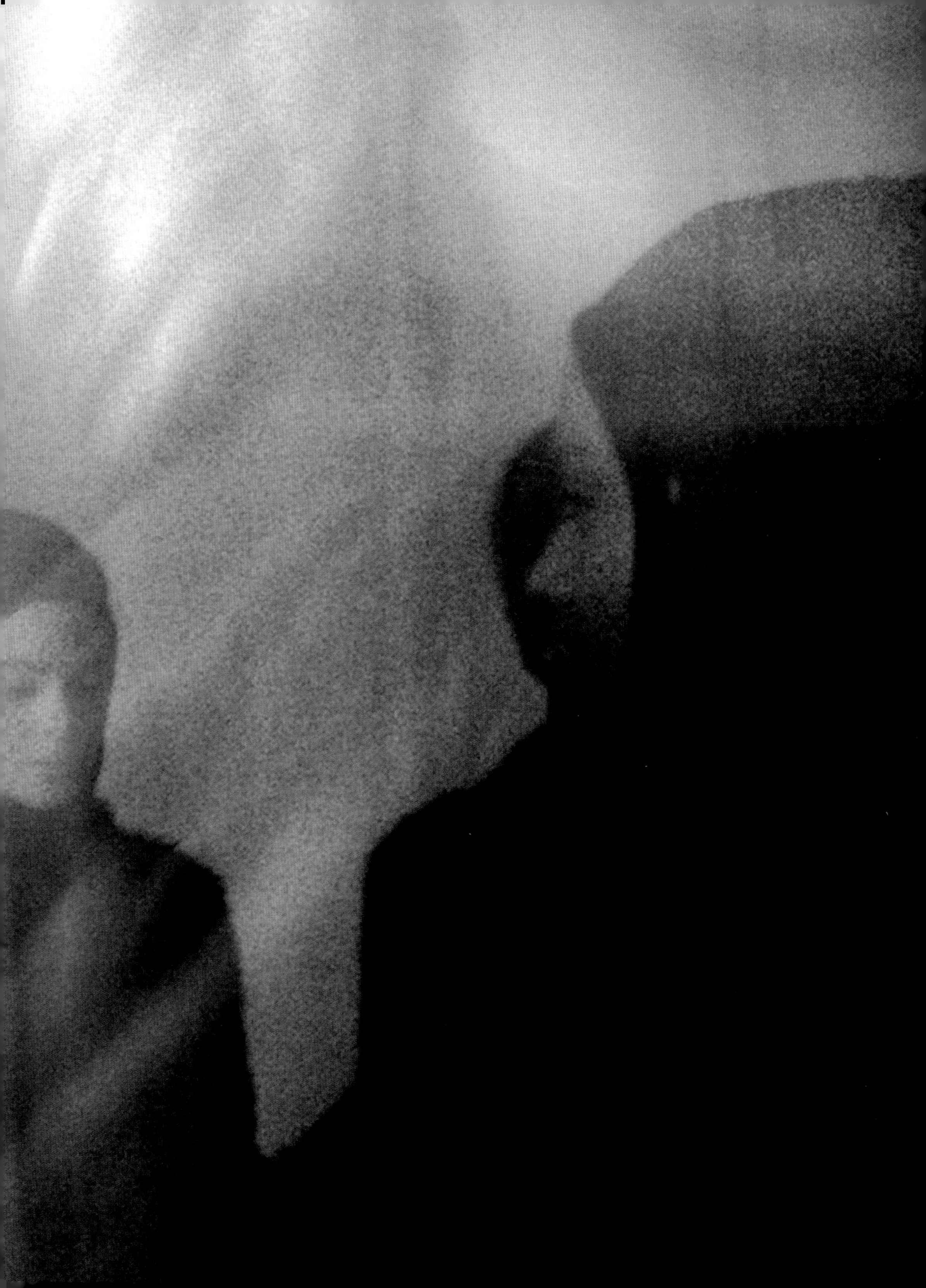

A primeira experiência de Owens com a moda não tinha nada de original ou glamourosa. Ele trabalhou para uma pequena empresa clandestina no distrito têxtil de Los Angeles, copiando os moldes de peças de grifes como Versace. Owens lembra bem dessa época: "foi o melhor treinamento. Adquiri uma grande precisão e velocidade."

Ele continuou seu aprendizado despretensioso no mundo da moda; trabalhou para diversas empresas de sportswear antes de embarcar em uma carreira como designer independente. Em 1994, Owens estabeleceu-se em Los Angeles e lançou sua grife própria, vendendo suas coleções para grandes butiques de Los Angeles, como a Charles Gallay. Não demorou para que seu trabalho fosse reconhecido e sua reputação se espalhasse.

Confortável tanto com a moda feminina quanto com a masculina, a visão de Owens para ambas tem um caráter e estética semelhantes. Ele não pretende ser um designer superconceitual que tenta impressionar a imprensa de moda. Seus principais objetivos são sucesso comercial e volume de vendas por meio de peças de bom gosto e de peças clássicas e básicas para o dia a dia, que favoreçam as formas de sua clientela. Em suas próprias palavras, "Sou apenas um aspirante a Calvin Klein ou Giorgio Armani."

Além de peças básicas, Owens oferece roupas inspiradas pelas pinturas sombrias, torturadas e distorcidas do artista britânico Francis Bacon. As peças são modeladas e estruturadas de forma belíssima, incorporando técnicas complexas dos anos 1930 e 1940. Ele cria vestidos de corte enviesado, modelos esculpidos e semiesculpidos, e casacos de pele sedutores com um toque urbano, tudo isso em uma paleta de cores escuras com uma pitada de tons de bege. Suas jaquetas de couro ajustadas e recortadas, com zíperes e contornos assimétricos, inspiram-se na jaqueta do motoqueiro rebelde. Essas jaquetas tornaram-se *habitués* de suas coleções, ganhando um *status* de clássico.

A moda masculina de Owens também é inspirada pelo sombrio e pelo grunge. Peças tradicionais da moda masculina ganharam linhas duras e repetitivas, inspiradas nos bunkers de guerra da França ocidental. O clássico look discreto, minimalista, roqueiro e surrado de Owens oferece aos seus clientes uma atitude chique de antiglamour.

Rick Owens apresenta regularmente coleções de moda feminina e masculina na Semana de Moda de Paris.

Coleção prêt-à-porter, primavera/verão 2007
Inspirado em memórias de infância com imagens de misteriosas rainhas intergalácticas, como as encontradas nas ilustrações de Frank Frazetta, Owens apresenta uma coleção de jaquetas assimétricas em couro e organdi, amassadas ao redor do pescoço e combinadas com saias drapeadas complexas.

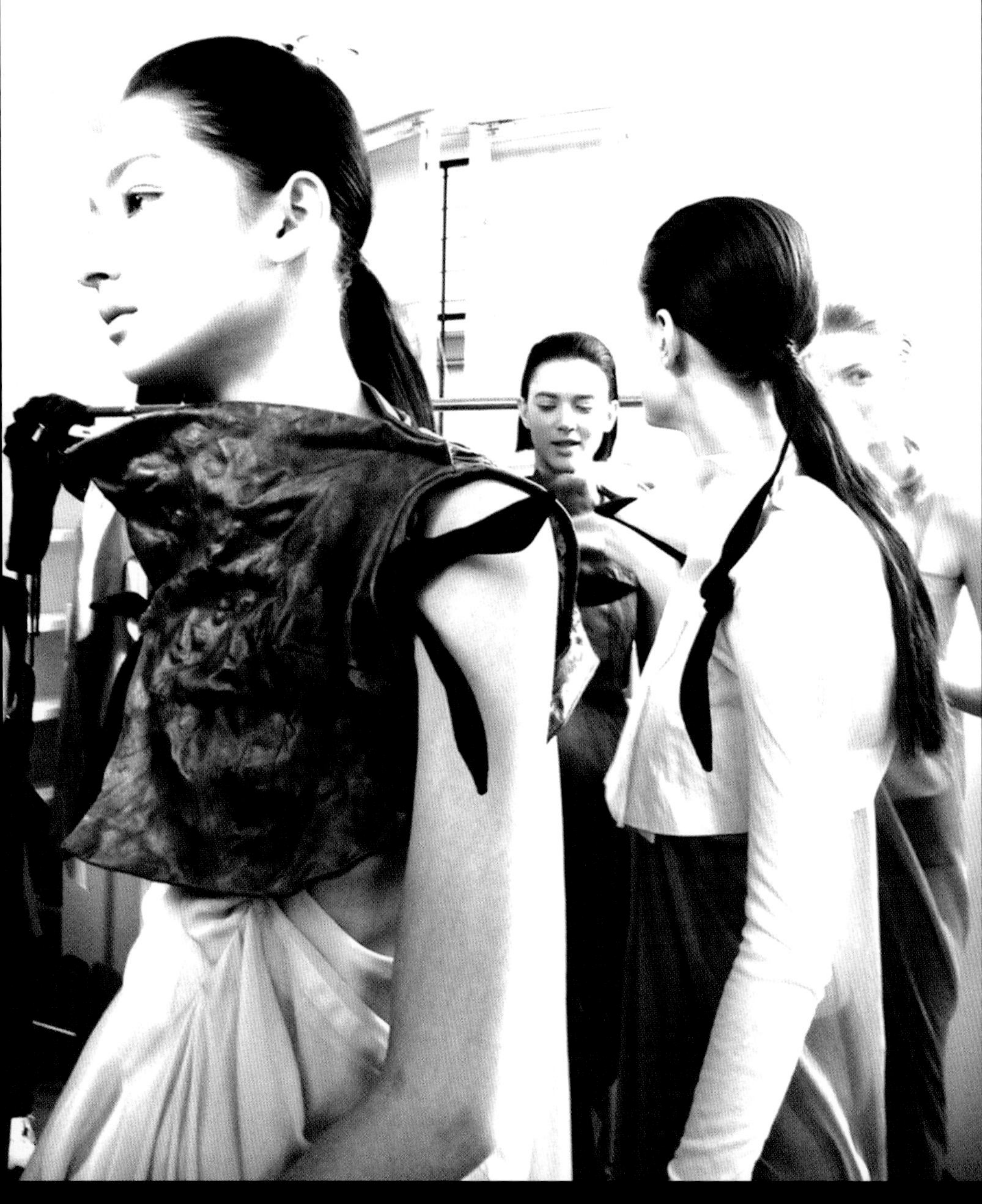

Acima: Coleção prêt-à-porter, primavera/verão 2010
Owens apresenta jaquetas de couro em estilo motoqueiro assimétricas e angulosas, túnicas tipo avental em um material rígido que lembra o papel, *bodies* e finíssimas blusas de um ombro só, características que tornaram-se parte de sua estética de design.

Acima: Coleção de moda masculina, outono/inverno 2009/10
A bem-sucedida linha de moda masculina de Owens mostra a mesma estética de design urbano, grunge e gótico que aparece em sua moda feminina prêt-à-porter.

Coleção prêt-à-porter, primavera/verão 2009
O título desta coleção é *Priestesses of Longing* (algo como "sacerdotisas do desejo"). Os arranjos de cabeça, que lembram toucas de freira, são transformados em *fashion statements* contemporâneos, enquanto as roupas têm a elegância da velha guarda da alta-costura.

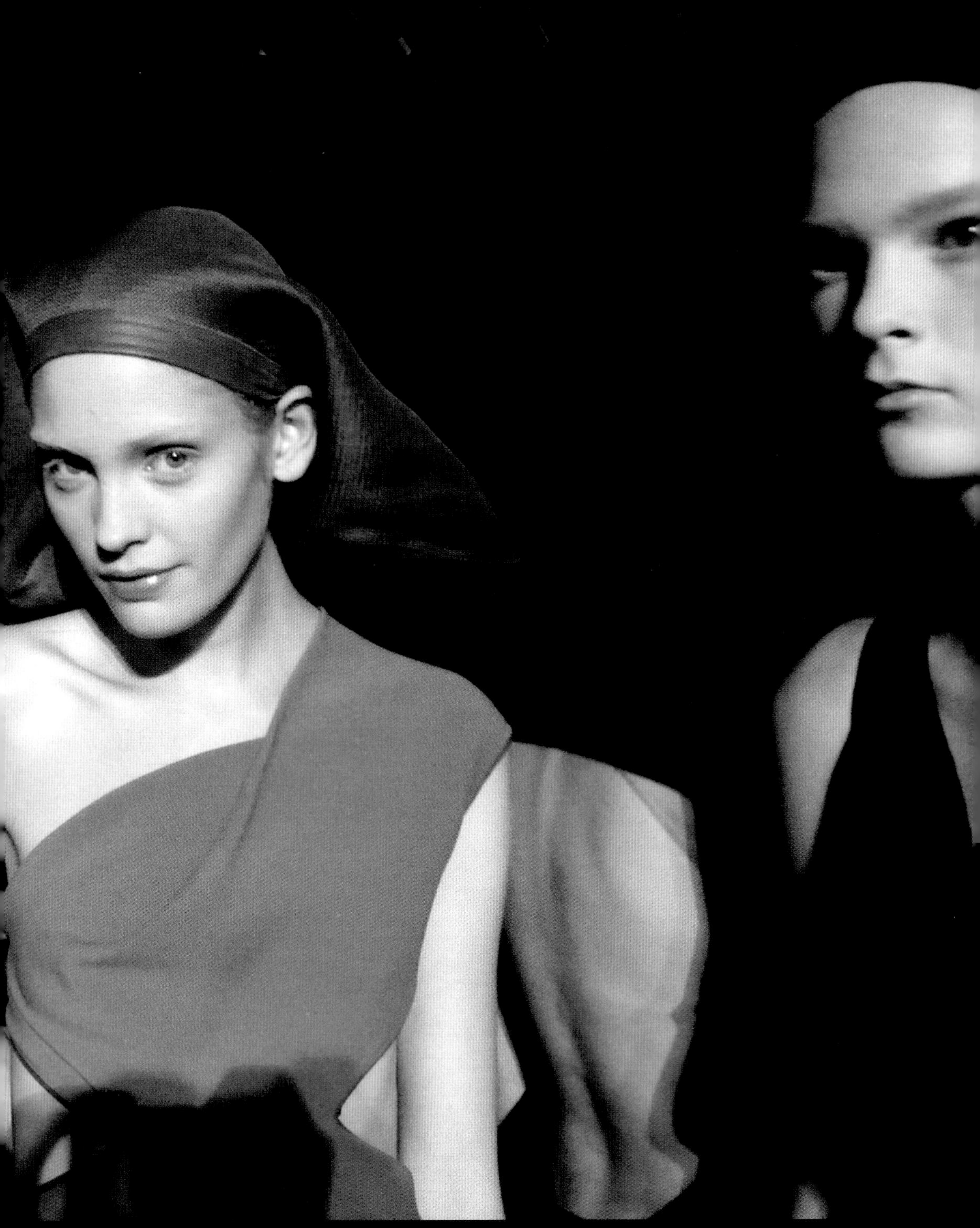

Esquerda: Palais Royal, linha de peles, primavera/verão 2010
Visto como mestre do design de peles contemporâneo, Rick Owens lançou em 2008 sua linha Palais Royal, confeccionada exclusivamente em pele e couro.

Direita: Coleção prêt-à-porter, outono/inverno 2009/10
Nos bastidores, um camareiro faz os ajustes finais para garantir a aparência perfeita das modelos e peças antes de aparecerem diante de compradores internacionais e da imprensa de moda.

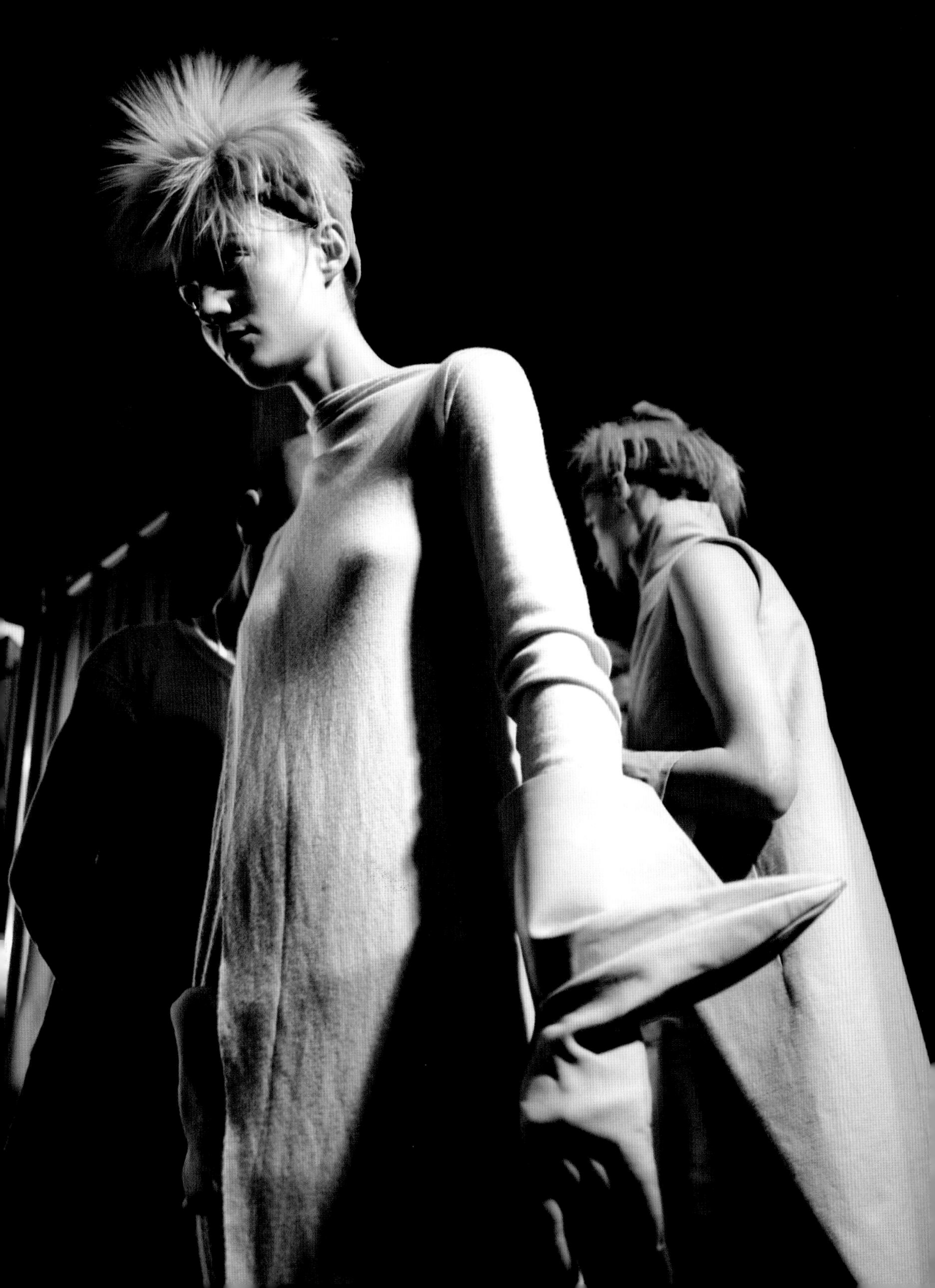

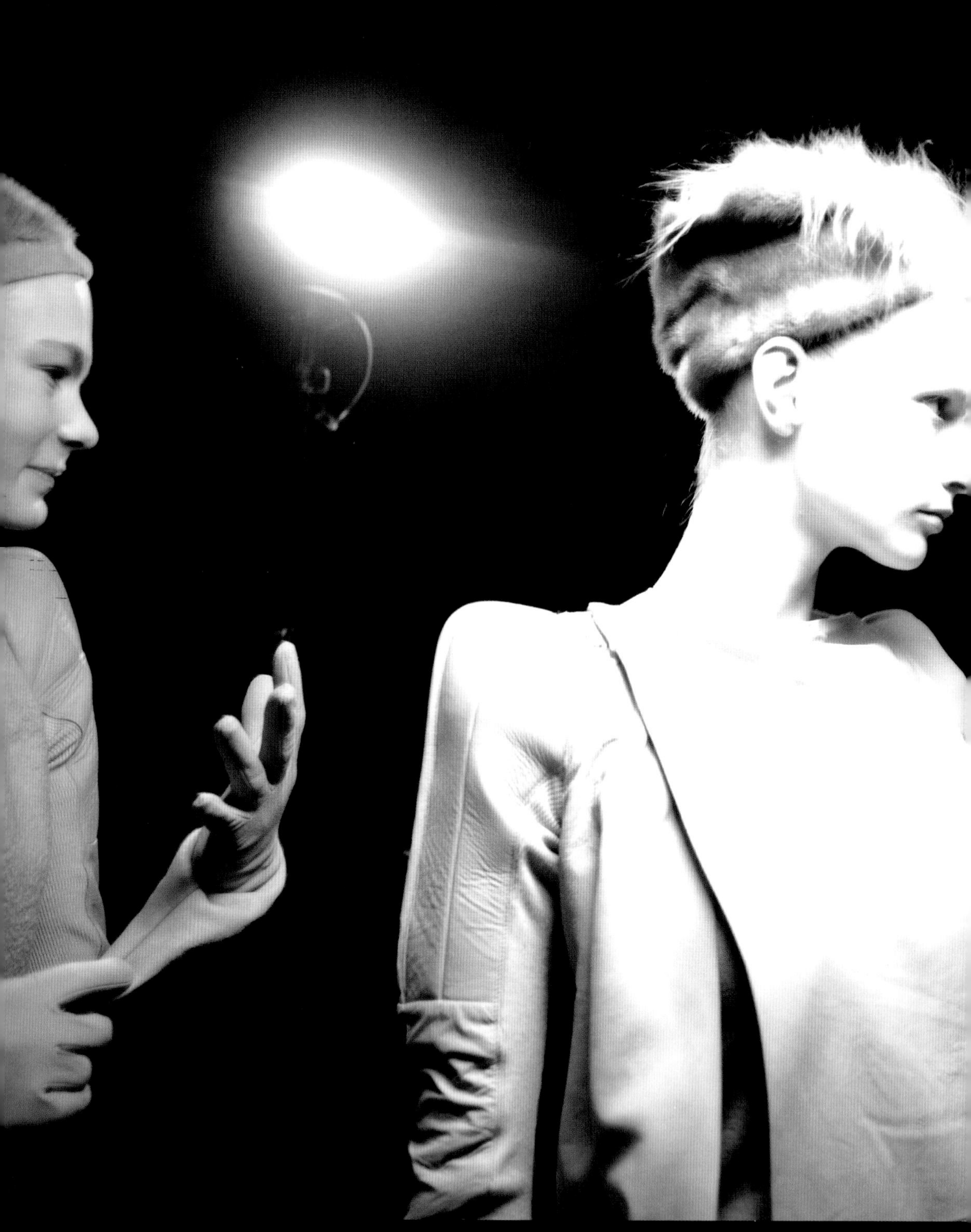

Esquerda: Coleção prêt-à-porter, outono/inverno 2009/10
Aqui, ombros estruturados, golas altas envolventes e frentes centrais recortadas, rígidas e assimétricas, aparecem em justaposição com costados semicanelados em linha A que suavizam o look utilitário.

No verso: Coleção prêt-à-porter, primavera/verão 2010
Para complementar as silhuetas assimétricas e geométricas, as modelos vestem braceletes futuristas e angulosos de guerreira espacial, que completam o look da temporada.

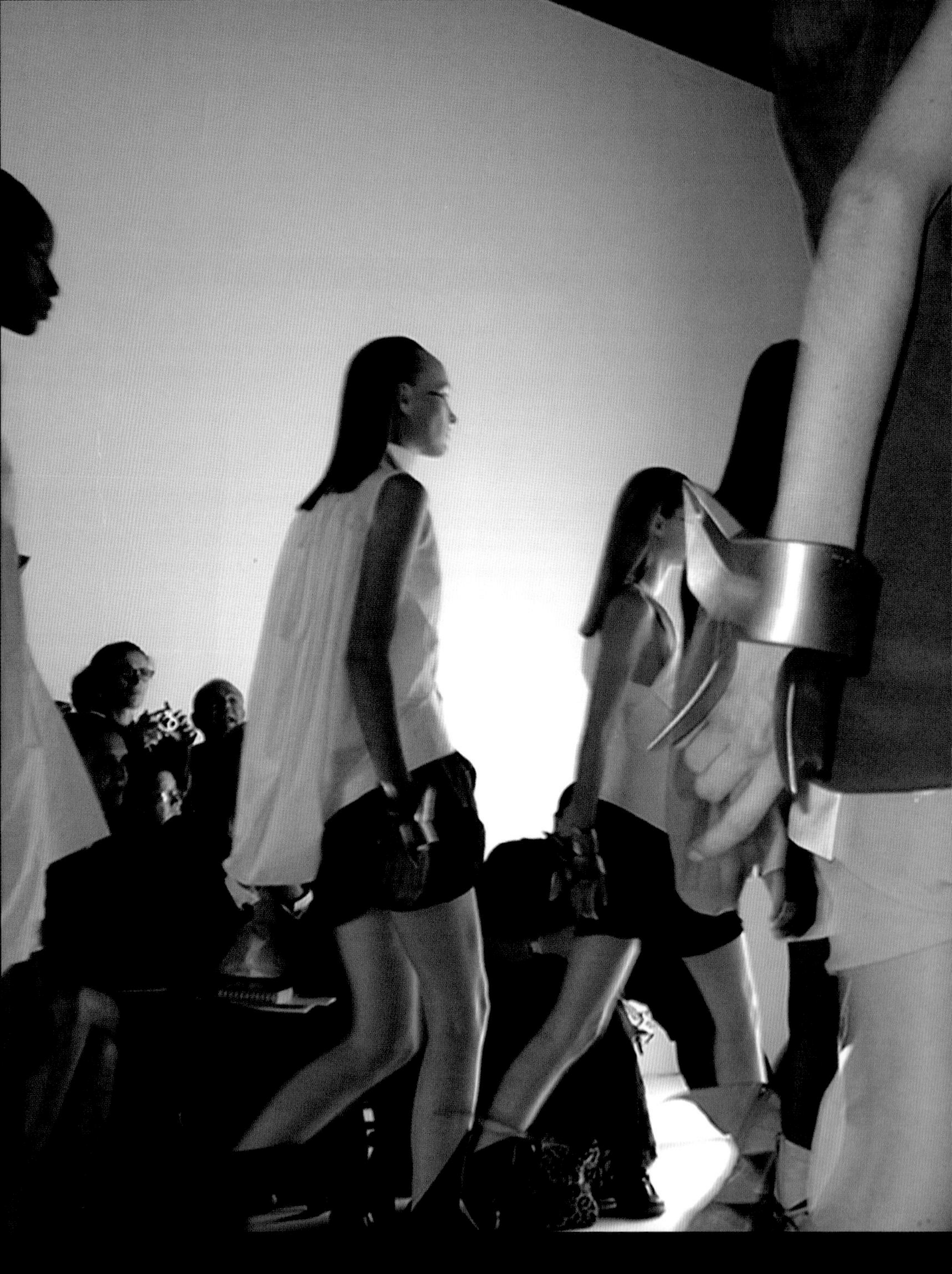

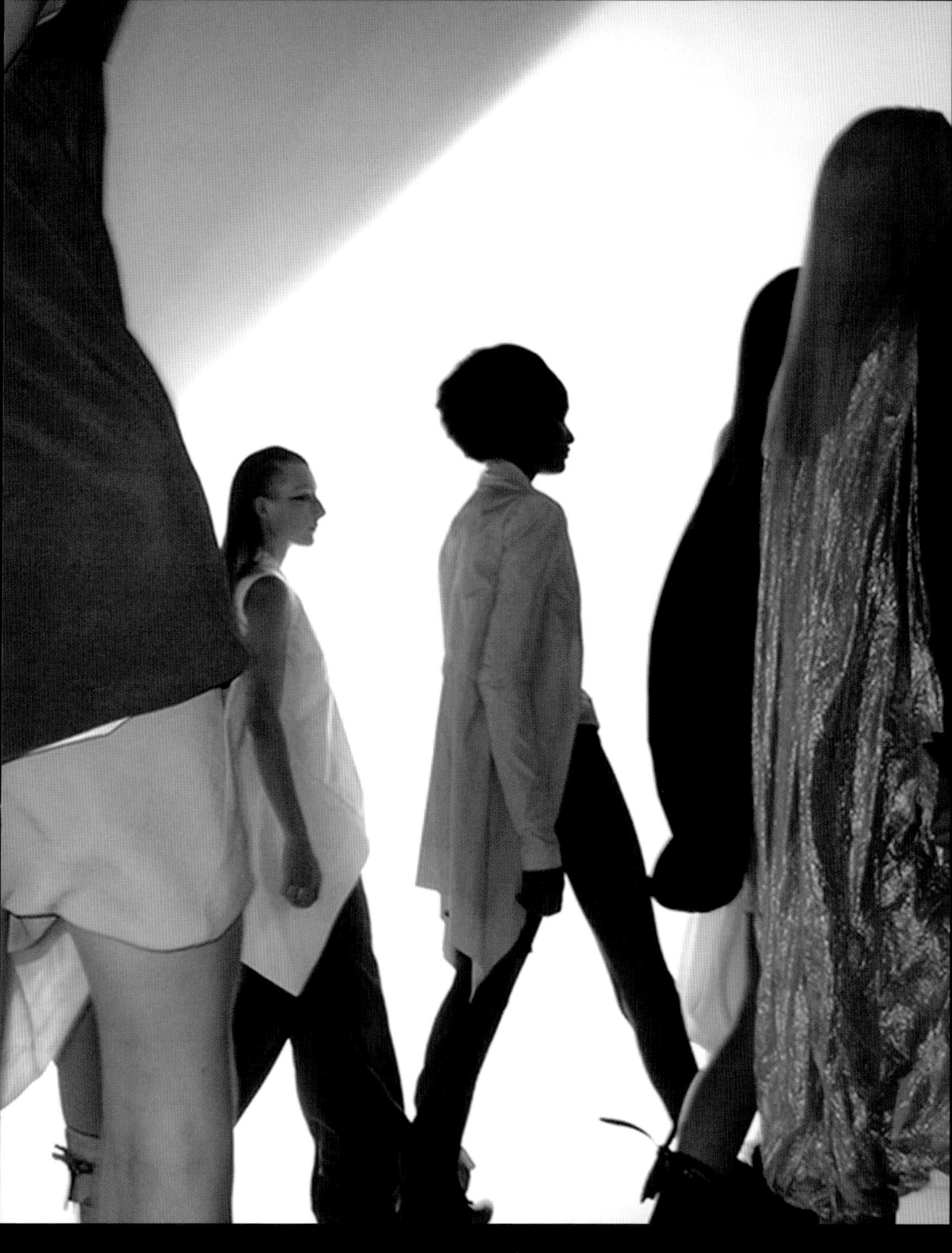

Derek Lam

"Nova York sempre inspirou meu trabalho. É uma incrível confluência de culturas diferentes; uma fusão entre as comunidades norte-americana, europeia, asiática e do extremo oriente. A cidade sempre teve uma posição na qual tudo tem seu lugar, e as ideias se misturam."

O sportswear norte-americano tem uma grande tradição construída sobre engenhosidade e aplicações em estilos de vida reais. Derek Lam herdou dos designers de sportswear pioneiros, como Claire McCardell e Geoffrey Beene, o entusiasmo pela inovação e pela criação de uma elegância informal entre moda esporte e prêt-à-porter.

Nascido na indústria do vestuário, Lam experimentou desde cedo o processo da produção de roupas, no ateliê de vestidos de noiva de sua família, em São Francisco. A beleza dos tecidos e as habilidosas técnicas usadas para transformar cortes de tecido em lindos modelos o fascinavam. Em busca de uma carreira na moda contemporânea, Lam mudou-se para Nova York para estudar moda na Parsons School of Design. Logo após sua formatura, em 1990, Lam conseguiu um emprego com o consagrado designer de sportswear e prêt-à-porter Michael Kors. Depois de passar quase dez anos com Kors, começando como assistente e chegando a diretor de design, Lam lançou a sua própria grife, em 2003.

Seu inestimável entendimento dos clássicos norte-americanos e a experiência, por vezes intensa, com o mentor Michael Kors ajudaram Lam a desenvolver sua própria visão estética para um sportswear chique. Lam apresentou sua coleção de estreia em setembro de 2003 durante a Semana de Moda de Nova York para a temporada primavera/verão 2004, e a imprensa de moda declarou a coleção um sucesso. Grandes lojas de moda como Barneys e Bergdorf Goodman começaram a fazer encomendas de sua eclética mistura de classe com *casual chic*.

Fruto do legado da elegância na moda esporte norte-americana, as coleções subsequentes de Lam continuaram a fascinar por sua estética central, combinando peças para o dia a dia, como camisas, cardigans e saias e criando uma moda contemporânea para o dia e looks estilosos para a noite. Seus looks característicos combinam lãs, sedas e caxemiras de luxo, ocasionalmente apresentadas em justaposição com tecidos de influência chinesa.

Análogas à arquitetura de Eileen Gray, suas silhuetas são modernas, com linhas rígidas e elegantes, trabalhadas com detalhes refinados, como bordados, pontos decorativos, passa-fitas e plissados que favorecem e conferem movimento ao corpo. Esses ingredientes-chave fazem das roupas de Lam clássicos atemporais, sofisticadas e fáceis de vestir. "Estou interessado no que significa viver uma vida contemporânea", diz Lam. "Sempre levo em conta o que vai funcionar para as mulheres neste momento, e para mim este momento tem a ver com luxo sem formalidade."

Coleção prêt-à-porter, outono/inverno 2008/09
Detalhes contrastantes em cetim preto no pescoço e na cintura enquadram e definem de forma inteligente as proporções do corpo neste vestido longo em organza roxa.

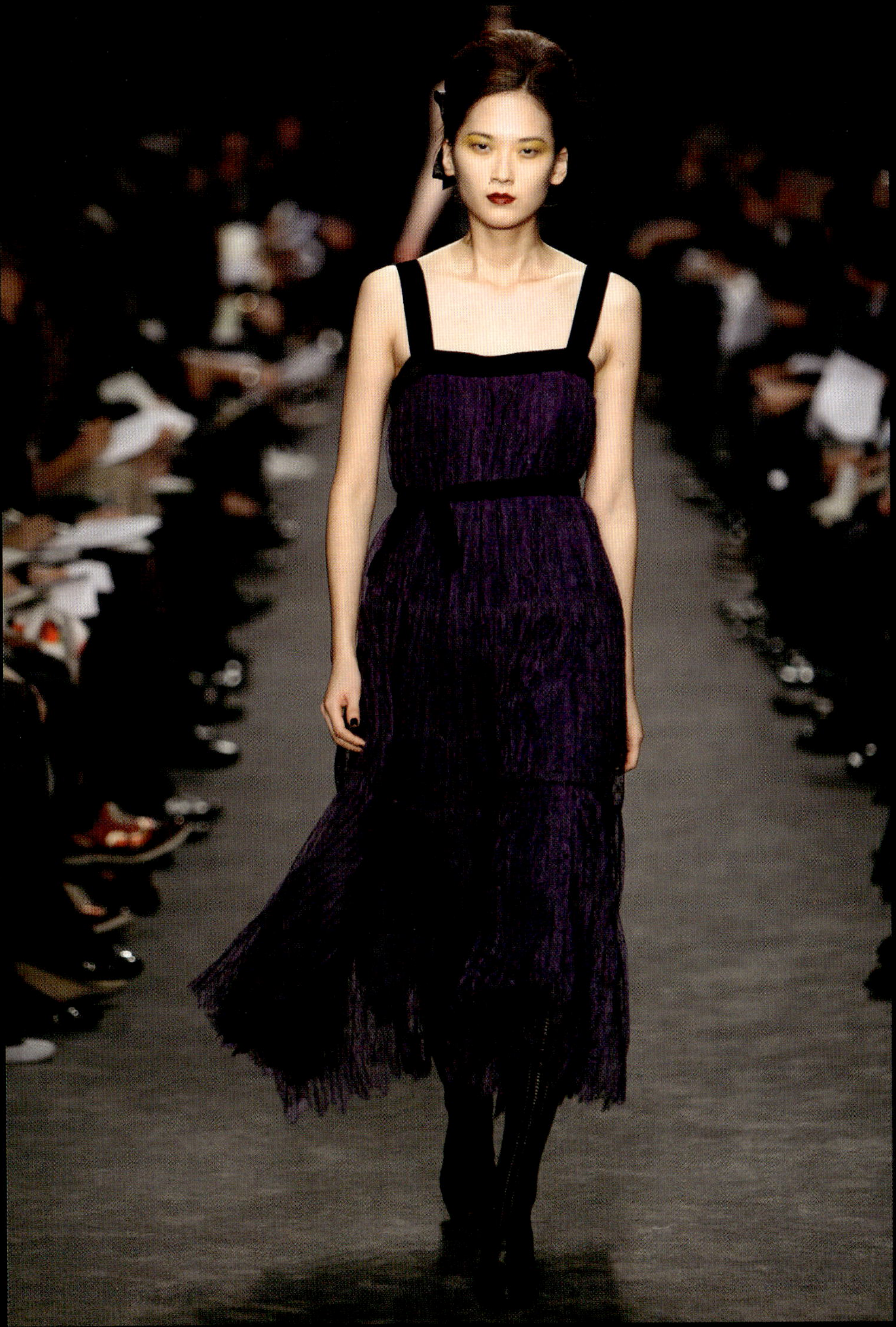

Vencedor de muitas honrarias da moda, entre elas o prêmio da Ecco Domani Fashion Foundation, em 2004, o prêmio Swarovski Perry Ellis de Novo Talento do Council of Fashion Designers of America (CFDA), em 2005, e o prêmio de Designer de Acessório do Ano do CFDA em 2007, Derek Lam continua a consolidar sua reputação criativa na moda norte-americana contemporânea. Além de criar suas próprias linhas de prêt-à-porter, alto verão, sapatos, bolsas e joias, vendidas em mais de 120 lojas no mundo inteiro, Lam também é responsável por todas as operações criativas da casa de luxo italiana Tod's. Ele foi nomeado diretor criativo em 2006 para supervisionar a linha de prêt-à-porter da grife e desenvolver novas linhas de sapatos e bolsas.

Direita: Coleção prêt-à-porter, outono/inverno 2008/09
Inspirado pelo tema "Exuberância Controlada", Lam apresenta um casaco de alfaiataria sem mangas com gola em pele. A alfaiataria indica o "controle", enquanto a pele e a ausência de mangas são uma referência à "exuberância".

Página ao lado: Coleção prêt-à-porter, outono/inverno 2008/09
Este vestido em renda dourada exibe as características orientais frequentemente encontradas na obra de Lam.

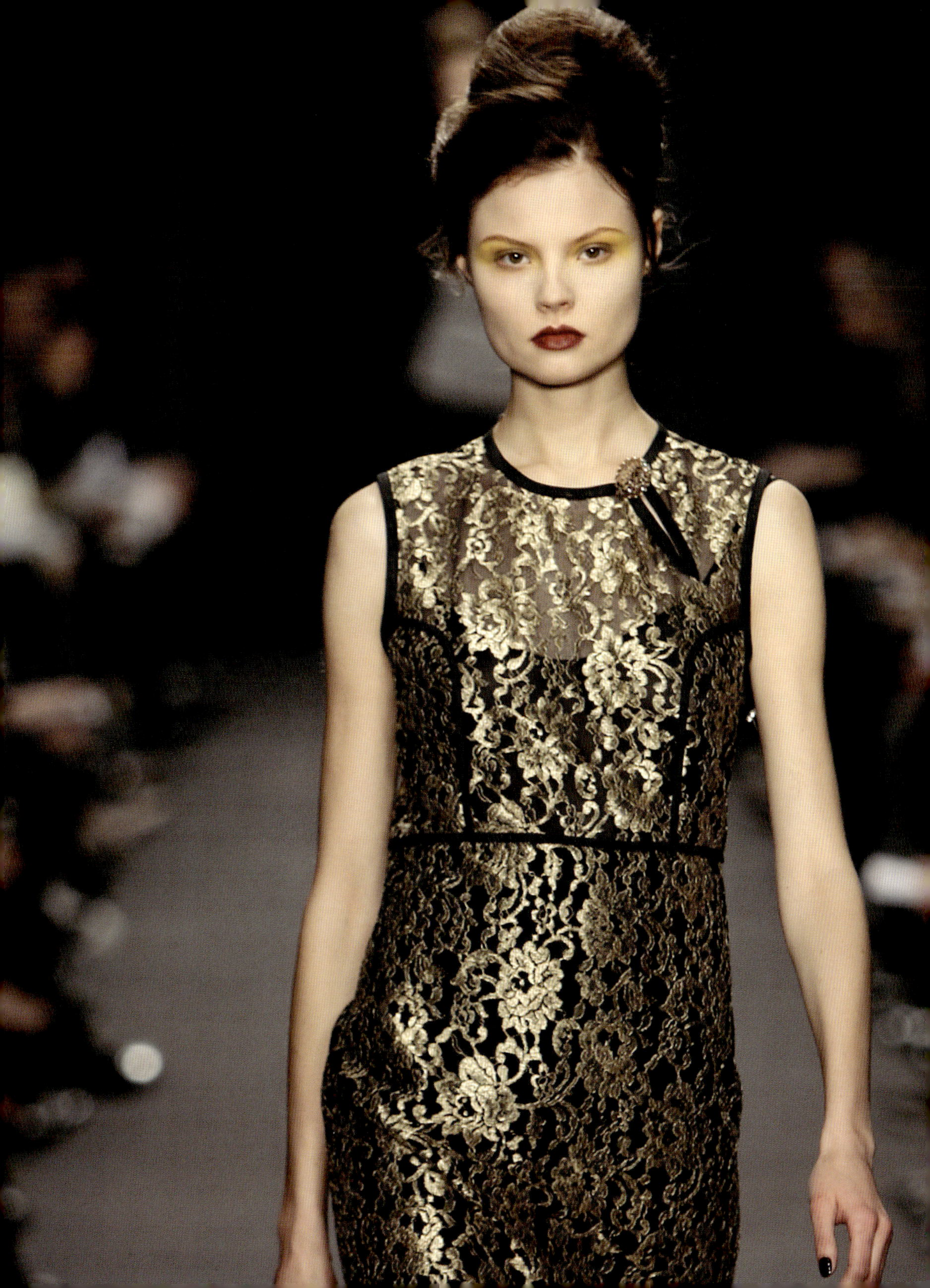

Coleção prêt-à-porter, outono/inverno 2009/10
Este vestido frente única em georgette de seda é modelado com drapeados e dobras para revelar a sensualidade do corpo feminino, criando assim uma atmosfera romântica que lembra as pinturas dos pré-rafaelitas.

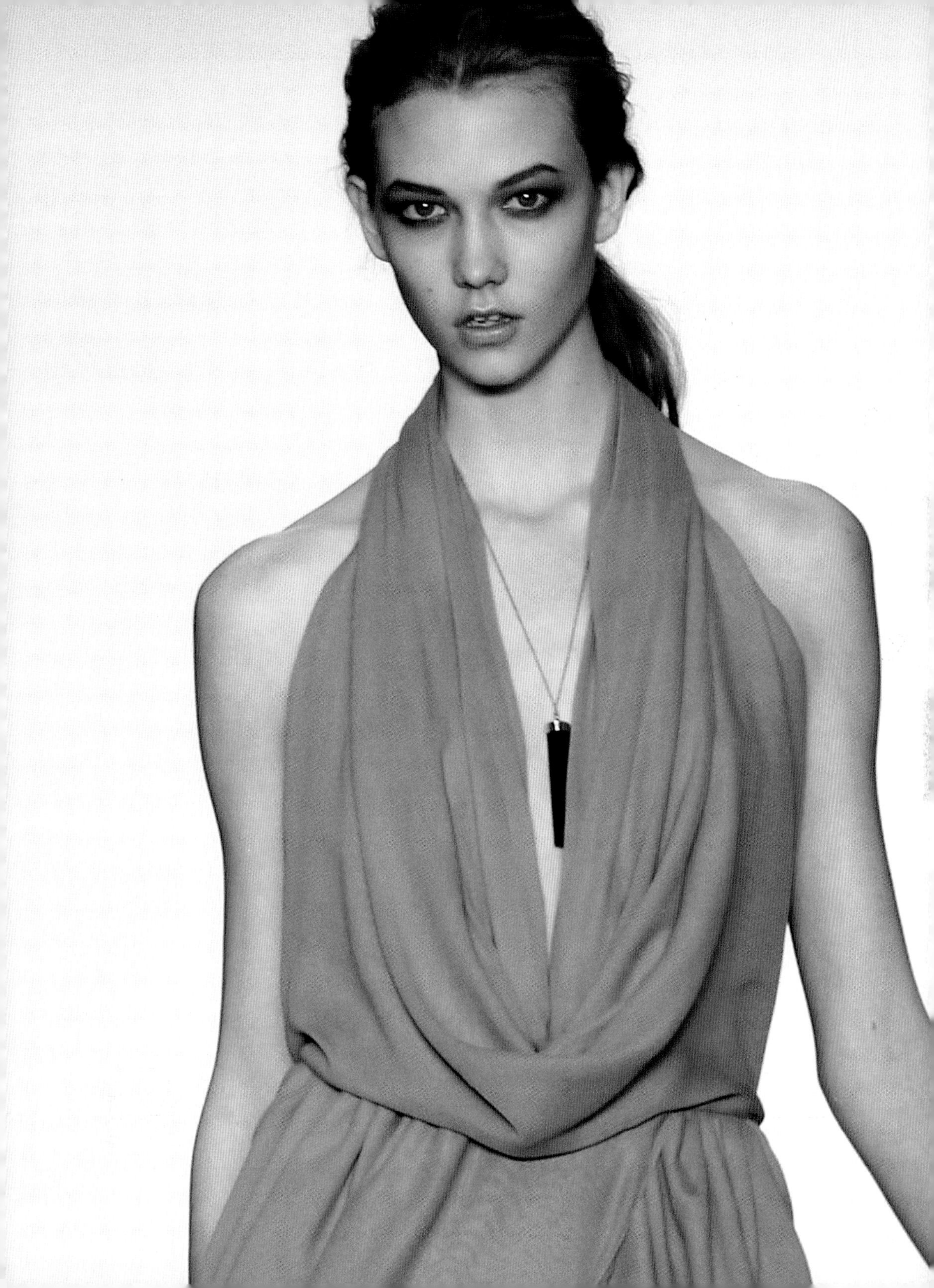

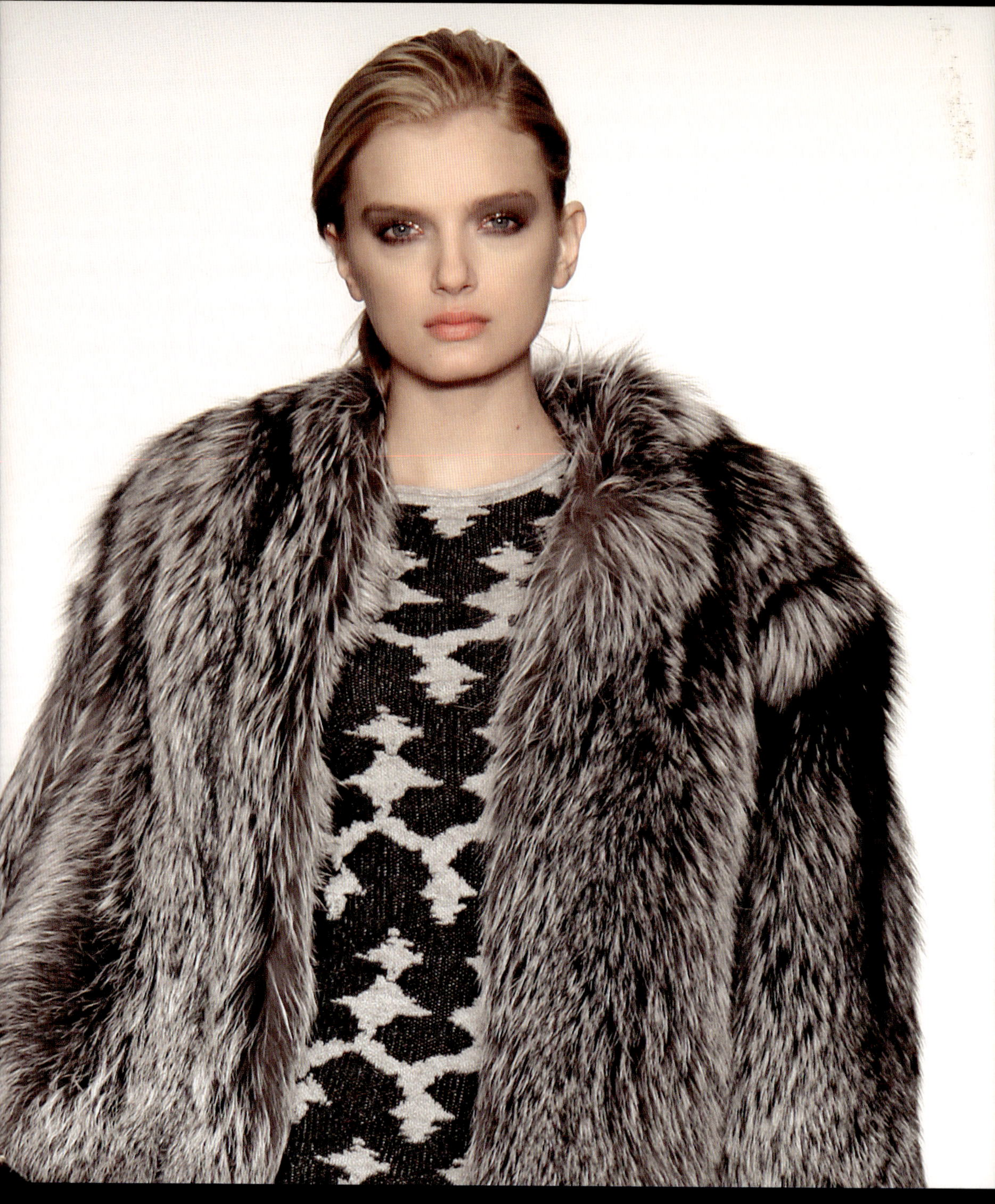

Página ao lado: Coleção prêt-à-porter, outono/inverno 2009/10
Inspirado nas cores e texturas dos interiores de Yves Saint Laurent e no filme de Louis Malle *Ascenseur pour l'échafaud*, de 1958, estrelado por Jeanne Moreau como uma heroina má de cinema *noir*, Lam apresenta um dramático casaco de pele de coiote com um vestido em jacquard em bege e cinza.

Esquerda: Coleção prêt-à-porter, outono/inverno 2009/10
Este vestido justo em jérsei marrom-acinzentado é cortado no viés, o que permite

Coleção prêt-à-porter, outono/inverno 2010/11
Couro preto e couro marrom são combinados para criar um interessante efeito *trompe l'oeil*. Junto com a *chemisier*, o look torna-se jovem e sexy, sem perder o estilo urbano.

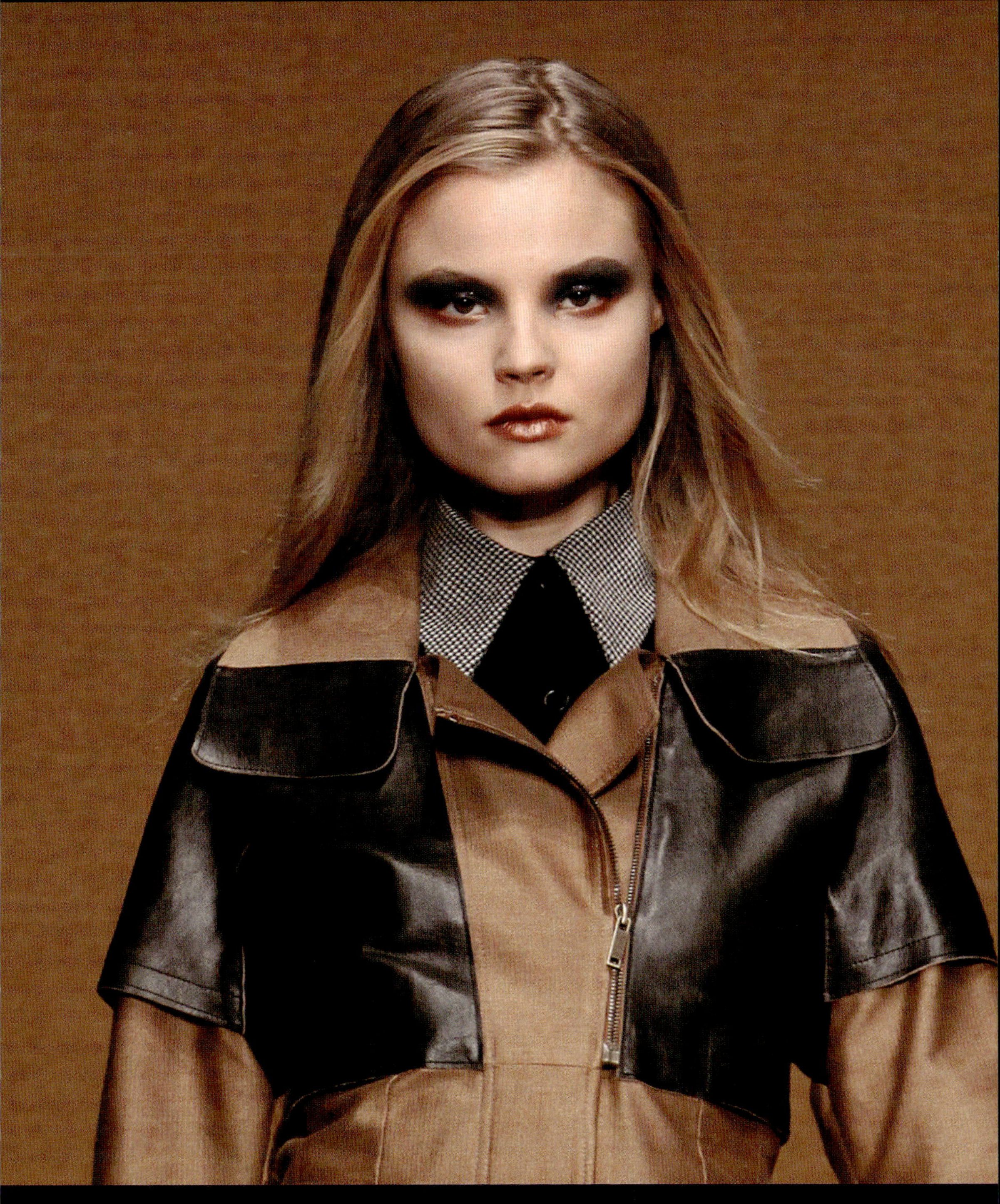

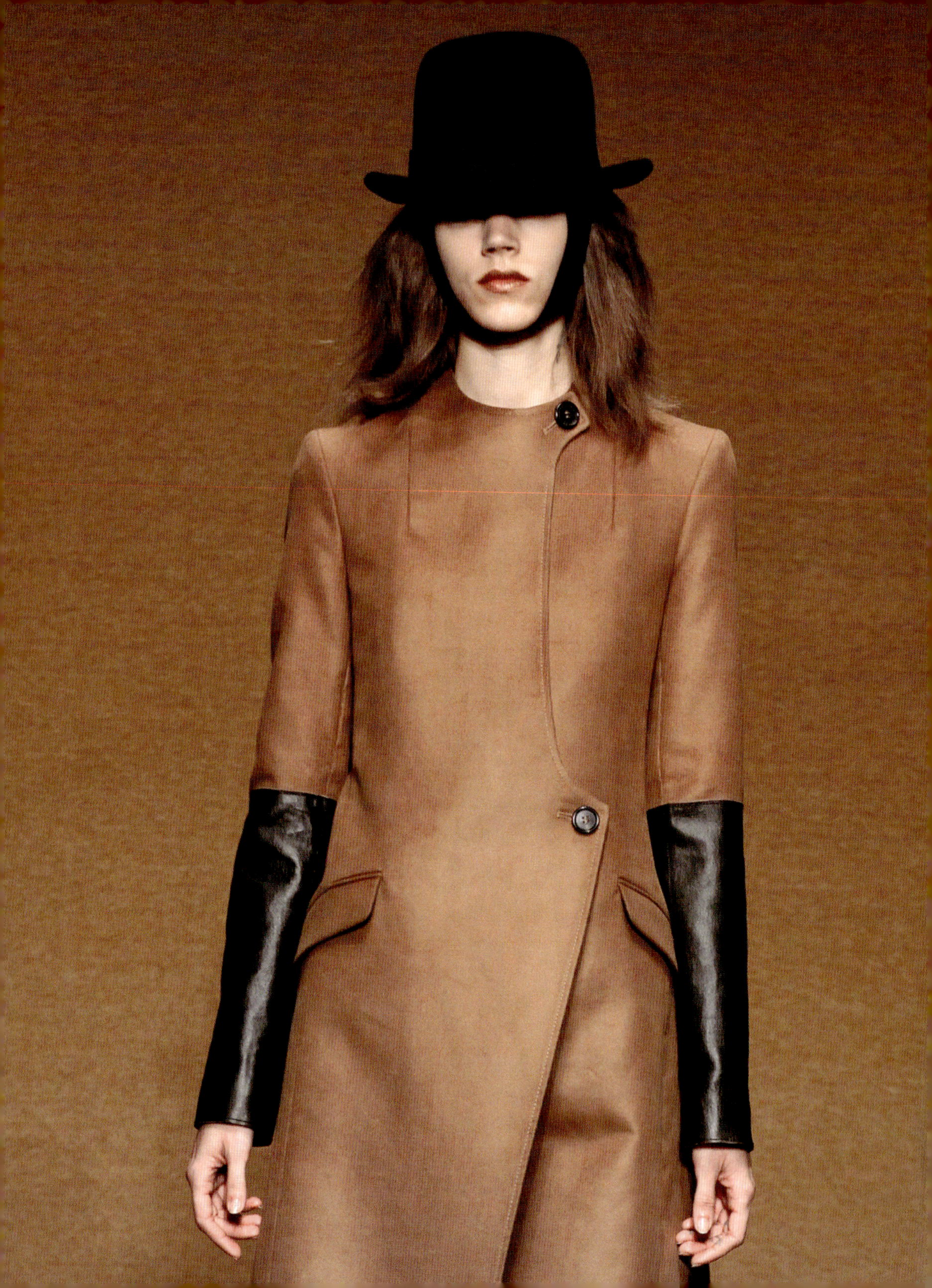

Página ao lado: Coleção prêt-à-porter, outono/inverno 2010/11
O lendário caubói do velho oeste norte-americano é uma importante referência para esta coleção. Este sóbrio casaco de alfaiataria em *moleskin* caramelo com mangas em couro *vintage* apresenta uma silhueta esguia e contemporânea. O chapéu de caubói é assinado pelo chapeleiro Albertus Swanepoel.

Esquerda: Coleção prêt-à-porter, outono/inverno 2010/11
O corpo com painéis de tweed cinza salpicado e o cachecol longo ajudam a suavizar este look dominado pelo couro.

Derek Lam

Direita: Coleção prêt-à-porter, outono/ inverno 2010/11
As calças de boca larga em gazar de seda, na altura do chão, combinadas ao suéter reduzido em lã mesclada, criam uma ilusão de pernas longas.

Página ao lado: Coleção prêt-à-porter, outono/ inverno 2010/11
Lam converte a urbana jaqueta esportiva em uma peça de luxo chique, simplesmente substituindo o tecido, trocando o previsível nylon por uma pele opulenta.

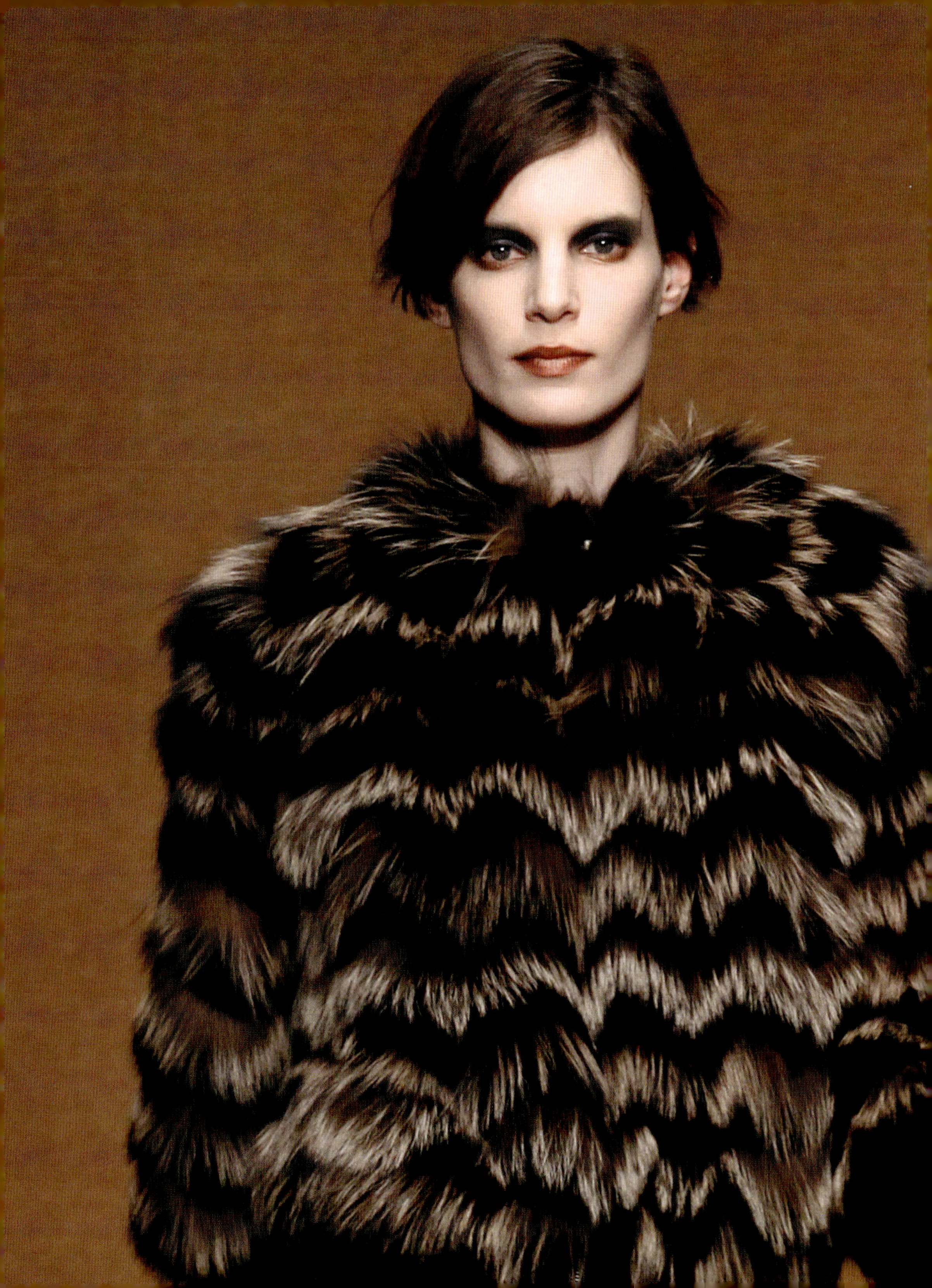

Glossário

Abstrato
Conceito ou ideia que retrata uma realidade autônoma.

Alta-costura
Do francês *haute couture*, moda feita sob encomenda para clientes específicos, envolvendo o uso de tecidos, técnicas e procedimentos da mais alta qualidade.

Amostra
Pequeno recorte de tecido usado como referência e exemplo da cor, textura e peso do tecido.

Análise de tendências
Processo de prever tendências futuras.

Aplique
Pedaço de tecido decorativo ou recorte de tecido em formato específico, costurado sobre um tecido-base.

Assimétrico
Lados ou partes de uma peça que são desiguais ou irregulares.

Ateliê
Termo também usado no original em francês, *atelier*, para descrever a oficina ou estúdio onde trabalha um artista, designer ou *couturier*.

Bordado
Costura decorativa que pode ser feita a mão ou a máquina.

Briefing
Delimita o conjunto de instruções a serem executadas pelo designer para realizar uma tarefa ou coleção.

Caçador de tendências
Pessoa contratada para buscar novas tendências.

Calicó
i) Nos Estados Unidos, o termo calicó (*calico*) é usado para descrever tecidos de algodão baratos e estampados.
ii) No Reino Unido, o termo refere-se a um tipo de tecido barato usado para fazer protótipos. Ver também musselina.

Cartela de cores
Cada uma das cores ou grupos de cores em que uma estampa ou peça é oferecida.

Chambre Syndicale De Le Couture Parisienne
Órgão que regula, aprova e supervisiona o funcionamento da indústria da alta-costura na França.

Coleção
Grupo de roupas especificamente criadas com atributos em comum, como cores, silhuetas e detalhes.

Conceito
Visão artística baseada em ideias e princípios profundamente intelectualizados.

Contemporâneo
Adjetivo usado para descrever um tipo de moda, design ou arte que é atual, moderno e que tem estilo.

Corpinho
A parte superior do corpo de uma peça, excluindo os braços ou mangas.

Corte enviesado
O corte de um tecido em sentido transversal ou a 45 graus em relação à ourela vertical. Esta técnica de corte é usada para criar tecidos mais fluidos e elásticos.

Couturier
Alguém que cria design de moda de alta-costura.

Crinolina
Anágua rígida, feita em crina de cavalo e algodão, usada do século XIX ao início do século XX para sustentar as silhuetas exageradas das saias.

Custeio
Definição dos custos de produção de uma peça ou coleção. Inclui elementos como custo dos tecidos, produção, mão de obra, encargos, etc.

Desenho técnico
Desenho que forma a planta técnica de uma peça de roupa. O desenho técnico inclui as visões de frente e de costas, detalhes de estilo, detalhes de costura, medidas, etc.

Desfile de passarela
Desfile de roupas sobre modelos vivos, diante da imprensa e de compradores.

Designer *freelancer*
Designer de moda autônomo, que pode trabalhar para várias empresas diferentes em vez de ter um compromisso com uma só empresa.

Drapeado
Termo usado para descrever o caimento de um tecido. Técnica usada para criar ondulações no tecido, a fim de cobrir o corpo ou manequim de forma elegante.

Encaixe ou plano de encaixe
Método pelo qual as partes do molde são dispostas sobre o tecido da forma mais econômica. Os setores de produção em massa utilizam tecnologia computadorizada, como os programas Lectra ou Gerber, para realizar essa tarefa.

Equilíbrio
i) O caimento correto de uma peça, na frente, costas e lados.
ii) Proporções agradáveis entre os componentes que compõe o design geral.

Estética
No contexto da moda, conjunto de princípios relacionado à tradução sensível do tecido, corte, escala, cor, textura, referências de pesquisa e estilo.

Fechos
Itens usados para manter uma peça de roupa fechada, como botões, ganchos e ilhóses, Velcro, etc.

Justaposição
Junção de elementos diferentes com o objetivo de enfatizar o completo contraste entre eles.

Look book
Catálogo de looks usado para apresentar a coleção de uma temporada à imprensa e aos compradores.

Manequim
Também chamado de busto. Réplica do corpo humano que pode ter diferentes tamanhos e formas. O manequim é usado para substituir um modelo vivo.

Moda de massa
Roupas prêt-à-porter vendidas em cadeias de lojas para o mercado de massa.

Molde-base
Um molde básico em 2D de uma peça, um vestido, por exemplo, que é usado como ponto de partida e então adaptado para criar o molde de acordo com o design.

Molde de produção
Molde corrigido e finalizado, marcado com instruções específicas e confeccionado em papel-cartão, pronto para ser usado na fabricação.

Musa
Pessoa real ou imaginária que serve de inspiração para o designer, ajudando na criação de um look característico.

Musselina
Tecido barato de algodão cru, disponível em diversos pesos. É usado para criar toiles ou protótipos. No Reino Unido, este tecido é conhecido como calicó (*calico*).

Ourela
Acabamento final da borda de um tecido.

Paleta de cores
Grupo de cores que o designer seleciona para formar a narrativa cromática de uma coleção.

Peça ajustada
Peça que segue as linhas naturais do contorno do corpo.

Peça clássica
Peça que resiste ao teste do tempo e nunca sai de moda, como o "pretinho básico".

Pence
Excesso de tecido dobrado e costurado, que é afunilado em um só lado, ou nos dois lados, dando forma à peça e permitindo que ela se ajuste ao corpo. É comum encontrar pences ao redor da área do busto. Essas pences são conhecidas como pences do busto.

Periódico
Revista ou jornal dedicado a publicar ou cobrir as últimas notícias sobre um assunto especializado. O periódico *Drapers*, por exemplo, traz as últimas notícias da indústria da moda.

Portfólio
Pasta de apresentação cujo conteúdo mostra o trabalho de um designer e representa sua estética.

Prêt-à-porter
Termo francês que significa "pronto para vestir". Também conhecido como *ready-to-wear*, apresenta moda de alto estilo, design, conceito e qualidade em peças que não são feitas sob medida.

Prova
Sessão para ajustar uma peça de roupa de acordo com as necessidades de design e tamanho. Isso é geralmente feito diretamente no modelo ou cliente.

Quadro de coleção
Coleção editada para mostrar a essência completa de uma linha. O quadro de coleção pode ser apresentado de maneira ilustrativa ou em 3D.

Quadro de inspirações
Também conhecido como *moodboard*, o quadro de inspirações é uma compilação de pesquisa, imagens, cores, tecidos e palavras-chave inspiracionais que, dispostos em uma composição, comunicam e apresentam um tema ou ideia de design.

Recorte
Página de inspiração recortada ou rasgada de uma revista para ser utilizada em um sketchbook ou quadro de inspiração.

Reforço de coleção
Introdução segmentada de coleções e linhas ao longo de uma temporada. Essa tática comercial é usada principalmente no mercado de massa.

Silhueta
Contorno da forma de uma peça de roupa ou look.

Sistema de cores Pantone
Sistema de cores e tonalidades conhecidas internacionalmente, cada qual com seu número próprio. O sistema Pantone é usado em todas as indústrias criativas.

Sob medida
Termo usado para descrever uma peça confeccionada de acordo com as medidas do cliente, uma prática particularmente comum na alfaiataria masculina.

Temporada
Em termos de moda, a temporada descreve as estações associadas às coleções e desfiles de moda: primavera/verão e outono/inverno.

Toile
Primeiro teste 3D ou *mock up* de uma peça de roupa, confeccionado em tecido de algodão cru para testar o molde, estilo e caimento antes de ser finalizada e fabricada com o tecido real.

Trabalho de manequim
Trabalho de design 3D ou experimentos executados em um manequim.

Zeitgeist
Expressão do alemão que significa "espírito de um tempo". O termo é usado no contexto da busca de novas tendências e em análise de tendências.

Recursos

Livros

70s Style and Design. Dominic Lutyens & Kirsty Hislop. Thames & Hudson, 2009.

The Art of Fashion Draping. Connie Amaden-Crawford. Fairchild Publications, 2005.

Balenciaga. Lesley Ellis Miller. V&A Publications, 2007.

Belgian Fashion Design. Luc Derycke, Sandra Van De Veire, Flanders Fashion Institute. Ludion Editions, 1999.

Classic Tailoring Techniques: A Construction Guide for Men's Wear. Roberto Cabrera & Patricia Flaherty Meyers. Fairchild Publications, 1983.

Classic Tailoring Techniques: A Construction Guide for Women's Wear. Roberto Cabrera & Patricia Flaherty Meyers. Fairchild Publications, 1984.

Como Montar e Gerenciar uma Marca de Moda. Toby Meadows. Bookman Editora, 2011.

Costume and Fashion. Bronwyn Cosgrave. Hamlyn, 2003.

Decades of Beauty: The Changing Images of Women 1890s–1990s. Kate Mulvey & Melissa Richards. Hamlyn, 1998.

Decades of Fashion. Harriet Worsley. Könemann, 2000.

Dior by Dior: The Autobiography of Christian Dior. V&A Publications, 2007.

Dress in Detail: From Around the World. Rosemary Crill, Jennifer Wearden, Verity Wilson. V&A Publications, 2002.

Extreme Beauty: The Body Transformed. Harold Koda. Yale University Press, 2001.

Fashion. Christopher Breward. OUP, 2003.

Fashion: The Collection of the Kyoto Costume Institute—A History from the 18th to the 20th Century. Akiko Fukai (Ed.). Taschen, 2002.

Fashion as Communication (Second Edition). Malcolm Barnard. Routledge, 2002.

Fashion Marketing: Contemporary Issues. Tony Hines & Margaret Bruce. Butterworth-Heinemann, 2004.

Fashion Source Book. Kathryn McKelvey. Wiley Blackwell, 2006.

Fashion Statements: Interviews with Fashion Designers. Francesca Alfano Miglietti. Skira Editore, 2006.

Fundamentos de Design de Moda. Richard Sorger & Jenny Udale. Bookman Editora, 2009.

Historical Fashion in Detail: The 17th and 18th Centuries. Avril Hart & Susan North. V&A Publications, 1998.

History of 20th Century Fashion. Elizabeth Ewing & Alice Mackrell. Batsford, 2001.

Madeleine Vionnet. Betty Kirke. Chronicle Books, 1997.

Metric Pattern Cutting. Winifred Aldrich. WileyBlackwell, 2004.

Modern Menswear. Hywel Davies. Laurence King, 2008.

The New English Dandy. Alice Cicolini. Thames & Hudson, 2007.

Nineteenth Century Fashion in Detail. Lucy Johnston. V&A Publications, 2005.

People in Vogue: A Century of Portrait Photography. Robin Derrick & Robin Muir (Eds.). Little, Brown, 2005.

The Power of Fashion: About Design and Meaning. Jan Brand, Jose Teunissen, Anne Van Der Zwaag (Eds.). Terra Uitgeverij, 2006.

Professional Fashion Illustration. Julian Seaman. Batsford Ltd., 1995.

Radical Fashion. Claire Wilcox (Ed.). V&A Publications, 2001.

Shocking Life: The Autobiography of Elsa Schiaparelli. Elsa Schiaparelli. V&A Publications, 2007.

Skin + Bones: Parallel Practices in Fashion and Architecture. Brooke Hodge, Patricia Mears, Susan Sidlauskas. Thames & Hudson, 2006.

Street: The Nylon Book of Global Style. Marvin Scott Jarrett. Universe Publishing, 2006.

Tim Walker Pictures. Tim Walker. TeNeues, 2008.

Unseen Vogue: The Secret History of Fashion Photography. Robin Derrick & Robin Muir (Eds.). Little, Brown, 2004.

Visionaries: Interviews with Fashion Designers. Susannah Frankel. V&A Publications, 2001.

Woman in the Mirror: 1945–2004. Richard Avedon & Anne Hollander. Abrams, 2005.

Museus e galerias de moda

Brooklyn Museum
200 Eastern Parkway
Brooklyn
NY 11238
Estados Unidos
www.brooklynmuseum.org

Centro Internazionale Arti e del Costume
Palazzo Grassi
S.Samuele 3231
20124 Veneza
Itália

Costume Gallery
Los Angeles County Museum of Art
5905 Wilshire Boulevard
Los Angeles
CA 90036
Estados Unidos
www.lacma.org

Costume Institute
Metropolitan Museum of Art
1000 5th Avenue at 82nd Street
Nova York
NY 10028-0198
Estados Unidos
www.metmuseum.org

Fashion Museum
Assembly Rooms
Bennett Street
Bath
BA1 2HQ
Inglaterra
www.museumofcostume.co.uk

Kobe Fashion Museum
Rokko Island
Kobe
Japão
www.fashionmuseum.or.jp

Kostum Forschungsinstitut
Kemnatenstrasse 50
8 Munich 19
Alemanha

MoMu
Nationalestraat 28
B – 2000 Antwerp Bélgica
www.momu.be

Musée de la Mode et du Costume
10 Avenue Pierre 1er de Serbie
75016 Paris
França
www.ucad.fr

Musée de la Mode et Textile
Palais du Louvre
107 rue de Rivoli
75001 Paris
França
www.ucad.fr

Le Musée des Tissus et des Arts Décoratifs
34 rue de la Charité
F-69002 Lyon
França
www.musee-des-tissus.com

Museum at the Fashion Institute of Technology
7th Avenue at 27th Street
Nova York
NY 10001-5992
Estados Unidos
www.fitnyc.edu

Museum Salvatore Ferragamo
Palazzo Spini Feroni
Via Tornabuoni 2
Florença 50123
Itália

Victoria and Albert Museum (V&A)
Cromwell Road
South Kensington
Londres
SW7 2RL
Inglaterra
www.vam.ac.uk

Wien Museum
(Fashion collection with public library)
A-1120 Vienna
Hetzendorfer
Strasse 79
Áustria

Sites úteis

www.style.com

www.infomat.com

www.showstudio.com

Semanas de moda internacionais

Austrália
Semana de Moda Australiana
www.rafw.com.au

Europa
Milão
www.cameramoda.it

Paris
www.modeaparis.com

Inglaterra
British Fashion Council
www.londonfashionweek.co.uk

Estados Unidos
Council of Fashion Designers of America
www.cfda.com

Semana de Moda de Nova York
www.mbfashionweek.com

Brasil
Semana de Moda de São Paulo
www.ffw.com.br/spfw

Semana de Moda do Rio de Janeiro
www.ffw.com.br/fashionrio

Feiras

Febratex
www.febratex.com.br

Pitti Filati
www.pittimmagine.com

Première Vision
www.premierevision.fr

Rendez-Vous Paris
www.rendez-vous-paris.com

Tissu Premier
www.tissu-premier.com

Análise de tendências

www.carlininternational.com

www.fashioninformation.com

www.kjaer-global.com

www.promostyl.com

www.stylesignal.com

www.thefuturelaboratory.com

www.trendstop.com

www.wgsn-edu.com

Revistas

10 Magazine (Inglaterra)

A Magazine (Bélgica)

Another Magazine (Inglaterra)

Arena Homme + (Inglaterra)

Collezioni Uomo (Itália)

Citizen K (França)

Dansk (Dinamarca)

Dazed & Confused (Inglaterra, Japão, Coreia)

Elle (publicação internacional)

Fantastic Man (Holanda & Inglaterra)

Flux (Inglaterra)

Fudge (Japão)

Ginza (Japão)

Glamour (publicação internacional)

GQ (Estados Unidos & Inglaterra)

Grazia (publicação internacional)

Harper's Bazaar (Estados Unidos & Inglaterra)

i-D magazine (Inglaterra)

InStyle (Estados Unidos & Inglaterra)

Marie Claire (publicação internacional)

Numéro Magazine (França)

Nylon (Estados Unidos)

Vogue (publicação internacional)

Pop (Inglaterra)

Purple (França)

S Magazine (Dinamarca)

Self Service (França)

Selvedge (Inglaterra)

Seventeen (Estados Unidos)

Surface (Estados Unidos)

Tank (Inglaterra)

V Magazine (Estados Unidos)

Velvet (Grécia)

Visionaire (Estados Unidos)

VS (publicação internacional)

Women's Wear Daily (WWD) (Estados Unidos)

Índice

Acordos publicitários 54–55
Adidas 73–74
adolescentes 28, 56
Aestheticterrorists 166
agências de tendências 82, 107
Alaïa, Azzedine 25, 33
alta-costura 21, 25, 28, 30, 34–35, 40, 44, 46–48, 66–67, 69–70, 80–81, 83, 86–87, 92, 96, 135, 137, 142, 144, 148
alunos de graduação 118
American Express 142
Amies, Hardy 25
Amsterdã 134
análise de tendências 80–82
androginia 8–9, 24, 148, 174
anorexia 60
Antuérpia 35, 160, 169
Armani, Giorgio 49, 54–55, 61–62, 67, 70, 75, 178, 220
Arnault, Bernard 34, 48
art déco 21
arte 11–15, 74, 79, 81, 84, 98, 122, 148, 205z
Arts and Crafts (movimento) 11

Bacon, Francis 220
Balenciaga, Cristobal 25, 27, 30–32, 47
Balmain, Pierre 178
barras 22, 24, 35, 80, 110, 184
Bartley, Luella 126
Bedtime Story 138
Beene, Geoffrey 232
Bells 137
Berge, Pierre 172
Berlim 25, 177
Bikkembergs, Dirk 35, 160
Birtwell, Celia 30
Black Hole 138
Black Light 137
Blahnik, Manolo 54
Blass, Bill 30
Bless 169 desenho técnico 115
Boateng, Ozwald 75
body piercing 8, 32
bolsas 32, 44, 49, 84, 205
Bomba atômica 137
bonecas 134
Bottega Veneta 47
Boudicca 67, 140–47
Bourdin, Guy 40
Bow, Clara 52
Bowie, David 9, 177
Boy George 9
Broach, Zowie 140
Brummell, Beau 75
bubble-up, efeito, 79

Bump 151
Burberry 54, 73

cabelo 6, 8, 24, 30, 32, 93, 115
caçadores de talentos 124
caçadores de tendências 81–82
calendário 86–93
calendário de produção 90–91
Canino, Patricia 38
Cardin, Pierre 30, 48
Carnaby Street 30
carreiras 118–27
Cavalli, Roberto 50, 62
celebridades 32, 39, 52–57, 61, 85, 182
Celine 34, 46
Chalayan, Hussein 74
Chambre Syndicale de la Chanel No 5 22
Chanel, Gabrielle (Coco) 12, 22–24, 32–33, 38, 48, 54, 72, 78, 92, 118, 148
Chloé 32, 34, 47
Choo, Jimmy 50, 54
cinema ver filmes
cintura de vespa 27
Clark, Ossie 30, 32
colaborações 18, 38, 40, 50–51, 56–57, 73–74, 76, 93, 98, 138, 142, 152, 163, 169, 178, 203, 209
coleções de graduação 122
coleções miniatura 134
coleções outono/inverno 6, 66, 70, 86–87, 90–92, 109, 137–38, 142
coleções primavera/verão 6, 66, 70, 86–87, 90–92, 109, 135, 137–38
Colonna, Jean 130 cor 6, 8, 11–12, 15, 30, 32, 35, 40, 54, 69, 75, 78–81, 83, 88, 91, 96, 99–100, 104, 106–10, 112, 114, 120, 122, 124–25, 135, 148, 163, 177, 194, 206, 209
comércio solidário 65
Comme des Garçons 50, 70, 75, 78, 130, 148–59
competições 122, 124
Construtivistas Russos 12
contexto 15, 38, 98, 119, 121–22, 148, 184
cool hunters 81–82
corte enviesado 24–25, 104, 220
Council of Fashion Designers of America (CFDA) 174, 184, 192, 194, 206, 216, 234

Courreges, André 30 cursos 118–23
Couture Parisienne 21, 25, 66–67, 80, 92, 135, 142
Cox, Steven 206, 209
Creed 27
Cubismo 11
cultura 6, 8, 15, 18, 30, 38, 40, 49, 64, 70, 72, 74, 78–79, 81, 93, 98, 122, 194 ciclos 88–89
cultura jovem 8, 28, 98

Daan, Wendelien 134
Dalí, Salvador 12
De La Renta, Oscar 30
Deacon, Giles 51
Dean, James 38 diplomas 118–19, 124
Dedal de Ouro Chester Weinberg, prêmio 192
Delaunay, Sonia 11
Demeulemeester, Ann 35, 107, 152, 160
democratização 48–51
desenho (habilidades) 101–2, 105, 120
desfiles 18, 30, 38, 40, 42, 55, 61, 75, 80, 84–92, 123, 126, 128
desfiles de passarela 6, 18, 30, 55, 58, 60–62, 76–77, 84, 86–87, 102, 184
design (processo) 96–117
Designer de Moda Feminina do Ano, prêmio 192
Dior, Christian 27–28, 46–47, 49, 67, 78, 85, 98, 103, 126, 148, 172, 174, 177–78
direitos 58
direitos trabalhistas 64
distúrbios alimentares 60
Doherty, Pete 174
Dolce & Gabbana 49, 55, 70
Duchamp, Marcel 203
Duckie Brown 206–15
Duffy, Robert 205
DuPont 32

Ecco Domani Fashion Foundation 184, 234
ecologia 58, 62, 64, 166
economia 6, 28, 32, 34, 39, 44, 47–48, 50, 62, 64, 67, 70, 92
editores 32, 38–39, 42, 55, 85
Empire (Directoire) Line 21
England, Katy 84
entrevistas 121, 124
equilíbrio 27, 104–5, 110, 117
espartilhos 21, 24, 27, 78
Esquema de Utilidade 25
estágios 122, 125, 182

Estethica 65 ética 58–65
estilo 6, 39, 53–54, 56, 70, 72, 75, 79, 84, 88
estrutura curricular 121
Estudante de Design do Ano prêmio, 192
estúdios de estamparia 83
experiência profissional 122, 125
exposições 15, 38, 83, 130, 137, 140, 142, 169, 172, 178, 182

fábricas clandestinas 64
Facebook 124
faculdades 118–21, 124, 172
fast fashion 64, 76, 92
feiras especializadas 83, 88–89, 252
Fendi 46
Festival International de Mode et de Photographie 130
Field, Patricia 84
Figgis, Mike 142
filmes 6, 12, 28, 38, 81, 142, 169
filmes de arte 38
finanças 126, 137
Flappers 24, 103
Florsheim 209
Flowerbomb 138
Ford, Tom 34, 47
Forever–A Dream Sequence 142
Fortuny, Mariano 22
freelance 125
Fresh Faces 184, 206 pele 58, 62, 216, 220

Galliano, John 25, 34, 47, 49, 96, 123, 126
Ganryu 152
Gen Art 184, 206
Gibb, Bill 30
Gilbert and George 130
Givenchy, Hubert de 28, 34, 38, 46–47, 99, 112, 126
graduandos 112, 119, 124–25, 148, 160
Grand, Katie 84
Gray, Eileen 232
grifes independentes 40, 90, 92, 112, 125–26
grunge 34, 75, 78, 148, 192, 194, 216, 220
Gucci 34, 42, 47, 74, 174

H&M 50, 54, 56, 76, 138, 152
Halston 30
Hepburn, Audrey 28, 38, 99
Hermès 34, 47
Highland Rape 34
Hilfiger, Tommy 206
hippies 30, 32, 34
Hiroshima Chic 148

história 6, 9, 97–98, 122, 135, 205
Hollywood 25, 28, 33, 54–56, 62, 184
Horsting, Viktor 130

identidade 6, 8–9, 28, 34, 38, 40, 47, 72, 84, 112, 124
ilustrações 115
imagem corporal 58, 60–61, 151
IMC (índice de massa corporal) 61
indústria da moda 44
internet 42, 44, 78, 97, 118, 124, 163
investidores 126

Jacobs, Marc 34, 49, 62, 123, 192–205
James, Richard 75 jobs 127
Karan, Donna 34, 46, 49
Kawakubo, Rei 33, 78, 118, 148–59, 178, 209
Kelly, Grace 28
Kenzo 46
Kings Road 30
Kirkby, Brian 140
Klein, Calvin 27, 34, 49, 70, 84, 112, 209
Knight, Nick 40
Kokosalaki, Sophia 103
Kors, Michael 34, 232
Kurihara, Tao 152

La Garçonne 24
La Pauvrete de Luxe 24
Labour Behind the Label 64
Lagerfeld, Karl 32–33, 48, 50, 172, 177, 209
Lam, Derek 232–45
Lang, Helmut 47, 84
Launch 134–35
Lauren, Ralph 34, 70, 92, 118, 206, 209
Le Chevalie, Jérome 172
Le Smoking 9, 172
Left Bank 172
"leitura do vento" 81
Lennox, Annie 9
Lévy, José 172
Lichtenstein, Roy 15
Lindbergh, Peter 61
linha 27, 104–5, 110, 117, 124
linhas 112–13, 116
linhas de difusão 49–50, 70, 76
Londres 21, 30, 32, 34, 48–49, 65, 67, 70, 72, 75, 86–87, 93, 140, 144, 152, 160, 166, 177–78, 182, 206, 216
Long Live the Immaterial 138
Los Angeles 72, 216, 220

Lucile 38
LVMH 34, 46–49, 67, 174
Lycra 33

Mabille, Alexis 67
MacDonald, Julien 34
Madri 61
maquiagem 6, 28, 35, 40, 93, 115
marcas de luxo 46–51, 62
Margiela, Martin 34, 75, 79, 103, 105, 130, 152, 160
Marks & Spencer 76
McCardell, Claire 27, 72, 232
McCartney, Stella 34, 47, 50, 62, 74, 123
McLaren, Malcolm 32
McQueen, Alexander 34, 38, 47, 51, 54, 74, 84, 104, 123, 126, 142
Milão 61, 70, 75, 86–87, 93, 138
Miller, Nicole 182 minissaia 30
Minney, Safia 65
Miu Miu 49, 84
Miyake, Issey 34
moda masculina 72–73, 75, 78, 86–87, 122, 138, 148, 160, 166, 172, 174, 177, 206, 209, 220
moda no mercado de massa 50, 70, 76–77, 90, 96, 126 mídia 6
modelos 30, 32, 56, 60–62, 117, 135, 172, 182
Moet Hennessy 46
Molyneux, Edward 27
Mondrian, Piet 15
Monsieur 138
Montana, Claude 32–33
Morton, Digby 25
Mosca, Bianca 27
Moss, Kate 34, 54, 56–57, 84
mudanças climáticas 58
Mugler, Thierry 33
Mumbai 93
Murakami, Takashi 203
música 8, 28, 30, 34, 39, 53, 75, 79, 81, 98, 174, 178, 209

New Look 27, 78, 85, 103
Newson, Marc 169
Newton, Helmut 40
Nike 73
Nirvana 192
Nova York 8, 48–49, 54, 61, 70, 72, 86–87, 93, 142, 144, 177, 182, 184, 192, 206, 209, 232

One Woman Show 138
open days 120
Orfismo 11
Owens, Rick 216–31

Paris 8–9, 11–12, 21, 25, 27–28, 30, 32, 34, 44, 48–49, 61, 66–67, 70, 75, 78, 80, 83, 86–87, 93, 130, 134, 137, 142, 144, 148, 152, 166, 174, 178, 206, 216, 220
peles de animais 8
People Tree 65
perfil demográfico 81
perfume 22, 28, 48, 67, 134, 138, 205
período de absorção 90
Pernet, Diane 38
Perry Ellis 184, 192, 194, 206, 216
Pescei, Sergei 38 pesticidas 64
pesquisa 79, 81, 84, 88, 90–91, 96–100, 102–3, 106, 109–10, 116, 122, 124, 138, 194
PETA (People for the Ethical Treatment of Animals) 62
fotografia 15, 22, 38–40, 61, 79–80, 84, 97–99, 134, 142, 169, 172, 174, 178
Picard, Jean-Jacques 172
Picasso, Pablo 21
pintura corporal 8
Pisanello, Antonio 11
plumas 8
pobre chique 24
Poiret, Paul 21–22, 24, 78, 182
Pop Art 15
Popova, Lyubov 12 portfólios 47–48, 120–22, 124, 126, 128
Portman, Natalie 184
pós-graduação 118
Pós-Hiroshima Look 34
Posen, Zac 182–91
power dressing 33, 67, 78, 103
PPR (Pinault-Printemps-Redoute) 47, 74
Prada 42, 47, 49, 70, 73, 84, 112, 174, 205
pré-coleções 92
Première Vision 83, 86–88
Prêmio Perry Ellis 184, 192, 206, 216, 234
prêmios 81, 123, 174, 184, 192, 194, 206, 216, 234
prêt-à-porter 15, 25, 28, 30, 35, 40, 48–49, 67, 69–70, 76, 86–87, 92, 96, 112, 138, 148, 203, 232, 234
pretinho básico 24, 32–33, 92
Primark 64, 76
projetos de graduação 112, 122

projetos de primeiro ano 122
projetos de segundo ano 122
projetos de terceiro ano 122
promoção 15, 35, 38–39, 52, 54, 67, 92, 124–25, 182
proporção 27, 79, 97, 104–6, 110, 117, 122, 130, 151
prototipistas 115, 117, 125–27
publicações 82
Pucci 46
Puma 47, 73–74
punks 8, 32, 34, 172, 177, 194
PVC 30

Quadros de inspirações 100, 114
Quant, Mary 30

Rabanne, Paco 30
Ramos, Luisel 61
Raymond, Martin 81
Red Label 49, 73
Renascimento 11
Reston, Ana Carolina 61
Revillon 216
revistas 18, 39, 53, 56, 58, 60–61, 78–79, 81–82, 84, 97, 107, 128, 134, 169, 253
Rhodes, Zandra 30, 32
Richemont 47
Rive Gauche 172, 174
romanos 8, 140
Rossi, Sergio 47
roupa (definição) 6
roupa de trabalho 6
Russell, Peter 27
Russian Doll 137
Rykiel, Sonia 50

Saab, Elie 67
Safari Chic 174
Saint Laurent, Yves 9, 15, 32, 34, 47, 172, 174
Salon European des Jeunes
San Francisco 30, 232
Sander, Jil 47, 51, 74–75, 84, 103, 174
São Paulo 93
Saunders, Jonathan 126
Savile Row 75
Schiaparelli, Elsa 12, 38
Schneider, Stephan 169
Schwab, Mario 126
semanas de moda 61, 65, 70, 86–93, 137, 140, 166, 184, 206, 220, 234
Sex and the City 54, 84, 118
Sherman, Cindy 38
shopping centers 6, 40, 44, 51, 128
Sidney 93

Créditos

silhueta 11–12, 21–22, 25, 27, 30, 32, 61, 73, 75, 78–81, 85, 88–89, 91, 97, 102–4, 106, 110, 112–13, 117, 122, 130, 135, 137, 148, 160, 163, 174, 178, 184, 209, 232
Silver, Daniel 206, 209
Simms, David 40
Simons, Raf 40, 75
sites 39, 42, 124, 163, 166, 250–53
sketchbooks 103, 120
Slimane, Hedi 75, 172–81
slow fashion 65
Smith, Paul 75
Snoeren, Rolf 130
Snow, Carmel 85
sportswear (moda esporte) 25, 27, 47, 49, 72–75, 78, 83, 206, 220, 232
Sprouse, Stephen 203
Stars and Stripes 137
status 8, 49, 53, 62, 85, 135
Stepanova, Varvara 12
Stiebel, Victor 27
storyboards 100
styling 114–15, 172
Stylistes 130
stylists 6, 38, 40, 61, 84, 93, 117, 148
supermarket chic 76–77
Surrealismo 12, 138
Swanson, Gloria 52
Swarovski 184, 234

Tag Heuer 46 alfaiataria 75
tatuagem 8
tecido 6, 11, 21–22, 24–25, 28, 30, 32, 40, 44, 64, 72–73, 75, 78–81, 83, 88, 91, 96–97, 99–100, 104, 106–7, 109–10, 112, 114, 116–17, 122, 124–25, 130, 135, 148, 163, 184, 194, 206, 209, 232
tecnologia 6, 28, 72–74, 78, 81, 98, 107, 144, 163
televisão 6, 118
tendências 6, 38–40, 49, 53, 65, 76–85, 88, 93
têxteis 11, 21–22, 30, 32, 44, 73, 83, 97, 113, 122, 148, 182
The Fashion Show 138
Throup, Aitor 75
toile 80, 88, 116–17
Toledo, Ruben 38
Topshop 54, 56, 76
Tóquio 93, 216
Toronto 206
trajes utilitários 6
tribos de estilo 8, 79, 81

Ungaro, Emanuel 30

uniformes 8, 22, 24–25, 69, 194
universidades 118–21

Valentino 67, 107
Van Beirendonck, Walter 35, 160–71
Van Noten, Dries 35, 160, 209
Van Saene, Dirk 35, 160, 169
Versace 49, 55, 70, 220
Vestido-Lagosta em organza pintada 12
Vestido-lágrima 12
Vexed Generation 169
Viena 11, 25
Viktor & Rolf 75, 130–39
Vionnet, Madeleine 24–25
Vogue 34, 39, 42, 84–85, 142, 148
Vuitton, Louis 33–34, 46, 49, 54, 84, 172, 203, 205

W.&L.T (Wild and Lethal Trash) 163
Walker, Catherine 118
Wall Street 47
Ward, Melanie 84
Warhol, Andy 15
Watanabe, Junya 152
Westwood, Vivienne 32, 118
Wet Look 30
Wiener Werkstätte 11
Willhelm, Bernhard 75, 123, 169
Williamson, Matthew 50
Wilson, Louise 121
Wintour, Anna 34, 85
Wode 144
Worth, Charles Frederick 21, 24–25, 66

Xangai 93

Yamamoto, Yohji 33–34, 40, 75, 78, 84, 105, 148
Yee, Marina 35, 160

Zara 76, 90
zeitgeist 78–85, 205
Zeitz, Jochen 74

3: Cedida por Rick Owens. 7: Getty Images. Foto: Dave M. Bennett. 9: © WWD/Condé Nast/Corbis. 10: Catwalking.com. 12: © Condé Nast Archive/Corbis. Foto: Guy Marineau 14: AFP/Getty Images. Foto: Louisa Gouliamaki/Stringer. 16: AFP/Getty Images. Foto: Hugo Philpott. 18: AFP/Getty Images. Foto: Paolo Cocco. 19: AFP/Getty Images. Foto: Patrick Hertzog. 20: Time & Life Pictures/Getty Images. Foto: Paul Boyer. 23: Roger Viollet/ Getty Images. Foto: Lipnitzki. 26: Time & Life Pictures/Getty Images. Foto: Gordon Parks. 29: Getty Images. Foto: Hulton Archive/Stringer. 31: © Bettmann/CORBIS. 32: © Condé Nast Archive/Corbis. 35: Catwalking.com. 36: AFP/Getty Images. Foto: Pierre Verdy. 37: Catwalking.com. 45: Bloomberg via Getty Images. 46: Getty Images. Foto: Robert Mora. 50: AFP/Getty Images. Foto: Yoshikazu Tsuno. 52: Getty Images. Foto: Jim Spellman. 56: AFP/Getty Images. Foto: Timothy A. Clary. 59: iStockphoto.com © Jessica Liu. 60 (superior): Catwalking.com. 60 (inferior): Getty Images. 63: AFP/Getty Images. Foto: Steven Klein.68: Getty Images. Foto: Andrew H. Walker. 71: AFP/Getty Images. Foto: Patrick Kovarik. 73: Catwalking.com. 74: Catwalking.com. 76: Bloomberg via Getty Images. 85: FilmMagic. Foto: Mike Coppola. 89: Croqui Louise Henrikson. Foto: David Wise. 90: Foto: David Wise. 94–95: Catwalking.com. 97: Foto: David Wise. 99: Foto: David Wise. 100–101: Foto: David Wise. 107: Foto: Kate Swingler. 111–116: Foto: David Wise. 117: Foto: Kate Swingler. 120–121: Foto: Kate Swingler. 124–125: Foto: David Wise. 127: Foto: David Wise. 129: Cedida por Marc Jacobs. 131: AFP/Getty Images. Foto: Pierre Verdy.

132: AFP/Getty Images. Foto: Jean-Pierre Muller. 133: AFP/Getty Images. Foto: Pierre Verdy. 134–135: Catwalking.com. 136: AFP/Getty Images. Foto: Pierre Verdy. 137: Catwalking.com. 139: AFP/Getty Images. Foto: Pierre Verdy. 140: Cedida por Boudicca. 143: Foto: Justin Smith. 144: AFP/Getty Images. Foto: Odd Andersen. 146–157: Catwalking.com. 158: AFP/Getty Images. Foto: Francois Guillot. 159: Getty Images. Foto: Chris Moore/Catwalking. 160–171: Cedida por Walter Van Beirendonck. 173: AFP/Getty Images. Foto: Olivier Laban-Mattei. 175 & 177: Foto: Hedi Slimane. 178–181: Cedida por Hedi Slimane. 182–191: Cedida por Zac Posen. 192–203: Cedida por Marc Jacobs. 204: AFP/Getty Images. Foto: Pierre Verdy. 205: Catwalking.com. 206–213: Cedida por Duckie Brown. Foto: Dan Lecca. 214: Getty Images. Foto: Frazer Harrison. 215: Getty Images. Foto: Frazer Harrison. 216–221: Foto: Owenscorp. 222: Foto: Oliver Zahm. 223–229: Foto: Owenscorp. 230: Foto: Oliver Zahm. 232–245: Cedida por Derek Lam.